U0654236

航运文化系列丛书

中国航海史话

陈宇里 谢 茜◎主 编
孙光圻◎主 审

The History of
CHINESE NAVIGATION

上海交通大学出版社
SHANGHAI JIAO TONG UNIVERSITY PRESS

内容提要

本书根据航海活动的特征,从航海技术和航海人文两个维度,按照时间顺序探讨航海活动在中国历史上的变迁及其对中国社会的影响。本书详细介绍了中国在船舶建造、航行技术、航海保障等航海技术上的变迁,回溯了航海文化、航海组织、航海人员、航海教育、航海观念等航海文明在中国的发展历程。本书旨在使读者进一步了解中华文明中的航海"基因",明晰新时代中国建设海洋强国的历史基础和现实必然。

本书基于史实对中国航海历史进行"再叙",可作为高等院校航海、航运、海洋科学等相关专业的教科书以及专业教师的教学参考书,也可作为读者了解中国航海的基础用书。

图书在版编目(CIP)数据

中国航海史话/ 陈宇里,谢茜主编. 一上海:上海交通大学出版社,2021.12 (2023.7 重印)
ISBN 978－7－313－25486－3

Ⅰ. ①中… Ⅱ. ①陈… ②谢… Ⅲ. ①航海－交通运输史－中国－普及读物 Ⅳ. ①F522.9－49

中国版本图书馆 CIP 数据核字(2021)第 191858 号

中国航海史话
ZHONGGUO HANGHAI SHIHUA

主 编:陈宇里 谢 茜				
出版发行:上海交通大学出版社		地 址:上海市番禺路 951 号		
邮政编码:200030		电 话:021－64071208		
印 制:苏州市古得堡数码印刷有限公司		经 销:全国新华书店		
开 本:710 mm×1000 mm 1/16		印 张:18.75		
字 数:351 千字				
版 次:2021 年 12 月第 1 版		印 次:2023 年 7 月第 4 次印刷		
书 号:ISBN 978－7－313－25486－3				
定 价:72.00 元				

版权所有 侵权必究
告读者:如发现本书有印装质量问题请与印刷厂质量科联系
联系电话:0512－65896959

本书编委会

主　　任　　宋宝儒　陆　靖

副 主 任　　贺　莉

秘 书 长　　王学锋

副秘书长　　朱耀斌　杨大刚

委　　员　　陈宇里　陈　扬　谢　茜　朱玉华　章　强

　　　　　　陈　莉　王德岭　文建平　马义平　陈铭治

　　　　　　周　锋　白响恩　赵亚冰　曾向明　谭亲民

　　　　　　张欣欣　王晓中　赵大为　陈敦耀　周　蓉

　　　　　　姚　旭　钟俊娟　张　晟　苏昊文

　　航则通达，行稳致远，进而有为。海洋是一个互通互联的整体，是沟通世界的最便利通道之一。航海是一项始于原始社会兴于近现代社会的文明记忆。中国是兼具陆地和海洋地理特征的国家，海岸线漫长，海域辽阔。航海在中国的历史中扮演了重要的角色，是中国人认识、利用、开发海洋的基础和前提，古往今来为促进中国与世界的交流创造了有利条件。中国航海事业的历史，不仅是中国历史前进和发展的见证，也是中国与世界联结的见证。航运这个古老而又年轻的行业，通过一艘艘川流不息的船舶，一座座车水马龙的港口，跨越海洋，联通世界。从河姆渡的独木舟到徐闻港的远航，从鉴真六渡东洋到郑和七下西洋，从刺桐城的市舶司到广州的一口通商，从轮船招商局开业到国营轮船总公司成立，从"海辽"轮起义到"光华"轮首航，从天津塘沽新港的扩建到上海洋山四期全自动化码头的建成，航运见证了中华民族的兴衰荣辱。航运是宽广无垠海洋中的一艘巨轮，穿梭时空回望，我们能够体会到海的深沉与厚重，更能领略到海的雄伟与壮阔。

　　盛世修史，学史明志，明志笃行。习近平总书记说，"历史是最好的教科书""重视历史、研究历史、借鉴历史，可以给人类带来很多了解昨天、把握今天、开创明天的智慧"。毋庸置疑，学习中国航海史、中国航运史，对于我们增进对中国海洋事业的理解与认识大有裨益。中国是一个海洋大国，航海历史悠久，中国航海历史就是中国国运兴衰强弱的历史。早在新石器时代晚期，中华民族的祖先已能用火与石斧"刳木为舟，剡木为楫"，揭开了利用原始舟筏在海上航行的序幕。从先秦到明清，中国航海人在航海科学技术上不断进步，在航行路途上不断开拓，推动着中国航海走向兴盛和繁荣。近代以来在西方入侵和国力贫弱的双重压力下，中国航海事业随着国运一度陷入风雨飘摇，长期停滞不前。中华人民共和国成立后，新中国的航海业重新出发，从新式造船到航海保障、从航海人才培养到国际海事参与，无一不呈现出海洋大国蓬勃新兴之象。学习中国航海史，有助于厘清中国历史的航向,锚定中国海洋建设的未来。学习中国航运史,有助于知古鉴今,明确中国航运业的未来发展方向,更会促使我们愈加坚定建设航运强国的信心与决心。从旧时的四大古港到如今的国际航运中心,历史告诉我们:以港兴城、港城融合是航运之于城市的重要意义。从明清的海禁政策到新时代的改革开放再出发,历史告诉我们:开放是航运的鲜明底色。从列强把持的海关到人民航政的建立,历史告诉我们:以人民为中心的中国共产党,才是真正能够领导中国航运独立自主发展的坚实力量。

航海兴则国家兴,航运强则国运强。对此,习近平总书记指出:"我国是一个海洋大国,海域面积十分辽阔。一定要向海洋进军,加快建设海洋强国""海洋事业关系民族生存发展状态,关系国家兴衰安危""经济强国必定是海洋强国、航运强国""经济要发展,国家要强大,交通特别是海运首先要强起来"。这些简明而深刻的论断,直陈航海事业对于国家兴衰的要义,对于我们洞悉航运发展规律,把握航运发展方向提供了关键指引。纵观中国航海事业的历史,航海在中国的发展是一个从边缘到中心舞台的过程。作为一个传统陆权强国,中国历经了海上丝绸与财富的甜蜜,历经了海上战火与风浪的考验,才最终确立起海陆兼具的地缘形态,航海是推动中国从独立大国向全球性大国前进的关键。在面向未来的发展中,海洋是中华民族今后国际生存和发展的生命线。纵观中国航运业的发展历程,航运与国家经济,甚至国家命运都有着千丝万缕的密切联系。从古代的海上丝绸之路到 21 世纪海上丝绸之路,历史告诉我们:连接世界,畅通贸易是航运矢志不渝的使命。从历朝历代的漕运到新中国南北航线的开辟,历史告诉我们:航运即国运不是一句空洞的口号。从晚清民族航运企业的艰难发展到新时代全球最大的航运公司在我国的诞生,历史告诉我们:中国特色社会主义经济才是滋养中国航运企业发展壮大的肥沃土壤。

大学之道,在明明德。习近平总书记说,"高校立身之本在于立德树人""大学是立德树人、培养人才的地方,是青年人学习知识、增长才干、放飞梦想的地方""高校只有抓住培养社会主义建设者和接班人这个根本才能办好"。对于我国高等海事院校而言,抚古追今,从历史中汲取有益养分,并将其融入人才培养过程中,这无疑是落实立德树人根本任务的有益之举。从卢作孚指挥的宜昌大撤退到方枕流船长的海上起义,历史告诉我们:将国家利益置于个人利益之上,是一代代航运人不悔的忠贞选择。从"三年改变港口面貌"到智慧港口建设,历史告诉我们:没有中华民族翻越不过的高山,中国必定从航运大国迈向航运强国。从航权旁落到航权收回,历史告诉我们:唯有国家的独立自强,才会有航运业对外的平等自主。从海权沦丧到海上主权的维护,历史告诉我们:海权即国权,中国要强大必须面向世界,走向海洋。

怀着对历史的敬畏和对立德树人职责的坚守,在"四史"学习教育的大背景下，上海海事大学党委立足特色，决定由党委宣传部牵头，于 2020 年 5 月启动《中国航海史话》《中国航运史话》二书的前期准备工作，同年 6 月抽调相关专业的骨干教师，组建编撰小组，经过多次研讨会，最终敲定全书框架。与此同时，学校教务处及时调整通识选修课计划，秋季学期开设"中国航海史""中国航运史"选修课。经过一个暑假的奋战，编撰小组于 2020 年 8 月底完成第一稿，为"中国航海史""中国航运史"课程的顺利开课奠定了坚实基础。2021 年的春节假期里，编撰小组对全书进行了一次系统性修改与完善，形成第二稿。2021 年 3 月，根据出版社预审反馈的意见，对全书再次进行修改，形成了第三稿。纵观全书的成稿历程，责任、热爱与奉献是对每一位参与者最恰当的诠释。

以《中国航海史话》《中国航运史话》向党的生日献礼，是本书每一位参与者的由衷夙愿。这不单单是因为值此建党百年之际，大家希望能够为中国共产党走过的峥嵘岁月而庆祝，更是因为编写本书，大家深刻地体会到：没有共产党，就没有中国航海事业的开拓进取，也没有航运业如此生机蓬勃的今天。

是为序。

上海海事大学党委书记：宋宝儒

上海海事大学校长：陆靖

2021 年 4 月 21 日

前　言

　　航海是人类最古老的集体活动之一。借由航海，世界上不同区域的人们联系在了一起；借由航海，跨越大洋的物质交换和文明交流成为可能；借由航海，世界文明互相交流碰撞，促使世界走向和平繁荣。

　　在近代以来的航海叙述中，"西欧中心主义"已经被强调了太多：主导海上扩张的是欧洲人，支配近代世界秩序的是西方人。与此同时，不能忘记的是，在欧洲人试图进行海外扩张的时候，世界其他地区在航海上并非毫无作为。当欧洲人第一次来到亚洲时，中国的航海能力和海上影响力正辐射着这片海域。以长时段的历史眼光回顾海上历史，我国航海被欧洲支配不过是短时期的现象。在欧洲人到达之前，中国人的技术、文化和观念就深深地影响着世界，海上交流对中国文化的形成也起到了重要的塑造作用。

　　历史是最好的教科书。回顾过去，近代以来的世界史证明，国家的兴衰与航海事业密不可分。在中国悠久的历史中，航海记忆始终与国运相伴。近代史上鸦片战争的耻辱、甲午海战的悲歌，深刻印证这样一个铁律：面向海洋则兴、放弃海洋则衰。

　　21 世纪是海洋的世纪。面向未来，建设海洋强国是中国特色社会主义事业的重要组成部分。中国是海洋大国，拥有漫长的海岸线、广袤的管辖海域和丰富的海洋资源。中国高度重视海洋事业发展，把建设海洋强国融入"两个一百年"奋斗目标，融入实现中华民族伟大复兴中国梦的征程之中。

　　《中国航海史话》以八大专题内容为纬，以中国古代、近代和现代为经，通过简明语言和历史典故相结合的叙述方式，勾勒中国航海发展的硬实力和文化影响的软实力，呈现中国航海的兴起、发展、衰落及再兴的历史过程。第一章通过介绍中国航海精神、航海习俗、文化元素等的历史演变过程，简要陈述中华文化中的航海基因。第二章选取不同历史时期中国的代表性船舶制造技术和典型船舶，介绍中国造船历史的演进。第三章介绍从古至今中国航行中采取的导航、测向、计程、测深、通信、操纵等技术。第四章通过对中国海上助导航设施、航海图、海上搜救等介绍,展现中国航海保障事业的发展历程。第五章主要介绍中国航海组织的历史和现状。第六章主要介绍中国海员的职业发展和海员中的典型代表。第七章介绍中国航海教育的筚路蓝缕。第八章结合海上丝绸之路阐释了航海事业兴衰影响下的中国海洋认识的转变。

本书由上海海事大学国际航运系主任王学锋教授牵头策划,商船学院陈宇里副教授组织编纂,编委会修改审定。其中第一章由陈宇里、文建平撰写,第二章由马义平、陈铭治撰写,第三章由周锋、白响恩撰写,第四章由赵亚冰撰写,第五章主要由曾向明、谭亲民撰写,第六章由王德岭撰写,第七章由周蓉、张欣欣撰写,第八章由谢茜、王晓中撰写。赵大为、陈敦耀、姚旭、苏昊文、张晟等协助编写。

上海海事大学是传统航海特色学校,学校党委高度关心和重视航海文化的传承和发扬。全书编写在学校党委领导下完成,并得到学校多部门大力配合。本书作为航海知识的基础之作,可作为航海通识课程参考用书。对于书中疏漏之处,恳请读者不吝指正。

陈宇里　谢　茜

于上海海事大学智慧湖畔

目　录

第一章

航海文化，海洋文明的精彩华章

航海是人类利用海洋拓展生存空间和加快相互交流的途径之一，是人类实现海洋文明发展的最主要活动。中国的航海历史已有数千年之久，在探索海洋的过程中，形成了灿烂的航海文化。中国的航海文化体现在伟大航海精神的传承中，融合在先进航海技术的应用中，见之于宏伟国家战略的制订中，也交融在中华民族独立的历史进程中。本章将从航海精神、航海习俗、航海礼仪等方面来介绍博大又丰富的航海文化。

第一节　中国航海精神的传承

一、彪炳史册的和平精神

无论从哪个角度看，郑和下西洋（见图 1-1）都是中国航海史上的关键事件。从 1405 年到 1433 年，28 年间，中国航海人在郑和的带领下，进行了七场大规模远洋航行。这场跨越了东亚地区、印度次大陆、阿拉伯半岛以及东非各地的大航行，被认为是当时世界上规模最大的远洋航海项目，远超西方航海家迪亚士

图 1-1　郑和下西洋[1]

发现好望角、哥伦布发现美洲大陆。郑和船队七次下西洋的总航程达到七万多海里(1 海里=1 852 米),长度是地球圆周的三倍多。郑和远航先后吸纳了 208 艘船和 2 万多人,航行足迹遍及 30 多个国家和地区,打开了中国至东非海岸长达 13 000 海里的海上交通,在航行规模、编队人数、船舶大小、航海里程、航海技术等方面,都远远超过后来西方航海探险家发现新大陆的航海活动。

习近平主席 2014 年 3 月 28 日在德国访问并在柏林科尔伯基金会发表重要演讲时指出,和平发展是中国长期以来一贯坚持的政策。历史上郑和下西洋,通过海上丝绸之路推行经贸和文化交流,舰队这么强大却没有进行过任何侵略,而是调解纠纷,打击海盗。中国奉行和平发展的外交政策,给予邻邦巨大帮助,交了很多朋友。习近平主席的讲话清楚地指明了郑和下西洋深远的历史意义和重大的现实意义。

郑和下西洋表明中国掌握了当时最高水平的航海技术,同时这一历史事件开启了东西方文化、物质和精神的交流,开启了世界大航海时代的序幕,开启了中国"敢为天下先"的历史新纪元。郑和下西洋的海权战略不仅极大地提升了明朝的国际威望,而且构筑了中国的政治外交话语权。中国由此走向了世界,世界由此认识了中国。郑和下西洋可谓是中国航海之嚆(hāo)矢、拓展之航标。

郑和七下西洋漫长而曲折并充满风险的航海实践给我们留下了包括航海意识、航海技术、航海精神、航海宗教民俗、航海文学艺术等诸多方面丰富的航海文化,是我们民族宝贵的精神财富。其中郑和远航的开创性在中国航海史上留下了浓墨重彩的一笔。

二、司南导航的创新精神

指南针(司南)[见图 1-2(a)]最早为中国发明,是我国古代劳动人民在长期的实践中对物体磁性认识的结果。指南针随后演变成磁罗盘[见图 1-2(b)]并应用于航海事业上。在指南针用于航海之前,海上航行只能依据日月星辰来定

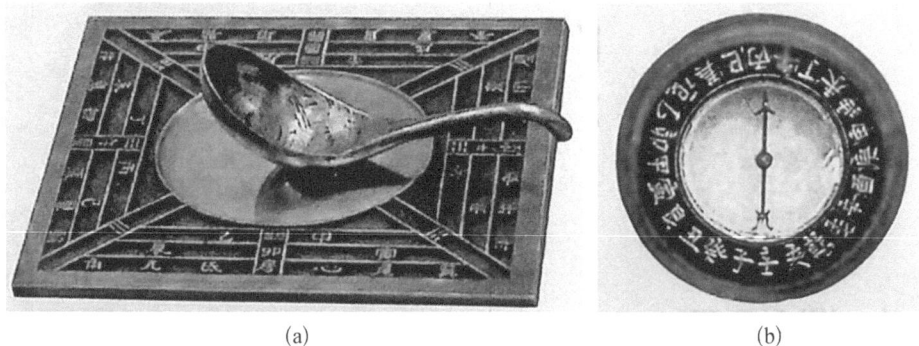

(a)   (b)

图 1-2　司南和磁罗盘[1]

位,遇到阴晦天气时则束手无策。在指南针用于航海之后,解决了受天气因素影响的导航问题,弥补了天文导航、地文导航的不足,开创了航海史的新纪元。

指南针的发明是中国人民对人类文明的重大贡献之一。指南针用于航海,使人们在海上获得了全天候航行的能力,第一次真正得到了在茫茫大海上昼夜航行的自由。英国著名的科学史专家李约瑟①曾指出,指南针的应用是原始航海时代的结束,预示着计量航海的来临。指南针不仅促进了中国航海事业的发展,为明朝郑和七下西洋的伟大壮举提供了必要条件,而且在世界航海史上具有划时代的意义,极大地推动了欧洲航海事业的发展。正如英国皇家航海学会柯特博士所言,这一变革的重大成果是由于能够采用一种便捷的仪器来测量方位与确定航向。因此,水道勘测工作建立在科学的基石之上,而由此测绘的航行海图,无疑比罗盘出现以前的任何海图要优越得多[2]。

根据史籍记载,指南针最早用于航海应该是在宋朝,随后通过阿拉伯商人传入欧洲。此后,罗盘在世界航海领域被广泛应用,并从技术上为地理大发现的航行提供了可能。元朝,指南针成为海上指航最重要的仪器。在指南针的辅助下,罗盘针路成为普遍使用的导引。譬如船航行到什么地方,采用什么针位,在航线上都一一具有标识。世界航海业的历史进程充分表明,这一航海技术的质变,为以葡萄牙、西班牙为代表的欧洲航海国家,在 15 世纪末到 16 世纪初的海上探险以及之后的"地理大发现",从技术方面做好了准备。

三、海员罢工的斗争精神

20 世纪初,香港的中国海员在英帝国主义压迫下生活非常困苦。海员经常航行于欧美各国,最容易接触各地思想潮流,对 20 世纪初的革命思想并不陌生。1922 年 1 月 12 日,香港海员要求增加工资的要求被英国资本家拒绝后,在海员工人的工会组织——中华海员工业联合总会苏兆征、林伟民等领导下,开始举行大罢工。同年 1 月底,罢工人数增至两三万人。香港英国当局对工人罢工极为恐慌,2 月 1 日,以武力封闭了海员工会和运输工会,并逮捕罢工领袖。工人群众联合起来,组成纠察队奋起反抗。在广州附近农民的支援下,封锁香港。从 2 月 27 日起,香港各工会陆续开始罢工,到 3 月初,罢工人数激增到 10 万以上,其中包括邮局和银行职员、仆役、厨役、轿夫等。罢工浪潮席卷了整个香港,使繁华的香港成为"死港""臭港"。香港英国当局惊呼,罢工"陷本殖民地于危险之境",于是英帝国主义进行野蛮镇压。罢工工人毅然离港回广州。3 月 4 日,工人们成群结队徒步返回广州,行至离香港 6 公里的九龙沙田地区时,遭到英国军

---

① 李约瑟(Joseph Terence Montgomery Needham),1900—1995 年,英国近代生物化学家、科学史专家、中国科学院外籍院士。

警的开枪射击,当场打死打伤数百人,造成"沙田惨案"。

英帝国主义的屠杀行为更加激起了广大工人的义愤,他们决心与港英当局斗争到底。中国共产党对香港海员罢工极为关注,在广州组织成立了香港罢工后援会,做返穗工人的后盾。中共广东支部和社会主义青年团广东区委组织全体党员、团员参加接待和其他各项工作,发表《敬告罢工海员》书,及时对罢工运动予以支持和引导,号召海员团结一致,严守秩序,注重自治,坚持到底。

在中国共产党的领导下,香港工人的罢工斗争坚持了 56 天,使英帝国主义在华经济利益遭受巨大损失。1922 年 3 月 8 日,罢工谈判协约签字,港英当局被迫接受海员们提出的条件,明令取消 2 月 1 日公布的封闭中华海员工业联合总会的反动命令,送还被拆除的工会牌子,释放被捕工人,并答应抚恤在"沙田惨案"中死难的工人,同时给工人增加 15%~30% 的工资。至此,香港海员大罢工宣告胜利结束。这次罢工的胜利,有力地打击了帝国主义者的气焰,鼓舞了武汉、上海、广州、澳门等各地工人群众的斗争士气,成为我国工人运动史上第一次高潮的起点。图 1-3 为香港海员大罢工胜利后,部分海员在广州合影留念[3]。

图 1-3　参与香港海员大罢工的部分海员合影

四、吴淞商船的爱国精神

中国高等航海教育发轫于 1909 年创办的上海高等实业学堂(南洋公学)船政科。清宣统元年(1909 年),邮传部鉴于"商业振兴,必借航业,航业发达,端赖人才",将南洋公学改为高等实业学堂,初期即增设船政一科,学制两年。宣统三年(1911年),鉴于航海专业与一般工程专业性质有别,为振兴航业,广植人才,航政科分出另设专校,定名为邮传部高等商船学堂,选定吴淞炮台湾为校址。1912年校舍建成后,高等商船学堂改名为交通部吴淞商船专科学校(见图1-4)。

图1-4 交通部吴淞商船专科学校[4]

吴淞商船专科学校创立之时,适逢第一次世界大战爆发。各国在华船员被大量征调回国参战,吴淞商船专科学校的毕业生以其出色的专业技能和过硬的专业素质得到广泛好评,大受航运业界青睐。强烈的国家责任感是吴淞商船专科学校的一个重要传统。早在学校创办之初,监督唐文治就在开学典礼致辞中指出,一船生命财产之安危,均操于船长手中,试想所负之责任,又何等重大。同时诸生亦应当记住,商船驶到外国,实际是国家的努力所达到之处。他鼓励学生要勇挑重担,以振兴中华航海事业为己任。这种精神指引了一代又一代的学校毕业生,促使他们积极投身于振兴航运事业、收回国家航权的斗争中。

北洋政府时期,船政科、吴淞商船学校的学子们凭借勇气和智慧,站上了历来为洋人霸占的船舶驾驶台。时任校长萨镇冰评价,吴淞商船学校毕业出来的百余学生,努力奋斗,代替了外国人把持高级船员的职务,表现了非常好的成绩。

抗日战争期间,吴淞学子们同仇敌忾,参加了中国实业史上由民生公司卢作孚指挥的"敦刻尔克"大撤退——宜昌大撤退①,在炮火、炸弹下肩负民族的兴亡,保存了中国民族航运工业的命脉。抗战胜利,为复苏中华航运,仍坚持努力。

---

① 1938年,地处长江三峡的湖北宜昌,由民生公司总经理卢作孚指挥船队,冒着日军的炮火和飞机轰炸,抢运战时物资和人员到四川,从而保存了中国民族航运工业的命脉。宜昌大撤退被称为中国实业史上的"敦刻尔克"。

新中国成立前夕,在驾船起义、北归,组织香港招商局起义等震惊中外的义举中,都有吴淞商船学校毕业生的身影,他们义无反顾地投入到反封锁、反轰炸的斗争中,为新中国航海事业奠基立业出力。

新中国成立后,航海事业百废待兴。吴淞学子以最大的热忱,积极投入祖国的航运建设,取得了有目共睹的成绩。在其他如核工业、潜艇水下发射、船舶设计、计算机工业、航天科技、历法改革等科研领域以及航海教育、保卫海疆、航企管理等各条战线上也都取得伟绩。在不懈的奋斗精神指引下,吴淞学子中不仅有劳动模范、巾帼轮机长,也有中科院院士、工程院院士,为新中国航海事业储备了坚实的力量[4]。

吴淞商船学校历经晚清、民国与新中国三个历史发展阶段。学校虽几度易名,甚至停办、合并、外迁、重建和调整,但教育要旨源流相承、专业学科逐趋成熟,校基日固。如今的大连海事大学和上海海事大学的校徽上都有 1909 年字样,标志着"吴淞商船"是两校的源头。正如前交通部部长钱永昌说道:我国航海院校特别是大连海事大学和上海海事大学都在吴淞商船学校的根基上,似干枝般都有了茁壮的成长。

五、北极首航的开拓精神

北极航道是指往返太平洋与北冰洋之间的海上交通线,大部分路段位于北冰洋水域。进入 21 世纪后北冰洋的冰覆盖范围随着全球变暖而逐渐缩小,北极航行日趋可行。北极航道包括东北航道、西北航道和中央航道。其中,东北航道西起欧洲北部海域,东至白令海峡,是地理意义上连接东北亚与欧洲最短的海上航线。

2013 年 8 月 15 日,中国"永盛"轮①载着 15 名船员、5 名技术专家及万吨出口钢材和设备,缓缓驶离江苏太仓港前往北极航道(见图 1-5)。同年 8 月 27 日3 时 30 分,"永盛"轮通过白令海峡到达北极东北航道的起始点,6 时进入北极圈,然后向西经过楚科奇海、德朗海峡、东西伯利亚海、新西伯利亚群岛北部、拉普捷夫海、维利基斯基海峡、喀拉海、新地岛北部、巴伦支海,于 9 月 5 日抵达挪威北角附近。经过 10 天航程,顺利通过东北航道,于 9 月 10 日靠泊荷兰鹿特丹港,完成北极东北航道首航任务,成为历史上第一艘成功经由北极东北航道到达欧洲的中国商船。"永盛"轮从太仓出发通过北极东北航道到达鹿特丹总航程为7 931 海里,航行时间为 27 天,比传统的经马六甲海峡、苏伊士运河的航线缩短航程 2 800 多海里,航行时间减少 9 天。"永盛"轮成功首航北极,除了航程和航

---

① "永盛"轮是隶属于中远海运集团旗下中远航运股份有限公司的一艘多用途船,总载重量 19 461吨,船长 155.95 米,船宽 23.7 米,设计船速 14 节(1 节=1.852 km/h),冰级为中国船级社的 Ice Class B1。

图 1-5 "永盛"轮在北极航道航行

行时间缩短所带来的经济和环保价值外,还有着更重要的战略意义。未来,中国在贸易通道方面将有更多的选择。中国开往欧洲的商船将可不必在繁忙的苏伊士运河等待,也可避开传统航线上的敏感地区。

2018 年 1 月 26 日,《中国的北极政策》白皮书发布,明确指出中国愿依托北极航道的开发利用,与各方共建"冰上丝绸之路"。这条通道一旦贯通,或将给国际航运市场网络和格局带来一次深远的变革。首航北极的商船正是中国航海事业不断开拓的呈现。

第二节　中国航海习俗的继承

一、祈求平安的航海习俗

人类最初的航海活动是为满足生活所需的渔产而产生。航海的起源根植于民间,千百年来航海活动发展出了独有的习俗。这些习俗虽各有差异,但初衷只有一个,即保佑外出航行的船舶和人员航程平安、航行收获丰饶。

(一) 造船习俗

我国自古以来造船业就十分发达。造船时,船民多结帮,在船舶尺寸和用料方面很讲究,并且具有丰富的寓意。如头船一艘,船长 12 丈(1 丈≈3.33米)8 尺(1 尺≈0.333 米),意指一年有 12 个月、8 个节[1];尾船一艘,长 9 丈 5

---

① 中国古代 8 节是指立春、春分、立夏、夏至、立秋、秋分、立冬、冬至。

尺,意指船帮可通航九江五湖;大桅杆高18丈4尺,意指船帮可航天下十八省(旧制)①和四京②;船板则寓意平安;船钉象征着无灾无难的星斗,谚语云,船上有根钉,天上有颗星。

造船时要选择良辰吉日,备好三牲,祭拜鲁班祖师与河伯。开工后,上第一道龙骨③时,船主要焚香叩头,并燃放鞭炮;再由掌墨师傅④敲"主钉",其余木匠按统一节奏一起敲钉,俗称"打排斧";装桅梁时,要在方孔两侧钉"喜钉",木匠要唱诵生意兴隆、恭喜发财之类的吉祥语;还有一道重要工序称"上金头",俗称"回龙木",也就是在船头安装横木,上雕一对龙眼,并钉上元宝钉,上挂一束称为"彩子"的绿布条。龙眼还要"开光",需用大公鸡的血涂抹。渔船下水时,主家还需备好茶、米、面、盐作为供品并需准备铜板、铜钿(tián)、银元等供掌墨师傅"抛舱"。届时,掌墨师傅一边抛撒钱币,一边唱诵"一把金钱抛进舱,马鲛鳓(lè)鱼尽船装;二把金钱抛上梁,金银财宝动斗量……"同时,点燃鞭炮,船主还要给掌墨师傅送上"红包"慰问。仪式后,船主备好筵席,酬谢众工匠,主客相互庆贺,称"烘灯"。此外,当船舶竣工时,当地有在船上各部位贴大红对联的习俗,红红火火,热闹非凡。

(二) 船饰习俗

古代由于生产力水平低下和对自然认识不足,船舶在海洋或江河上行驶遭遇大风大浪时,航行者往往认为是水中的妖兽作怪。为了求得航行的安全,降服这些作怪的灵物或怪兽,人们便在船首、船尾及整个船体画上各种更凶猛的飞禽走兽,这样便产生了船饰习俗。

最早这种镇船所用的船饰图案叫鹢鸟,是民间传说中的水上神鸟,水妖浪怪均惧之,甚至连龙见到它都十分害怕。因而,其形象或眼睛常被绘于船首尾,以图吉利[5]。除鹢鸟作船饰外,船体彩绘常用的猛兽有虎、鹰、狮、龙、麒麟等。这些灵兽既可镇船驱邪,又可降福呈祥,凶猛而具有威慑力,因而也是船舶常见的船饰题材。

此外,花纹、花草、禽鸟、阴阳鱼等都是船饰的重要题材。随着社会的发展,船饰的功能不断由镇船驱邪向吉祥娱乐转化,各种神话传说、佛经故事、英雄人物等也加入船饰题材的行列,如有"足踏莲台观世音""八仙过海""鳌鱼驮岛栖海图"、孙悟空等神话故事,也有关云长、武松、赵子龙、岳飞等古代英雄人物形象,还有"吉祥如意""日出东升"等彩绘画,题材可谓是五彩缤纷,内容丰富多样,充

---

① 中国古代十八省通常指江苏(包括上海)、浙江、安徽、江西、湖北、湖南、四川(包括重庆)、福建(包括台湾)、广东(包括海南、香港、九龙、新界)、广西、云南、贵州、直隶(包括北京、天津两市,河北中、南部地区和河南、山东的小部地区)、河南、山东、山西、陕西、甘肃(包括宁夏)。
② 北宋时共有四京,即东京开封府、西京河南府、北京大名府和南京应天府。
③ 龙骨是在船体的基底中央连接船首柱和船尾柱的一个纵向构件。
④ 掌墨师是指修造船舶时的总工程师。

满了浓郁的民俗气息。

随着造船业的发展,对船饰的艺术追求不断增长,船舶雕饰因而成为更为常见的船饰艺术。雕刻是立体、多层次的,加上光影的变化,使其比平面的彩绘有更强的表现力,故而在船舶装饰中最为普遍。有一种特别的装饰部件——船眼睛,一般雕饰在船首两侧,给船舶增加了不少威猛与灵异之气,这在东南沿海一带的船舶上比较常见。

不同船的船眼睛也有区别:渔船的船眼睛眼白在上,眼瞳朝下,这样便能直观海底,观察到鱼虾的位置;商船的船眼睛眼瞳朝前,眼白在后,便于船舶定住进港目标,不致迷失方向[6]。安船眼睛是一项古老而有趣的习俗,包括"定彩""封眼""启眼"3个程序。当新船的船壳打好后,首先要举行一个颇为隆重的"定彩"仪式,请风水先生挑选吉日良辰,按金、木、水、火、土五行分别在钉船眼睛的银钉上拴系五色丝线。船眼睛由樟木雕刻而成,呈半球形,眼珠微凸,中间漆成黑色,周围漆成白色,由船主把它们嵌钉在船头两侧。眼珠的视线也有讲究,一律朝下,远远望去乌溜溜的眼珠正聚精会神地注视着海面。当船主将船眼钉好后,还要用全新的红布条或红纸将其覆盖,俗称"封眼"。当新船下海时,锣鼓喧天、鞭炮齐鸣,船主要摆上供品,祭拜河伯,再亲自揭去红布,称为"启眼"。于是,新船上的这对眼睛就具有灵性了,恰似一对圆睁的龙眼,探明鱼群或暗礁,为航海人引航,震慑海域妖魔鬼怪,吓退海妖进犯,保丰收求太平。图1-6所示为一艘艏侧饰有船眼睛的船舶。

图1-6 艏侧饰有船眼睛的船舶

二、庇佑航行的海上信仰

(一) 妈祖信仰

妈祖,是以中国东南沿海为中心的许多航海人所信仰的海神,又称天妃、天后、天上圣母、娘妈等等,是历代船工、海员、旅客、商人和渔民共同信奉的神祇[7]。

妈祖,原名林默,宋建隆元年(960年)农历三月二十三日诞生于福建莆田湄洲岛,因救助海难,于宋太宗雍熙四年(987年)九月初九逝世。她有孝女成道的

图1-7 湄洲岛妈祖石雕像[9]

美德,更因海上救援而不幸牺牲,所以被百姓供奉成神。一开始是宋徽宗赐"顺济庙额",到清朝封为天后,被历朝皇帝一共褒封36次。目前,全世界45个国家和地区共有上万座从湄洲祖庙分灵的妈祖庙,有3亿多人信仰妈祖[8]。湄州岛妈祖石雕像如图1-7所示。

中国东南沿海及东南亚的人们尊称妈祖为天后娘娘,几乎每个东南沿海乡镇村落都有天后宫供奉妈祖。关于妈祖的传说有很多,有文字记载的有近20则,包括祷雨济民、挂席泛槎、化草救商、降伏二神、解除水患、驱除怪风、收伏晏公、收高里鬼、救父寻兄等。在这些传说里,可以看到一位几乎具有所有中华传统美德的渔家女神形象,她孝顺父母、善良正直、见义勇为、扶贫济困、解救危难、造福民众,保护航行平安。

20世纪80年代,联合国授予妈祖"和平女神"称号[10]。2009年9月30日,妈祖信俗被联合国教科文组织正式列入人类非物质文化遗产,成为中国首个信俗类世界遗产[11]。

航海拾遗:上海的妈祖信仰

上海的妈祖信仰自南宋时开始形成至今,已有近千年之久,中间虽然几经沉浮,但却始终香火不断,显示了妈祖文化强大的生命力与影响力。20世纪80年代以后,随着改革开放、解放思想等政策的实施,上海的妈祖

信仰进入了复兴时期,具体表现之一是上海天后宫的恢复。20世纪80年代初,上海河南路桥塌时逢市政建设,于是便将上海天后宫大殿搬迁到了当时正在建造中的松江方塔园内,使之成为当时松江方塔园的重要景点之一。1993年10月,天妃宫被公布为松江县(今上海松江区)文物保护单位。2002年,政府部门在松江方塔园的天妃宫恢复了妈祖文化内涵,使之成为上海地区唯一幸存的妈祖庙。殿内制作安放了妈祖圣像、妈祖圣迹图、供桌等设施,并于同年的9月28日举行了浦江妈祖开光典礼和上海方塔天妃宫开放仪式。除了松江天妃宫以外,20世纪80年代以后,上海其他一些庙宇也恢复了妈祖信仰的内容,如现在在上海的崇福道院、钦赐仰殿、上海城隍庙、白云观、下海庙等一些祠庙中,都有妈祖神像的供奉,也有一定的妈祖信众。

(二)东海神和南海神信仰

在航海的历史文化中,主管东方海域的神被称为东海神。这个东海与当今地理上的东海不是一个概念,古代东海泛指渤海、黄海等东部海域,因此东海神管辖范围极广。

东海神崇拜与祭祀萌芽自先秦时期,但东海神系统的祭祀礼仪和祭祀场所的出现却是在汉朝。东汉班固著的《汉书·地理志》[①]记载:"临朐,有海水祠。""海水祠"就是东莱郡(今山东莱州)的东海神庙。此后东海神庙经过几次迁移,最终又迁回莱州。隋朝东海神祭祀迁至会稽(今浙江绍兴),唐朝时迁回,南宋时将东海神庙定于定海(今宁波镇海),元朝时又迁回,自此东海神国家祭祀一直在山东莱州举行。清朝莱州东海神庙国家祭典一般由皇帝派官员春秋致祭,自康熙六年(1667年)十分详尽地规定了祭祀仪式后,清朝后世一直沿用。光绪二十七年(1901年),两江总督刘坤一敕令张謇在通州(今江苏南通)沿海一带开垦滩涂,兴建了中国第一个垦殖公司——通海垦牧公司。在公司兴建过程中,设计建东海神庙于其上,可见当时的东海神信仰仍十分兴盛。民国时期,东海神庙祭祀一度暂停,海神庙成为商客交易商品的场所,形成每年四次的海庙庙会,即正月十八、四月初三、六月十三、十月初三。1946年,海神庙被毁,各种祭典及庙会全部停止[12]。

南海神也是中国古代航海文化中广为流传的信仰之一。唐朝封广利王,宋

---

① 《汉书·地理志》是《汉书》中十志之一,是中国最早以"地理"为书名的著作,内容包括西汉及之前中国疆域及政区的划分及消长演变情况。作者班固(32—92年)是我国东汉著名的学者。

朝加封洪圣,明洪武三年(1370年)始封为南海之神,清雍正三年(1725年)又封为南海昭明龙王之神。乾隆二十二年(1757年),清政府实行"一口通商",广州成为全国唯一对外通商口岸,成为中西往来必经之地。位于广州的南海神庙[见图1-8(a)],处于中西方文化交流碰撞的"风口浪尖"。清末,国家对南海神庙的官方祀典仍如期举行。到民国时期,官方祀典逐渐废弛,但民间南海神庙庙会却异常兴盛,形成了全国闻名的"波罗诞"①。

图 1 - 8   南海神庙和"海不扬波"牌坊[13]

民国十二年(1923年)5月26日,在黄埔军校开学前,孙中山携宋庆龄等,乘"江固"号军舰到南海神庙视察,在刻有"海不扬波"②的牌坊[见图1-8(b)]处登岸,观赏了韩愈、苏东坡等人的碑文及唐朝铜鼓、明朝南海神印等遗迹,并对韩愈第一次用"海事"一词来形容中国海上贸易大为称赞。

航海拾遗:唐朝韩愈与"海事"一词

元和十三年(818年),唐宪宗令广州刺史孔戣(孔子第38代孙)依例前往致祭南海神。孔戣三年间三次亲往致祭,并大修南海神庙。大修完毕,按皇帝指令,需拟写碑文,立记事碑。立碑并非小事,撰写碑文者,一需文笔才情,二需信任。于是孔戣想到了好朋友韩愈。当时,韩愈因得罪皇帝,被贬到广东潮州做官。他乘船上任时路过南海神庙前的黄木湾,目睹

---

① 相传,一支波罗国的船队来到扶胥江(今珠江的一段),见景色迤逦,便停泊于此,登岸观赏。来到南海神庙前,其中有一位贡使(后被封为达奚司空),在神庙东西各种一株波罗树。达奚司空在岸上观赏,竟然忘了返航时间,等他回到神庙来,船舶已起帆远航,达奚司空被留在岸上,他每日都到江边远眺,祈盼船队能回来接他,但终究未果。最终他变成一个石人,屹立江边。人们为了纪念他,称他为波罗神,由此南海神庙亦称为波罗庙,南海神诞期亦称为波罗诞。农历二月十三日为南海神诞期,即为"波罗诞"。
② "海不扬波"比喻天下太平,国运昌盛,百姓健康。清朝康熙题写的"海不扬波"刻于牌坊上。

了那时中国最大港口扶胥港的壮丽景观——千帆竞集、海舶往来的贸易盛况。韩愈接到孔戣邀请时,恰逢皇帝大赦天下,遣他改任袁州(今江西宜春市一带)刺史,便毫不犹豫地接受了孔戣的邀请。韩愈在碑文中一开头就写道:"海于天地间为物最巨,自三代圣王莫不秩事。考于传记而南海神次最贵,在北东西三神、河伯之上,号为祝融。"意思是说,天地间海是最大的,历代皇帝都去拜祭,而在所有海神、河伯中,称为火帝的南海神是最高贵的。韩愈在碑文中还写道:"于南方事无所不统,地大以远,故常选用重人,既富且贵,且不习海事。"这是我国历史上第一次出现"海事"一词,其成为东方各国后来在航海、航运中经常使用的术语。

第三节 现代航海文化的由来

一、别具一格的海上礼仪

(一) 国旗礼

现代国际商船挂旗礼仪始于大航海时代的军舰,流传至今基本形成了统一的船舶礼仪标准。因政治、文化、习俗的不同,船舶主要遵从船旗国(船舶船籍注册的国家)、领海国和港口国(船舶挂靠港口的国家)的升旗礼仪规定和要求。

国际航行的船舶抵达港口国或领海国升旗方式如下:① 船籍国国旗升在船尾的旗杆上,以示对船籍国领海、领土的尊重;或者升在驾驶台后部的旗杆上;或左舷第一挂旗绳上(根据视觉信号规定为船舶第二挂旗绳上)。与此同时,驾驶台顶的旗绳左右两排排列。右横桁的排列顺序为单数(从最外一挂旗绳算起),从右到左依次为1、3、5、7;左横桁的排列顺序为偶数,从右到左为8、6、4、2。② 港口国国旗应该升在主桅最高处或者升在驾驶台顶上靠右第一挂旗绳上。③ 航运公司的公司旗应悬挂在船头的旗杆上。

国旗代表国家主权和尊严。各国对船舶悬挂国旗均有各自的要求。中国籍船舶及进入中国内水、港口、锚地的外国籍船舶都应遵守中华人民共和国的《船舶升降国旗管理办法》。具体规定如下:① 悬挂时间。每日早升、晚降(恶劣天气除外)。船舶在航行、锚泊时,由4~8点的值班水手负责升降;靠泊时则由相应班次的值班水手负责。② 悬挂位置。中国籍船悬挂中国国旗于船尾旗杆上。无船尾旗杆的挂于驾驶台信号顶部或右横桁。外国籍船悬挂中国国旗时,应悬挂于前桅或驾驶台信号桅顶部或右横桁。当中国国旗与其他旗帜同时悬挂于右横桁时,中国国旗应在最外侧。③ 船舶所悬挂的中国国旗,应当整洁,不得破损、污损、褪色和不合规格。

(二) 满旗礼

船舶信号旗由 40 面旗组成,包含字母旗 26 面,数字旗 10 面,代表旗 3 面,回答/简码旗 1 面。除了组合信文外,每面旗号皆有其代表含义,包含了海上航行的各种情况。船舶由船首到桅杆、再由桅杆到船尾,用旗绳挂满信号旗的挂旗形式就叫满旗,主要方式是将全部国际信号旗按形状(一般为 2 面长方旗加 1 面数字旗)与色泽进行搭配,从船首、尾到前后桅杆以及桅间用旗绳以及滑车牵引,将搭配好的信号旗连接于张索上。商船挂满旗(见图 1-9)是为营造节日气氛而设立的船舶特有的庆祝仪式,如航海上认定的节日,世界海员日,中国航海日,船舶下水日,船舶命名仪式举办日或者国庆节,港口国国庆节,以及港口国、国家、公司有喜庆之事需要悬挂满旗的时候。

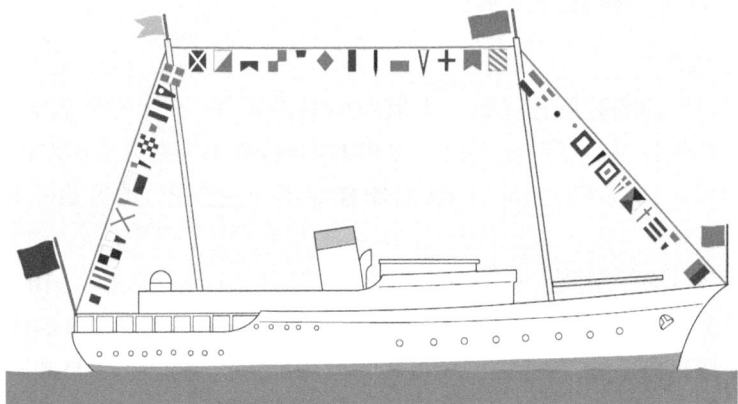

图 1-9　商船挂满旗

二、颇具特色的航海服饰

(一) 水兵服

带披肩的水兵服是国际上统一的水兵衣着款式,它充满青春的活力,有着浪漫色彩,能使人产生美好的联想。在设计师的笔下,在服装展示会上,水兵服仍然吸引着、征服着人们。楚楚动人的姑娘、雀跃的稚童都愿把它当作时髦的着装。世界各国水兵服式样大体相似,上衣为套头式、披肩领,紧袖口,下摆扎在裤内,裤子肥大且旁开口,配无檐圆顶帽,缀飘带。

水兵服装自古已有。18世纪中期以前,不仅世界各国水兵的服装不同,有时在同一个国家里,不同地方的水兵服也是不统一的。1747年,英国乔治二世国王巡视海军时,认为不统一的服装有碍皇家海军的威严,于是下令研制统一的水兵服装。在广泛征求各方面意见后以蓝白两色为水兵服主色,蓝色既像水兵们朝夕相处的海洋,又像广阔无垠的天空;白色则象征着军人纯洁的灵魂。乔治二世下令所属的皇家海军官兵一律以白色为上装,蓝色为下装进行统一着装,以示其仪表和品行。在船舰上生活和作战,水兵经常要在狭窄的舱室里进进出出,上上下下,活动受到很大的限制,所以水兵服要求利索方便,故一般水兵服的上衣都是套头式、紧领口和袖口,并且上衣必须扎进裤腰里,免得上下舷梯,进出舱口时,牵挂到仪器设备。海洋中常有狂风巨浪,在很大的颠簸中,难免有人呕吐,为了减少促使呕吐的外部条件,水兵服的上衣都设计成无领式的,以免衣领刺激咽喉部位,造成呕吐。到了1817年,美国海军部首先仿效英国样式,颁布了统一水兵服装的命令。从那以后,各国海军的服装都逐渐采用了上白下蓝的颜色,式样也趋于一致了。

水兵之所以戴无檐帽,主要是避免在高速航行中帽檐招风,避免在使用观察仪器时,帽檐碰坏精密仪器和设备。世界各国水兵的无檐帽差不多都有飘带,不过有的很短(如日本),有的很长(如俄罗斯)。只有少数国家的海军水兵帽没有飘带。水兵帽上为什么要装两根飘带呢?据说在早期是为了随时测知风向的需要,在水兵帽上缀上两根飘带可以作为风向标使用,今天虽然现代气象设备已广泛应用,但这一传统样式仍保留了下来[14]。

(二)海魂衫

与水兵服配套的还有蓝白横条相间的水兵针织汗衫,也叫海魂衫,海魂衫通常为白蓝相间的条纹,寓意广阔的大海与蓝天合为一体,体现无私无畏的海洋精神。19世纪20年代,在法国西北方的布列塔尼地区,有一种英文名字叫breton top蓝白相间的条纹衫,非常受当地水手的欢迎。由于它是用质地细密的棉布织成,因而有很好的防风防晒功能,最重要的是,当水手落水时,蓝白相间的条纹也很容易让人发现,这就是最初的海魂衫。1858年,法国海军将这款棉布衫定为海军制服的一种,随后其逐渐被全世界各国海军接受[15]。海魂衫是水手的象征,它无穷的魅力也登上了岸,不过色条也有异化,蓝换成了红或黑,更富有流行味。

三、源自航海的大众饮食

(一)饼干

许多食品制作和饮食习惯都来源于航海实践。饼干是大众化的食品,酥松、香甜可口、易于消化、老少皆爱,由于它携带方便而又不易变质,是常见的食品。饼干的诞生还有一段航海趣史。欧洲比斯开湾风大浪险,早年常有船舶触礁沉没,船员只得登荒岛待救。那时,大不列颠人驾驶着一艘帆船驶入法国西部附近的比斯开海湾,遭遇狂风巨浪。帆船在惊涛骇浪中经不起跌宕终于触礁沉没。死里逃生的船员困栖在一个孤岛上,面对饥饿的威胁,想起了装满面粉、砂糖和奶油的沉船,要是把这些东西捞起来不就可以充饥吗?于是他们全力以赴把食物从海底捞起,但这些食物已被海水泡糊了。有个聪明的海员带领大家把这些食品搅拌起来,然后捏成一只只薄薄的小饼,贴在海岛的礁石上,依靠灼热的阳光烤熟。就这样船员们靠它在孤岛上生存了一个多月,最终被一艘过往的船舶搭救。遇难的船员又用这些小饼招待客人,并亲昵地称这最初的饼干为"比斯开小饼",也就是英文饼干(biscuit)一词的由来。饼干和饼干的故事很快风靡世界。随着食品工业的发展,科学水平的提高,饼干生产遍及每个角落,质量大大提高,花色品种也更丰富多彩[16]。

(二)餐后水果

餐后食用水果的习惯也是源自航海实践。维生素 C 缺乏病(俗称坏血病)在历史上曾是严重威胁人类健康的一种疾病。过去几百年间曾在海员、探险家及军队中广为流行,特别是在远航海员中尤为严重,故有"水手的恐惧"和"海上凶神"之称。

哥伦布发现美洲新大陆的行程中,好多水手的牙齿血流不停,严重的则丧命。继哥伦布之后,航海家麦哲伦环球航行时水手的遭遇比哥伦布的船队更为悲惨,据称有三分之二死于坏血病。直到 18 世纪,船员们还时常面临罹患坏血病而死亡的危险。英国船医林特发现坏血病都发生在普通船员身上,而包含他自己在内的高级船员,却没有人得过坏血病。直到有一天,他为了照顾病人到普通船员的餐厅用餐,才发现原来普通船员的伙食只有面包与腌肉,而高级船员却有马铃薯与卷心菜可以吃。林特医师由此认为,新鲜蔬果或许可以治疗坏血病。后来,他们遇上了满载柳橙与柠檬的荷兰货船,林特医师就买了柳橙与柠檬来治疗坏血病人。无独有偶,在往返南太平洋的远途航行中,英国库克船长因为个人喜好,强制让他的船员吃水果,118 名水手中只有 1 名水手死于坏血病,水果是坏血病克星的观点开始在英国盛行。后来所有英国的水手按规定必须每天饮用酸橙汁,由此他们被戏称为"酸橙佬"。林特医生死后,英国海军也开始提供水兵青柠汁,让船员的健康更有保障。到了 20 世纪,预防坏血病的物质终于被研究出来,命名为抗坏血酸,也就是维生素 C。今天,人们可以从新鲜蔬果中摄取到足够的维生素 C,坏血病人已不多见,但是这种餐后食用水果的习惯却因此被社会大众广泛接受。

航海拾遗：日常生活中的航海语言

人们日常生活中的许多语言源自航海。如当人们外出，无论是海路、陆上或空中旅行，他人都会习惯地祝愿"一路顺风"，也有人形容事业发达为"一帆风顺"。明明知道汽车没有锚，但当它发生故障而停驶时，人们就说汽车"抛锚"了。上海人的俗语，有顶风船、游码头、夸海口、掼浪头、海量等。在经典著作中，有将"船长"比喻成最有权威的人。在日常生活中，若办事遇到波折叫"搁浅"。若吃饭嚼到小石子谓"触礁"，若碰上倒霉事又称"翻船"，等等。

第一章

航海文化，海洋文明的精彩华章

参考文献

[1] 广东海事局《中国海员史》编写办公室.中国航海历史事件及代表人物精选(古代、近代部分)(内部资料).广州：广东海事局,2015.

[2] Charles H. C. A brief history of sailing directions[J]. The Journal of Navigation, 1983, 36(2)：249 - 261.

[3] 中共上海海运管理局委员会党史资料征集委员会,中国海员工会上海海运管理局委员会.上海海员工人运动史[M].北京：中共党史出版社,1991.

[4] 洪振权.淞水潆洄 海涛澎湃——吴淞商船学校在沪复校六十周年纪念[M].出版社不详,2006.

[5] 程雯慧.中国古船的船饰文化[J].船海工程,2003(01)：47 - 49.

[6] 张弛.浙东沿海船眼睛风俗折射出的沿海居民航海文化心理之初探[J].资治文摘(管理版),2010(05)：159.

[7] 彭程.大连妈祖信仰文化研究[J].商,2015(51)：125.

[8] 佚名.让妈祖文化绽放新的时代光辉[J].国土资源,2019(11)：62 - 63.

[9] 马书田,马书侠.全像妈祖[M].南昌：江西美术出版社,2006.

[10] 林希.妈祖文化精神的当代传承与价值引领[J].长春师范大学学报,2019,38(01)：28 - 31.

[11] 于洋.汕头民间信仰中的多神崇拜[J].中国民族博览,2015(10)：50 - 52.

[12] 段芳.近代中国海洋文化崇拜研究[D].济南：山东师范大学,2016.

[13] 黄淼章,闫晓青.南海神庙与波罗诞[M].广州：暨南大学出版社,2011.

[14] 孙贤清,王路玲.水兵服漫谈[J].航海,1992(03)：19 - 20.

[15] 邓昂.追溯海魂衫[J].海洋世界,2014(06)：42 - 45.

[16] 矢唐.饼干与航海[J].航海,1985(02)：48.

第二章

航海船舶，经略海洋的移动国土

船舶是人类开展航海活动的主要载运工具。船舶所至更是一个国家主权所至，因此船舶亦称为海上"移动的国土"。中国有着悠久的造船历史，8 000 年前独木舟的出现，开始了中国造船业的历史。古时水密隔舱、船舵和龙骨等造船技术领先于同时代其他国家和地区，为世界航海事业做出重要贡献。新中国成立以后，尤其是改革开放以来，中国造船业取得了举世瞩目的巨大成就。本章将介绍中国船舶悠久的发展历史、中国古代先进的造船技术以及知名的中国船舶。

第一节　悠久的船舶历史

一、从古舟到车船

(一) 石器时代的古舟和独木舟

在古代中国，人们观察到，树木倒入河中后木叶不沉入河底。《世本》[①]记载："古者观落叶因以为舟"，意思是说中国先人看见落叶掉在水面上漂浮不沉而悟到了船的原理。这跟鲁班悟出锯子的原理有点类似。

甲骨文中已有"舟"在，从殷商废墟的甲骨文中发现"舟"字写成，像船形，两边像船帮，中间三条线代表船头、船舱和船尾，由于此造船方法未使用铁器和铁钉等器具，因此可以断定该方法是旧石器时代中国船舶建造的最古老方法[1]，也可以据此推断古舟是中国船舶的祖先，其最早应该产生在旧石器时代。古人用石斧、石锛、锸等工具将圆木凿空，人们将树干上不需要挖掉的地方都涂上厚厚的湿泥巴，然后用火烧掉要挖去的部分，这样被烧的部分就被烧成一层炭，再用石斧砍就比较容易了，独木舟就是这样制成的。

《易经·系辞》中有"刳木为舟，剡木为楫"的记载。"刳(kū)"是动词，即"破开、挖空"的意思；"剡(yǎn)"也是动词，即"削尖"的意思；"舟"为船，"楫"为桨。东汉刘熙在《释名》[②]中对"楫(jí)"解释为"楫，捷也，拨水使舟捷疾也"，也就是使

---

① 《世本》是先秦史官记录和保存的部分历史档案资料，经过秦汉编辑整理成书，著作年代约在公前 234 年至公元前 228 年间，作者不详。

② 《释名》是东汉末年刘熙的作品，是一部专门探求事物名源的佳作。

船在水中快速行驶的工具。元朝黄公绍在《韵会》①中解释,长的桨叫作棹,短的桨叫作楫[2]。"桨"和"楫"均属于"木"部,从文字本身可以说明均是由木材制造而成。从该记载中可以推测当时造船的方法为伐木后挖空圆木体为船,削薄木头为桨。图2-1所示为古人刳木为舟的图片记载[3]。

图2-1 刳木为舟

浙江萧山城区跨湖桥新石器时代的遗址中,发现一艘距今8 000多年的独木舟(见图2-2),这是中国乃至亚洲发现的最为古老的舟船遗存,被称为华夏第一舟[3]。浙江余姚河姆渡新石器时代遗址中也有木桨出土,推算大约7 000年前已

图2-2 独木舟

① 《韵会》亦称《古今韵会》,是黄公绍以《说文解字》为本,参考宋、元以前的字书、韵书,于至元二十九年(1292年)之前完成,成为字书训诂集大成的著作。

有独木舟。在距今5 000年左右的杭州水田畈和吴兴钱山漾的新石器时代的遗址中都有木桨出土,说明当时独木舟已成为浙江地区水上重要的交通工具。独木舟已有了船底、船舷、船舱,可以乘人载物,涉水过河,故可视为船舶的"始祖鸟"[4]。

独木舟大致分为三种,即平底独木舟、尖头方尾独木舟、尖头尖尾独木舟,现在的船舶是从这三种类型的独木舟演变过来的。平底独木舟的底是平的,或接近平底,头尾呈方形,没有起翘。尖头方尾独木舟的头部尖尖的,向上翘起,尾部是方的,底也是平的。如1965年在江苏武进淹城内城河出土的独木舟,尖头敞尾,尖头微上翘,舟尾敞开宽而平,属于尖头方尾独木舟这一类,其中一条独木舟长4.22米,船舱上口宽0.32米,深0.45米,尾舱宽0.69米,整个独木舟用楠木制成。尖头尖尾独木舟的舟头翘起,尾部也起翘。如1958年在江苏武进淹城出土的一条独木舟,舟形如梭,两端小而失,尖角上翘,属于尖头尖尾独木舟这一类。舟舱中间宽,全长11米,船舱上口宽0.9米,深0.45米,系用整段楠木挖空制成。外壁光滑木纹依旧,内壁布满焦炭和斧凿斑斑痕迹,这是古代先民经过数十次用火烤焦后不断用斧凿制加工成的。

(二)夏商周时期的舢板帆船

夏朝已有铸铜和冶炼作坊,也有铜锛、铜凿等金属工具,且当时已有规、矩、准绳等木工生产工具,建造木板船的各种条件已具备,人们普遍使用金属工具建造木板船。最早的木板船叫舢板,原名"三板",顾名思义,最初是用三块木板构成的,即由一块底板和两块舷板组成。

殷商与西周时期,人们除了会制造船舶之外,已能制成利用风力航行的帆。甲骨文用"凡"通假"帆"字,说明殷人行船已经使用帆。关于帆的发明,传说是大禹受到鲎(hòu)鱼的启发,鲎鱼的形状很奇特,身体扁平而宽阔,眼睛长在背上,嘴长在腹下,背上还生有高七八尺的鳍,每当风吹来时,鳍就收拢起来[4]。

图2-3为羽人竞渡纹铜钺(yuè)纹饰线图,铜钺上刻四人头戴羽冠,坐于舟上,双手持桨作奋力划桨状,也有学者认为,四人头顶上方是船帆,说明2 000多年前的越人①

图2-3 羽人竞渡纹铜钺纹饰线图

---

① 古时中原人泛称南方民族为"越""蛮",北方民族为"胡""狄",东方民族为"夷",西方民族为"戎"。越族是我国一个古老的民族,最早称为"于越"。公元前11世纪(周成王二十四年),战国时的古籍《竹书纪年》中出现了"于越来宾"四个字的记载,这是越族第一次进入历史记载。

已经使用船帆航行。

唐朝欧阳询等人著的《艺文类聚》①中记载,西周成王时,"于越献舟",即以舟为贡品,献与成王,那时越人的船就已造得比较好了。越人在古汉语里就是一个涉水的代名词,《越绝书》②中记载:水行而山处,以船为车,以楫为马,往若飘风,去则难从。春秋战国时,大国争霸,造船业及航海业迅速发展。《越绝书》称:越迁都由会稽(今绍兴)至琅琊(今临沂、青岛等地),以水兵 2 800 人伐松柏以为桴(fú),沿海北上,气势磅礴。

(三)秦汉至元朝的楼船

楼船是秦汉时期的著名船型,楼船的出现是我国古代造船技术初步成熟的标志。秦朝徐福及童男童女各 3 000 人,乘楼船入海,寻找不老之药。那楼船之巨,也已不难想象。楼船外形的标志是船体高大似楼,如同船舶上建筑的楼台,水上移动的楼阁。广州发掘的秦时期巨大规模船厂遗址证实了相关文字记载,其楼船宽度大约为 8 米,长度在 30 米以上,负载超 60 吨。楼船根据尺度决定层数,已知最高可达 5 层,高数十米,其楼阁直接层起于甲板之上[5]。汉武帝在长安昆明池建造楼船,训练水师,船"高 10 余丈,旗帜加其上,甚壮"[6]。

汉代楼船甲板上布置多层建筑,甲板下设置有舱室,供棹卒(划桨的士兵)划桨之用。在舱内的棹卒具有良好的保护,可以免受敌人攻击。楼船甲板上的战卒手持刀剑,与敌人短兵相接,进行接舷战。楼船的舷边设有半身高的女墙,以防敌方的矢石。在甲板上女墙之内,设置第二层建筑,称为庐,庐周边也设有女墙,庐上的战卒手持长矛,有居高临下之势。在庐上面有第三层建筑,称为飞庐,弓弩手就藏于飞庐内。弓弩手发射箭矢,是远距离进攻力量。最高一层为"雀室"或"爵室",相当于现代舰船的驾驶室和指挥室。楼船成为舟师的主力战舰,从而亦成为舟师的代称,故汉代舟师通称为楼船军,简称楼船,或船军;士卒称为楼船士,领率官称为楼船将军,督造楼船的称为楼船官。公元 42 年,伏波将军马援南征,曾率有大小楼船两千艘,战士两万余人,可见汉代楼船军规模之大。图 2-4 为《武经总要》中记载的汉朝楼船[7]。

三国时东吴建成五层战船,可载兵 3 000 人,此后,历代水军都以楼船为主

---

① 《艺文类聚》是唐朝欧阳询与令狐德棻、陈叔达、裴矩、赵弘智、袁朗等十余人于武德七年(624 年)编纂而成的一部综合性类书,是中国现存最早的一部完整的官修类书,保存了中国唐朝以前丰富的文献资料,尤其是许多诗文歌赋等文学作品。

② 《越绝书》是记载古代吴越地方史的杂史,又名《越绝记》,全书一共十五卷。该书以春秋末年至战国初期吴越争霸的历史事实为主干,上溯夏禹,下迄两汉,旁及诸侯列国,对这一历史时期吴越地区的政治、经济、军事、天文、地理、历法、语言等多有所涉及,被誉为"地方志鼻祖"。作者不详。

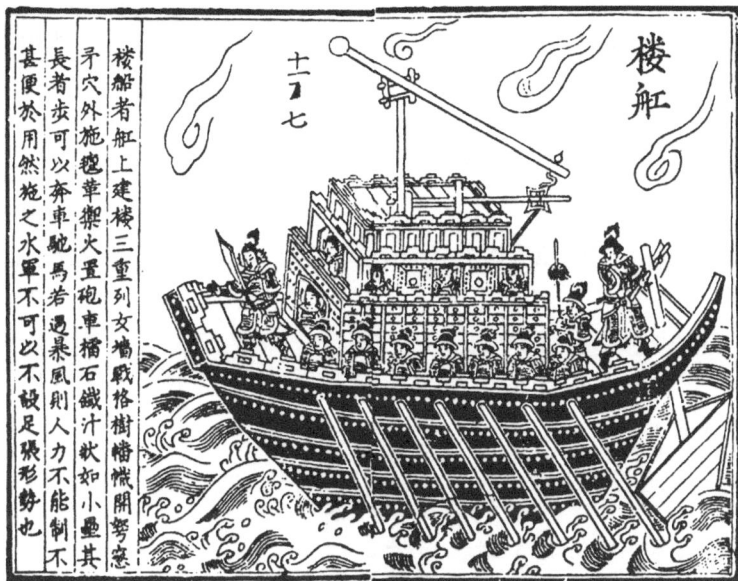

图 2-4 《武经总要》中记载的汉朝楼船

力战舰。据《三国志·吴书·周瑜传》[1]记载，赤壁之战中的斗舰采用楼船形式，其上层建筑风格为飞檐、斗拱与雕栏相结合。

吴黄龙二年（公元 230 年），孙权"遣将军卫温、诸葛直将甲士万人浮海，求夷洲及澶（chán）洲"。夷洲，今台湾；澶洲，今河南濮（pú）阳。吴国造的战船，最大的有上下五层，可载 3 000 名战士。由于需要远航，木船开始依赖人工划桨，既而有风帆及橹。橹是由长桨演变而来的，是另一种用人力推进船只的工具，也是控制船舶航向的工具。

帆与舵是造船史上最重大的发明。舵设在船尾部，有使舵掌控航向不偏航的功能，而西方直到 1242 年才在船上使用舵。帆和舵的发明与使用表明秦汉时期我国的造船技术已达到很高水平。楼船的出现与建造可以说是汉朝造船、航海技术的集大成者。

《隋书·杨素列传》[2]记载，隋代五牙舰，层起五楼，长约 54.6 米，高约 25 米，甲板宽约 16 米，可载八百士兵。作为隋朝结束南北朝分裂统一的主力战船，一至四层楼设有类似斗舰的防御城墙，各层舱门辅以传统官门和飞檐瓦顶装饰，楼船甲板建筑特别巨大，船高首宽，可远攻近战。由于古代水战多以弓箭对射以

---

① 《三国志》，二十四史之一，是由西晋史学家陈寿所著，记载中国三国时期的曹魏、蜀汉、东吴纪传体国别史，是二十四史中评价最高的"前四史"之一。

② 《隋书》，"二十四史"之一，是唐朝魏征主编的纪传体史书，全书共八十五卷，其中帝纪五卷，列传五十卷，志三十卷。

及船只对撞和跳帮肉搏为主,舰船的大小直接决定单舰所能容纳的水手和战士的数量以及舰船的撞击力,所以楼船在古代很大程度上担任了水战主力舰。至汉代,楼船进入大发展阶段。

楼船重心高,抗风暴能力差,因而多用于江湖水域,主要是长江,也用于近海水域,古代楼船参与的著名战役也几乎都在长江之上,比如赤壁之战、西晋灭吴之战、隋灭陈之战、元灭南宋之战等。楼船用于远海是相当危险的,如三国时期吴国的孙权命董袭"督五楼船往濡须口",不料风暴骤起,五楼船全部沉没。

西晋,楼船上装设有拍竿(见图 2-5)[8]。宋朝,车船建造技术运用于建造楼船,发展出装有多达 24 车船的楼船,船上装设拍竿 6 座。自宋元以后楼船的使用及记载渐无。

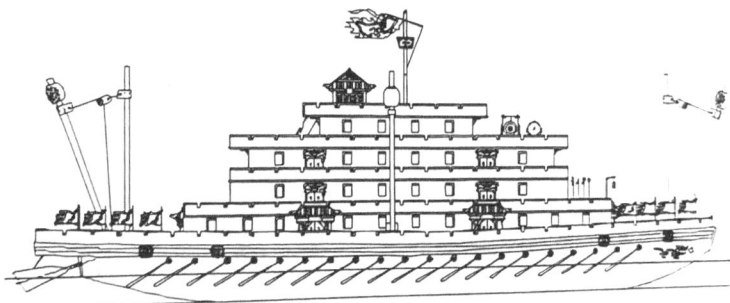

图 2-5　装有拍竿的楼船

(四) 南北朝至明朝的车船

车船仍是一种以人力为动力的木船,但不用帆及篙桨之类设备,而是安置轮子,船边上附有短桨,由人踏动,激水行驶。车船的构造、设计原理与近代轮船已无甚差异,是我国古代劳动人民独特的创造。

车船的发明应在两晋南北朝以前[9]。晋朝葛洪①的《抱朴子》②中记载:"屈原投汨罗之日,人并命舟楫以迎之,至今以为竞渡。或以'水车',谓之'飞凫(fú)',亦曰'水马'。一州士庶,咸观临之。"唐朝李延寿的《南史》③卷 67《徐世谱

---

① 葛洪,283—363 年,字稚川,自号抱朴子,丹阳郡句容(今江苏句容市)人,东晋道教理论家、著名炼丹家和医药学家,世称小仙翁。

② 《抱朴子》,东晋葛洪所撰,道教典籍。《抱朴子》继承和发展了东汉以来的炼丹法术,对之后道教炼丹术的发展具有很大影响,为研究中国炼丹史以及古代化学史提供了宝贵的史料。葛洪还撰有医学著作《玉函方》一百卷(已佚)、《肘后备急方》三卷,内容包括各科医学,其中有世界上最早治天花等病的记载。

③ 《南史》,"二十四史"之一。纪传体,共八十卷,含本纪十卷,列传七十卷,上起宋武帝刘裕永初元年(420 年),下迄陈后主陈叔宝祯明三年(589 年)。《南史》与《北史》为姊妹篇,是由李大师及其子李延寿两代人编撰完成的。

传》也有"水车"记载。这里所说的"水车"即指"车船"。各种车辆以有轮子为特征，故在古代文献中亦称轮子为"车"。"水车"应指某种有轮子的船，正是由于靠水轮行驶，速度非常快，才能称为"飞凫"或"水马"。

到南朝时，江南已能建造1 000吨的大船。南齐科学家祖冲之造千里船，于新亭江（今南京市西南）试之，日行百余里。它是装有桨轮的船舶，称为车船。《南史·王镇恶列传》记载宋武帝刘裕的部将王镇恶由黄河乘船"溯渭（水）而进，舰外不见有行船人。北土素无舟楫，莫不惊以为神"。

航海拾遗：祖冲之与"千里船"

公元479年，权臣萧道成废掉了刘宋王朝最后一个皇帝刘准，改国名为齐（史称南齐），他就是齐高帝。开国皇帝一般都比较注重休养生息，齐高帝也不例外。很快，社会出现了一个相对稳定的局面：重视发展生产，重视对外交流和贸易往来。目光敏锐的祖冲之发现，船是南齐王朝最重要的交通工具。因为南北朝是以区域划分的，长江、珠江等大水系都在南齐王朝境内；此外，南齐王朝还拥有许多湖泊和漫长的河岸线。地理环境决定了这里要想发达起来，就必须有便利的交通工具，特别是船，而当时流行的帆船一直受人力和自然的约束，有诸多问题。怎样克服帆船的弊病呢？祖冲之开始动脑筋了。他认为，既然船帆有问题，能不能不用帆，因为帆毕竟是助力而非动力；不借风力，那就只有考虑用水了。最后他便转而思考怎样利用水力。光想没有用。为此，祖冲之决定租船进行深入研究。

祖冲之通过仔细研究秦淮河的泊船，凭着以前造水碓磨的经验，他决定在船舷两边每边做两个大轮子，通过加大轮子和水的接触面积，从而增加排水量，即增加推动力，最终实现提高船速的目的。祖冲之结合日常生活中船桨的使用原理，在每个大轮子上装了数口小桨形状的木板。

轮子的问题解决了，可是怎么使它们转动起来呢？为此，祖冲之又颇费了一番心思，因为当时的科技水平十分有限，还不能制造任何一种发动机，唯一的办法，只能靠人了。祖冲之把自己关在房里，整天摆弄着船模型，一日三餐也让仆人送进来。几个月后，经过苦思冥想，他终于有了办法，就是在船舱内设计一个以人为动力的装置，即利用踏板原理以人力驱动踏板，从而让桨在水中划起来，船也就航行起来。

船造好了，起个什么名字呢？经过思考，祖冲之为它取名为"桨轮船"。为了扩大影响力，他决定在新亭江上试航。新亭江即今天长江经过南京的那一段水域。据说，三国时在经过南京的长江水域建有一座名叫"新亭"的城垒,故这段水域得名叫新亭江。

试航的结果,正如祖冲之事先预料的那样,相当成功:"桨轮船"不用风帆,一天居然航行了百多里水路。观看试航的人们对这项新发明交口称赞,认为如果稍加改进,潜力会更大。出于对这种船的喜爱,人们纷纷以"千里船"相称,一传十,十传百,慢慢地,"桨轮船"反而倒被人们淡忘了。

"千里船"当时引起轰动的主要原因是,人们惊奇地发现,原来船的前进将不再依赖风力,而是可采用人力划桨或脚踏车轮的方式。这种发明,为后来船舶动力的改进提供了新的思路。从世界范围来看,欧洲直到16世纪左右才出现桨轮船。而"轮船之父"美国机械工程师罗伯特·富尔顿1807年设计出世界上第一艘汽轮船,已经是更晚的事。算起来,祖冲之的"千里船"早于西方的桨轮船1 000年左右。

更让人惊奇的是,时至今日,桨轮船仍然是当代船舶的一大类型。如果说今天的轮船与祖冲之苦心研制的"千里船"有什么不同,那就是,现在的船不再用人脚踏,而改用发动机启动了。从这种意义上说,祖冲之研制的"千里船",也为世界航海史书写了重要一笔。

到了唐朝,车船明确记载于《旧唐书·李皋传》[①]:"挟二轮蹈之,掀风鼓浪,疾若挂帆席。"记载所说车船构造中"鼓水疾进"的轮就是轮桨。李皋和徐世谱一样,只不过是这种船的推广者或改进者,而不是发明者。李皋于贞元三年(787年)以后才造此种"挟二轮"之"战舰",而在此前三四百年的洞庭湖地区人们已用此船竞渡了。但那时车船只有两轮,应是两舷各设置一轮,还不是很发达。唐代及以前可以说是车船的滥觞时期。

宋朝是车船大发展时期,其大力推广者是南宋初年洞庭湖地区以钟相、杨幺为首的农民起义军[②]。起义者用计夺得官军车船并大量制造车船,从而壮大了自己的力量。当时掌握制造车船技术者是出身水手和木匠的高宣,当他被起义军俘虏后,便转而为起义军制造车船了。农民起义军对车船又加以改进,最多者达"二十四车",并出现十余种不同的车船,船上不仅有进攻性武器"撞(拍)竿"等,还有防御性的护车板以保护轮子。

---

① 《旧唐书》,"二十四史"之一,成书于后晋开运二年(945年),后晋刘昫等撰,实为后晋赵莹主持编修,原名《唐书》,宋祁、欧阳修等所编著《新唐书》问世后,才改称《旧唐书》。

② 钟相、杨幺起义指的是南宋建炎四年至绍兴五年(1130—1135年),在南宋农民起义战争中,湖南义军首领钟相、杨幺等率众于洞庭湖区连年抗击南宋官军围剿的战争。

到了南宋末年,车船还曾一度出现于杭州西湖之上,但这里的车船只是一种游览船。宋代以后,车船很少见于记载。明朝茅元仪的《武备志》①(卷 117 车轮舸条)有关于车船的唯一图像资料,显示车船有锚以供停泊,有舵以掌握方向,船舱还有盖板作为防御用,与一般船无异。但此图画所绘"车船"只有四轮,每边两轮,较宋代多达"三十二车"之"大德山"号车船等,其规模不可同日而语,以所载尺寸来说,也比宋代车船要小很多。明末著名科学家宋应星著《天工开物》②,记载当时各种生产技术和工具,对各种船只的制造尤有详尽说明,却已不再提及车船,应是当时车船已经失传或至少已不再广泛使用。

二、从鸟船到福船

(一) 南宋至清朝的鸟船

鸟船源于人们对水鸟文化的崇拜,期盼自己驾驶的舟船能够像飞鸟一样,自由搏击大海。鸟船始于南宋,是明清时期浙江、福建、广东沿海的一种小型快速海船,其特点是船首形似鸟嘴,故得名"鸟船"。鸟船又称浙船,古代浙江人认为是鸟衔来稻谷种子,才造就了浙江的鱼米之乡,所以把船头做成鸟嘴状,表达了对自然界的崇拜[1]。通过宁波宋朝古船、山东蓬莱元朝古船、明朝古船、浙江象山明朝古船等实物的出土,可以看出鸟船头小身肥,尖圆底,船首和船尾两头微翘,船首部尖瘦呈鸟嘴状,船尾出艄,恰容可升降舵板,长宽比小于沙船而大于福船,其船型被国内学者称为船首 V 字形至船底 U 字形。

鸟船有纵通龙骨,多道横向水密隔舱,多道纵向大橄(liè)等构成坚固船体结构。船长约 10 米,船宽 3～4 米,一般采用三桅、扇形布帆或矩形竹篷,当主篷和头篷各向两舷张开,其正面和航行姿态极似鸟的双翼。一般还配橹,有风扬帆,无风荡橹,行驶灵活。船首和船尾都有民俗彩绘,舷前部雕饰有龙目或者鸟目、鱼眼,其上加饰绿色漆带,俗称"绿眉毛"(见图 2 - 6)[10]。

图 2 - 6 "绿眉毛·朱家尖"号鸟船

① 《武备志》,明代重要的军事著作,属于中国古代字数最多的一部综合性兵书。明朝茅元仪辑,240 卷,文 200 余万字,图 738 幅,清乾隆年间曾被列为禁书。
② 《天工开物》,作者是明朝科学家宋应星,是世界上第一部关于农业和手工业生产的综合性著作,是中国古代一部综合性的科学技术著作,被外国学者称为"中国 17 世纪的工艺百科全书"。

据研究,鸟船在郑成功水师船队中比较普遍,是一种快速进攻船型,属于一种桨帆两用船,无风时驶桨,有风时驶帆,适于作沿海航行,不宜作远洋航行。鸟船在民间主要用于海上的干鲜产品和盐、米等货物的运输,也兼带客商。后经改装,成为清末民初最早的海岛航船的船型之一[11]。

(二) 产于崇明的唐朝沙船

据清康熙《崇明县志》载,"崇明县乃唐(高祖李渊)武德间(公元 618—626年)涌沙而成",又载"沙船以出崇明沙而得名",太仓、松江、通州、海门皆有。可以说沙船产生于唐代崇明一带,在宋代称为"防沙平底船",明代中期才统称沙船。沙船平底、方头、方艄,它的产生与崇明一带海域环境有关。由于崇明一带海域的底部多沙丘和沙山,吃水深的尖底船过此海域容易搁沙覆舟,而平底的船却可平稳前进,且在退潮时可以平稳搁滩,沙船由此得名并盛行。沙船适航性强,江河湖海皆可航行,适合在长江口以北的浅水海域应用。沙船使用范围极广,有用作官船、军船、漕船、盐船以及明朝车轮船等。沙船在我国航运史上占有重要地位。清代道光年间,全国沙船总数在万艘以上,而上海就有沙船五千艘以上[11]。

图 2-7 为沙船,其中(a)为沙船的升降舵系统,(b)显示沙船在船舷两侧挂有披水板[11-12]。升降舵的舵面积大,且舵能升降,在浅水海域须将披水板和舵提起,船依靠橹、桨操纵推进;到了深水区域,驶帆航行时,船舵和下风一侧的披水板要放到船底以下,以提高操舵性能并减少船的横漂,提高船在横风和偏逆风航行时的航行效率。沙船上还有"太平篮",当风浪大时,从船上适当位置放下用竹编的装有石块的竹篮,悬于水中,使船减少摇摆。沙船上还设梗水木,也就是在船底增设两个梗水木,类似于今天的舭龙骨,其作用是增加阻力,防船横摇,保持稳定。沙船使用大㮚(là),加强纵向强度,也就是在沙船的两舷用巨大的杉木

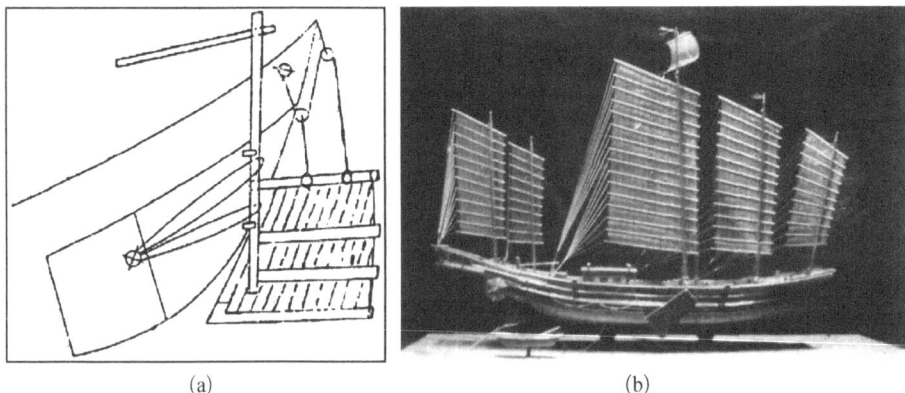

(a)   (b)

图 2-7 沙船

(a)沙船的升降舵系统;(b)沙船模型

加固,大櫏坚固且突出,多到 5~6 根,用来加强船的纵向强度。

沙船载重量一般是 500~800 吨。但沙船也有其缺点:一是由于船头为平板,受水面积大,导致航行速度较慢;二是破浪能力差,这在远洋航行时是一个很大的弱点。

沙船航行区域很广,从北方海域到长江,以及福建、广东和东南亚等地区,都是其航行区域。目前,太湖水域仍有"五扇子"等沙船在使用[6]。

(三) 成熟于唐宋时期的广船

广船起源于春秋时期,唐宋时期是发展成熟期,定型于元明,是广东省各地大型木帆船的统称。广船船型与福船相近,上宽下窄,适合作为战船用。明代抗倭时也调用了广东东莞的"乌艚"和新会的"横江"两种广船。广船大小也与福船相当,远洋船长 30 多米,宽近 10 米,船上有夹舱。广船艏尖体长,吃水较深,梁拱小,甲板背弧不高,有较好的适航性能和较大的续航力。船体结构的横向是用密距肋骨与隔舱板构成,纵强度依靠龙骨和大櫏(liè),用材多采用热带硬木,如铁力木、荔枝木、樟木和乌婪木等,多航行于南方港口和南海航线。广船另一显著特点为其帆面积是当时世界上最大的,比船舶宽度更宽,表明其更适合于远航。广船形制下窄上宽状若两翼,船底特别尖,在里海则稳,在海上摇摆较快,但不易翻沉,其舵材用铁力木,在海浪中强度大,不易折断,这在海上航行时至关重要。广船适应我国南方海阔水深多岛屿的地理环境,且容易转舵改变航向,便于在狭窄的航道和多礁石的航道中航行。

广船一般采用三桅,其中前桅、中桅略向前倾,提高适航性。帆形如张开的折扇,上悬布质硬帆,篷杆较疏而粗。在中小型广船上都备有橹和桨。晚期广船采用西洋带牵索式桅杆,并在主帆间或船首桅杆前插用三角帆,以提高船速。广船的船首和船尾通常绘有富有岭南民俗特色的彩绘,部分漆成红色,俗称"红头船"(见图 2-8),属于广船特有的标志[13]。

广船使用首插板和底插板,即在侧前方装有能垂直升降、伸出船底之下的首插板,起减摇和稳定航向的作用。底插板是一种船舶辅助操纵装置。为了减缓摇摆,广船采用了在中线面处深过龙骨的插板,需防止横向漂移或摇摆时,将插板降至船底线以下,因此底插板也有抗横漂的作用。广船使用

图 2-8 红头船

多孔舵，面积大，舵向好，舵叶上的孔为菱形，在帆船遇到急流时，通过舵孔排水，菱形的小孔可把水流通过舵叶小孔时的涡流对船舶引起的阻力减到最小，从而使船舶回转性好，操纵方便灵活。这种广式多孔舵原理，在17世纪引起了欧洲工程师的惊叹和模仿[11]。而广船最大的进步则是从基本的方形帆发展成使用斜桁四角帆的纵向帆装。我国在2世纪时就开始普及这种帆装，而船桅的数量也不是单一的，是3~4桅的多桅船式。多桅帆加上四角帆可以令船在航行时不避强风激浪，这样就可以获得更高的航速。广船使用优质铁力木建造，比福船更加庞大、坚固和耐用，寿命可长达60年之久。这是因为在海外贸易中，中国带出去的是丝绸，而换回来的是许多珍贵的木材，这些木材普遍用于造船、建祠堂、筑宫殿等。

（四）盛行于明朝的福船

福船是福建、浙江一带沿海尖底海船的统称，因在福建沿海建造而得名。福船起源于战国时代，以行驶于南海海域和远洋航行著称。福船首尖尾宽两头翘起，尾封板结构呈马蹄形，船尾部宽大、首尾舷弧大。两舷边向外拱有护板，船侧用对开原木厚板加固，强度较大，船舱是水密隔舱结构，船体底尖上宽，船底龙骨突出，船型呈V形，吃水深，稳定性好，也利于破浪航行。福船高昂的首部具有坚强的冲击装置，加上四米左右的吃水深度，乘风下压能犁沉敌船，是古代深海里的优良战船[14]。

福船首部舷墙外侧安有一对大眼睛，亦称龙目，其大小形状都颇有讲究，龙骨每长一丈配龙目长四寸，渔船的眼睛往下看，意在寻找鱼群，商船的眼睛朝前看，意在识途。船的眼睛一般选用上好的樟木，由造船工匠精制而成。船尾马蹄形通常用色彩艳丽的颜色进行彩绘，俗称"花屁股"。福船龙目与"花屁股"如图2-9所示[11,15]。

(a)　　　　　　　　　　　　　　　　(b)

图2-9　福船龙目与"花屁股"

福船的帆不像沙船仅使用头巾顶，而是在前桅或主桅的顶部使用头巾顶外，还将帆增加于主桅两侧，称为"插花"。主桅底部加帆，称为"篷裙"。福船的造船用材主要是福建产的松木、杉木、樟木、楠木等。

有的福船的船首或尾部有活水舱，也叫浮力舱或防摇舱。活水舱在满载水线附近，有孔，当在风浪中下降时，水流入活水舱，再当船首或尾部上升时，水又缓缓流出，使船的上升速度降低，以此来达到减少纵摇的目的。这种活水舱在韩国新安古船上就有发现，只不过活水舱是设在船体两侧。泉州宋朝古船和韩国新安古船，其船板为鱼鳞式搭接，外板有两层板和三层板结构。此外，著名的"南海Ⅰ号"沉船、"华光礁Ⅰ号"沉船等均是福船，这说明福船是中国古代开展海外贸易的主要船型之一，在国际上产生了较大影响[6]。

福船适合作为远洋运输船和战船在海上航行。一是福船有龙骨，吃水较深，适航性优良。宋元时期中国出现了单龙骨的尖底船，根据宋徐兢①著的《宣和奉使高丽图经》所记载，宋朝的海船"上平如衡，下侧如刀，贵其可以破浪而行"，这种船型多为福船。二是甲板宽大，适合作为战船之用。明嘉靖年间戚继光所著的《纪效新书》②描述福船"高大如城，吃水一丈一二尺""福船乘风下压，如车辗螳螂，斗船力而不斗人力，是以每每取胜""惟利大洋，不然多胶于浅""非人力可驱，全仗风势""无风不可使""若贼舟沿浅而行则福舟惟无用矣等"优缺点。戚继光在闽浙沿海组建了一支对抗倭寇的舰队，此舰队主要采用福船。船上装备大发贡、碗口铳、鸟嘴铳、喷筒等大小火器。福建船可分六号：一号、二号俱名福船，势力雄大，便于冲犁；三号哨船，又称草撇船；四号冬船，又称海沧船，哨船与冬船比福船小，便于攻战追击，海沧船吃水七八尺，风小亦可动；五号鸟船，六号快船，鸟船与快船又称开浪船，开浪船更小，吃水三四尺，容纳三五十人，便于哨探。三是福船特有双舵设计，在船尾有正舵和副舵，正舵又分成大小两种，深浅可以分别使用，用于控制航向。双舵设计使福船在浅海和深海都能进退自如，操纵性好。福船的缺点是机动性差，由于福船吃水较深，因而不能进入浅水狭窄航道。在一些港口停泊，人员上下船和登离岸需小船摆渡[11]。

宝船是商人和海盗们对超大型福船的通称，这种船适合近海贸易，载人和载货量均是一流，船体宽大结实，百叶窗一样的木质船帆可以使用很多年不换。明朝初期，出现了世界上最大的木帆船——郑和宝船。明朝顾起元所著《客座赘

---

① 徐兢，1091—1153年，字明叔，号自信居士，建州瓯宁（今福建）人。宋宣和六年（1124年），以国信使提辖官，奉使高丽，就其见闻著成《宣和奉使高丽图经》四十卷，详细记载了高丽建国立政之体，风俗事物之宜及典章制度、礼仪风范、交通、海道等。尤其关于海道的记述，达六卷之多，甚为详尽。

② 《纪效新书》，明代戚继光创作的军事著作，是戚继光在东南沿海平倭战争期间练兵和治军经验的总结。

(zhuì)语》①中记载:"官校、旗军、勇士、士民、买办、水手共二万七千八百七十余员名。宝船共六十三号,大船长四十四丈四尺,阔一十八丈;中船长三十七丈,阔一十五丈。"

郑和大宝船长 44.4 丈,宽 18 丈(均为明制,折合米制为长约 151.8 米,宽约 61.5 米),船设 9 桅 12 帆,其上使用的帆或锚需二三百人同时操作,是当时世界上最大的木帆船,吨位估算为 1 500 吨。郑和宝船是郑和船队中的主体,也是郑和率领的海上舰队的旗舰。郑和宝船由南京的龙江和江苏太仓造船厂制造[1]。

三、从黄鹄号到万吨轮

(一)晚清时期的蒸汽轮船

由于闭关锁国,16 世纪后的中国科技逐渐与西方拉开了距离。咸丰十一年(1861 年)十二月,曾国藩设立安庆内军械所,制造枪炮。翌年,委任中国近代科学家徐寿、华衡芳和徐建寅等人设计和制造轮船。他们首先着手试制蒸汽机,由于缺乏制造近代机械的实际经验和必需的技术资料,困难很大。他们仅靠当时能见到的蒸汽机的零星材料,手工制成蒸汽机的每一个零件,经过反复试制和多次挫折,终于试造出中国第一台以煤炭为燃料的蒸汽机[16]。该机缸径 43 毫米,转速为 240 转/分钟,结构与当时处于世界先进水平的往复式蒸汽机类似。同治三年(1864 年),曾国藩的湘军攻占南京,徐寿等人的轮船试制工作也迁到南京进行。1865 年 4 月,中国自行设计的第一艘蒸汽机轮船终于建成。该船排水量约 45 吨,船长约 18 米,航速 6.9 节,命名为"黄鹄(hú)"号[17]。"黄鹄"号的成功制造不仅拉开了中国近代造船工业的序幕,同时也标志着中国的造船工业开始朝着自立、自主的方向迈进。

而后,经过几次努力和改进,1868 年以徐寿为主的技术人员,为江南制造局造成了第一艘木壳明轮兵船,即"惠吉"号。这艘船长 185 尺,宽 27.2 尺,吃水 8 尺,功率 392 马力(1 马力=735 瓦),排水量 600 吨,船上并装有大炮 8 门,其主机购自国外的旧机器。

由于往复式蒸汽机体积庞大,而功率、效率低,燃料利用率低,在汽轮机和内燃机出现以后,已逐渐被淘汰。

---

① 《客座赘语》,史料笔记,成书于明神宗万历四十五年(1617 年),全书共 10 卷,计文 467 篇,记述明朝南都金陵(今南京)地区的地理形势、水陆交通、户籍赋役、街道坊厢、山川河流、名胜古迹、方言俗语、名物称谓、天文历法、科举制度、风土人情、习俗变化、僧尼寺庙、历史掌故、名人傅略、名人轶事、文学美术、论著方志、书画金石历代碑刻、经义注疏、考据辩论、传说故事、酒茶果品、花鸟虫鱼、衣冠服饰等,内容丰富多彩,无所不有。

（二）现代的汽轮机船

新中国成立以前,我国船舶动力推进以往复蒸汽机为主,极少数汽轮机动力装置船舶也是从国外订购的。我国船用汽轮机的研制起步较晚,从新中国成立初期至20世纪50年代中期,我国的船舶基本是从苏联购买的,其次是日本战败后留下的"杰子"号,蒸汽动力的科研处于刚刚起步阶段。20世纪50年代中期至60年代初,我国从苏联购置了一批蒸汽动力装置,由沪东造船厂安装在某舰船上,排水量为1 150吨,航速为28节,双轴功率为2×17 650千瓦。同时,从捷克进口了6 000千瓦的电站汽轮机,由上海汽轮机厂进行仿制,在1956年试制成功。20世纪60年代中期至今,我国的船舶蒸汽动力装置快速发展,并出现了一系列成功的研究成果。20世纪60年代,在商船建造中,相继建造了"跃进"号和"红旗"号,其采用自行设计制造的3 676千瓦的汽轮机——锅炉动力装置,汽轮机分高压缸和低压缸,通过两级齿轮传动机构,将功率输出到螺旋桨。1972年,由上海汽轮机厂设计的汽轮机,蒸汽参数为2.95 MPa、400℃,安装于万吨轮"天津"号上,运行良好。

另外,自20世纪60年代初,我国译制了苏联的汽轮机TB-8图纸,按照该图纸制造的汽轮机安装在我国第一代导弹驱逐舰上。此汽轮机由两个汽缸构成,即高压缸和低压缸,高压缸转速为6 900 r/min,低压缸转速为5 100 r/min,汽轮机组功率为26 460 kW,汽轮机调节方式为旁通调节。该汽轮机在哈尔滨汽轮机厂制造,在1970年试制成功,安装于国内某型导弹驱逐舰上,性能良好。这一机型很快通过定型并转入批量生产,为加强我国海上作战力量做出了贡献。

同时,完全由我国国内科研人员研制的压水堆核动力装置应用于我国核动力潜艇上。其汽轮机单机组功率为14 706～25 736 kW,参数为23 MPa的饱和蒸汽。1972年,我国开始进行保障船"远望"号的研制,用于配合发射洲际导弹。"远望"号汽轮机组的设计制造工作由上海汽轮机厂完成,功率为11 800 kW,蒸汽初参数为5 MPa、470℃。每台汽轮发电机容量为1 200 kW,两台锅炉并联为汽轮机组供汽[18]。

（三）新中国的柴油机船

20世纪50年代前期遗留下来的各型中小舰船柴油机备件消耗殆尽,舰船面临停航,而我国当时几乎没有船用柴油机研发生产能力。1951年底我国成立了海军配件试造委员会,该委员会主要在上海组织了一些中小型私营企业,采取承包加工形式与各船厂协作完成了各中小型舰用柴油机配件的供应任务,其生产能力仅限于仿制250 kW以下高中速小型船用柴油机。

20世纪50年代后期到20世纪70年代后期,此阶段主要引进苏联舰用柴油机。在这一时期,我国的船用柴油机研发生产能力十分弱,仅能满足一些小型舰船的供应;同时,由于受到国际关系的制约和西方国家的技术封锁,我国在大型商船和军用舰艇的发展上受到了很大限制。随着各国对海上利益的争夺越演越烈,大型舰船和军用舰艇的发展关系着国家命脉,必须寻找新的途径发展船舶事业。

直至 1965 年,江南造船厂的"东风"号万吨货船采用国产 8 820 马力低速柴油机完工交船,标志着我国造船工业进入了建造万吨大型船舶的时期[19]。

自 1978 年起,国内船用低速机制造业先后从国外多家公司引进了先进的大功率船用柴油机专利生产制造技术。40 多年来,通过实践和努力,我国在引进、吸收、消化专利生产制造技术方面取得了长足进步。我国是船用柴油机许可证技术引进比较多的国家。

在柴油机之后,燃气轮机经齿轮减速箱和轴系驱动螺旋桨也常用于驱动船舶。一些新型船舶也采用电力推进作为主动力装置。因此,现代民用运输船舶的动力装置主要包括了柴油机、汽轮机、燃气轮机、电力推进等类型。

第二节　先进的造船技术

一、隔舱

水密隔舱是指在建造船舶时,用当地盛产的木料(一般为樟木与杉木)将整个船舱横向隔成一个个的小空间,木料之间的缝隙用丝麻和桐油灰来填充,以确保隔舱有很好的密闭性(见图 2 - 10)。隔舱数量的多少要根据船舶的大小来确定,一般是十一到十三个。水密舱壁所能承受的水压大小视舰船类型和舱室用途而定,目的是保证舰船具有最大的生存力不沉性,即当外壳破损或部分舱室进水时,舰船仍能漂浮在水上。一般小型舰船用水密舱壁分隔成数个舱室,大型舰

图 2 - 10　水密隔舱

船则分隔成十数个舱室。

水密舱壁技术有重要作用：其一，即使某一船舱因触礁或撞击破洞而淹水，也可抑止淹水不至于波及邻舱，从而保证船舶不致下沉；其二，船壳板、甲板因有众多舱壁的支撑，增加了船体的刚度和强度；其三，舱壁为船体提供了坚固的横向结构，使桅杆得以与船体紧密连接，这也使中国古代帆船采用多桅多帆成为可能[20]。图2-11为船舶水密舱壁与非水密舱壁设置某一舱进水后的效果图。

图2-11　船舶水密舱壁与非水密舱壁设置某一舱进水后的效果图

水密舱壁技术是中国人发明创造的，对提高航海安全性起到了革命性的作用。这一传统技艺保留在泉州泉港区峰尾镇已有千年历史，并于2010年被联合国教科文组织列入"急需保护的非物质文化遗产名录"。商代甲骨文中"舟"是由纵向和横向构件组合成的，舟字的横线代表肋骨，也似舱壁，二者必有其一，或二者兼而有之。有文献记载的水密舱壁出现在公元元年前后，晋朝农民起义军领袖卢循对其进行了改良。《艺文类聚》曰："卢循新造八槽舰九枚，起四层，高十余丈。"卢循所造八槽舰被认为是用水密壁将舰体分隔成八个舱的舰船。

除文献所记载的水密舱壁外，目前从已出土的唐朝及以后朝代的古船中，普遍能看到水密舱壁的设置。唐朝是中国封建社会发展较快的时期，造船技术的进步在内陆运输和远洋运输方面起到了重大作用。

1973年6月，在江苏省如皋县蒲西公社马港河旁发现了一只唐朝木船（见图2-12）[7]。木船的船首部分已有损坏，船舰残缺，一部分船舷和船底木质腐烂，但船身和船底以及舱壁板大部分完好，木纹和结构均清晰可见。复原后船长约18米，宽2.58米，深1.6米。船体细长，首部和尾部较狭，船底横断面呈圆弧

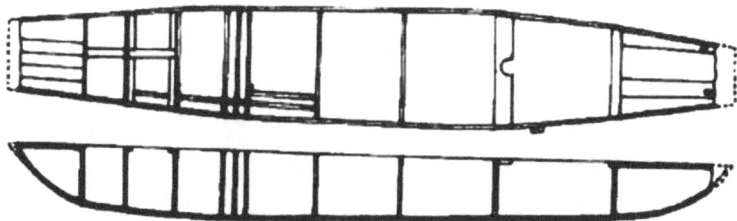

图2-12　江苏省如皋县出土的唐朝木船示意图

形。船舷木板厚 4～7 厘米,船底木板厚 8～12 厘米,自首至尾共分 9 个船舱,两舱之间设有水密舱壁。船舱最长的为 2.56 米,最短的为 0.96 米。在第 2 舱后舱壁处,尚存一块带桅孔的盖板残桅长 1 米。桅与舱壁的联结可以将船舶的前进力传递到全船。

1984 年 6 月,山东蓬莱水城登州港进行了一次大规模清淤工程。施工人员在港湾的西南隅 2.1 米深的淤泥中发现了三艘古代沉船。文物工作者将其中一艘较完整的古船进行了清理发掘。该船称为"一号船"。古船残长 28.6 米,残宽 5.6 米,残深 0.9 米,是我国目前发现的最长的一艘古船。一号古船由 13 道舱壁隔成个 14 舱,舱壁板厚 16 厘米,用锥属木制成。其中以第 3 号、第 5 号舱壁较为完整,尚存有 4 列壁板,总宽度约为 0.8 米。相邻的板列不是简单的对接,而是采用凸凹槽对接,相邻板列更凿有错列的 4 个榫孔。这种精细的结构有利于保持舱壁的形状,从而保持船体的整体刚性,当然也有利于保证水密性。图 2-13 为 1984 年蓬莱水城出土的一号古船[21]。

图 2-13　1984 年蓬莱水城出土的一号古船

西方学者认为,中国人发明水密舱壁是借鉴了竹子的横隔膜。美国科技史学者罗伯特·坦普尔在《中国:发明与发现的国度》一书中写道,建造船舶舱壁的想法是很自然的,中国人是从观察竹竿的结构获得这个灵感的,竹竿节的横隔膜把竹分隔成好多节空竹筒。由于欧洲没有竹子,因此欧洲人没有这方面的灵感。法国学者卜劳特在《竹子之比——古代船舶结构研究》一文中也讲到中国古代木制船的结构中有横向的隔板。对中国的水密舱壁技术,马可·波罗有详尽的了解并将其传到欧洲。中国发明和广泛使用水密舱壁技术上千年后,才在欧洲被仿效,那是 19 世纪末到 20 世纪初的事情。科学技术史泰斗李约瑟写道:

"我们知道,在19世纪早期,欧洲造船业采用这种水密舱壁是充分意识到中国这种先行的实践。"

二、船舵

我国有一句非常流行的歌词——大海航行靠舵手,唱出了舵手在航海中的关键作用。对船而言,舵自然是关键部件[22]。

舵在典籍中,又写作柁(tuó)、舥(duò)、柂(duò)等,其名称始于东汉,刘熙《释名·释船》说:"其尾曰柁。柁,拖也,在后见拖曳也。且弼正船,使顺流不使他戾也。"这说明了舵位于船的尾部,能使船纠正航向,不至于偏离航线。通过考古发现的汉朝木船模型和青铜器上的汉朝船舶图样可以清楚地看到,舵是由桨演化而成。如1974年在湖北江陵出土的作为冥器下葬的西汉木船模型,船上五俑五桨,其中,一个俑在船尾一侧,用桨"弼正"船的航向,另四人则是划船手,虽然都是桨,作用却不同。桨演化成舵,有三点关键变化。一是桨的形状,为便于操持,桨柄加长,为增大水流的作用力,扩大了桨片的面积。二是操作位置,由船的一侧移到船的尾部,而且最终放在船尾正中的位置。三是操作方式,由手持操作改为固定在支撑点上操作,既可以根据水的深浅,或升或降,也可以根据航向,灵活转动。

2005年在长江口牛皮礁海域打捞出水,残高7.05米,最大杆径0.36米的木舵同时出现勒肚孔和吊舵孔(见图2-14)。勒肚孔作用是用绳子将舵系起,从底至船头来牵舵用的,这样做可以防大风浪时,舵杆大幅度摆动,损坏船只。吊舵孔主要用于升降舵之用,当船航行于深水域时,将舵降下伸出船底以提高舵效,有助于船舶抗横漂,当航行于浅水域时,为免舵擦水底可将舵提起。

1957年在南京市汉中门外中保村出土了一根长达11.07米的大舵杆,横截面略呈正方形。舵杆的上端有两个长方形穿孔,用于安装转舵的木柄,下半部有榫槽,用以安装舵叶。根据榫槽的位置和大小,推断舵叶的高度为6米左右。该舵杆系采用铁力木制成,这是一种非常坚硬的优质木材。1959年该舵杆运抵中国历史博物馆展出时,因场地问题,不得已将其从中锯为两截,人们真切地看到,大舵杆虽在地下埋了五百多年,却无腐朽的迹象。大舵杆出土的地点在明朝初年是宝船厂,郑和下西洋的大型船只就是由该厂承造的。在大舵杆出土前后,还先后出土了一些古船构件,其质地也是铁力木。大家都知道,船舶各构件的大小是有一定比例关系的,专家们经过计算,认为这一大舵杆应安装在长度为150米左右的大船上。据明朝费信《星槎胜览》①中记载,郑和船队中最大的船"长四十

---

① 《星槎胜览》,明朝记述15世纪中外交通的史籍。著者费信,字公晓,曾以通事(翻译)之职,于永乐七年(1409年)、十年、十三年、宣德六年(1431年)四次随郑和等出使海外诸国。该书即其采辑二十余年历览风土人物,图写而成,约成书于正统元年(1436年),记录下西洋时所见所闻各国风土人情。

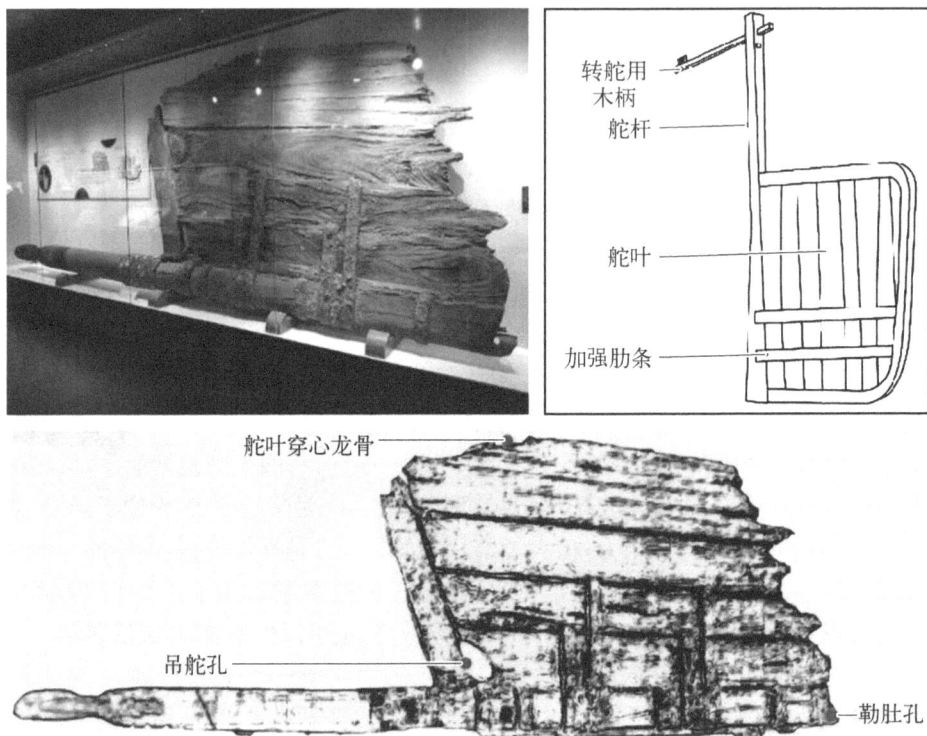

图 2-14　明清的大木舵

四丈四尺,阔一十八丈"。当时 1 尺合今日 31.1 厘米,依此计算,郑和船队最大的船长 138 米、宽 56 米。这一尺寸同大舵杆是比较匹配的。因此,人们认为这一舵杆应该是郑和船队使用并留存下来的。船舵的发明和使用,是中华民族对世界船舶制造和水上交通的一大贡献,它和指南针一起成就了 15 世纪的大航海时代。

舵是造船史上最重大的发明,舵的发明使得秦汉时期中国的造船技术达到了较高水平,而迟至 1242 年西方造船史上才出现舵[23]。

三、龙骨

龙骨是在船体的基底中央连接船首柱和船尾柱的一个纵向构件,它位于船的底部。在龙骨的上面有横过的船肋加固。龙骨通常是船壳上第一个被建造的部分。中国古代船舶的龙骨结构是造船业中的一项重大改良,对世界船舶结构的发展产生深远的影响。

宋朝尖底海船甲板平整,船舷下削如刀,船的横断面为 V 形,尖底船下设置贯通首尾的龙骨,用来支撑船身,使船舶更坚固,同时吃水深,抗御风浪能力加强[11]。欧洲船舶于19世纪初才开始采用这种龙骨结构，比中国晚了数百年。图2－15为泉州南宋古船的水密隔舱及龙骨结构与其他附件的连接[11]。

图 2－15　泉州南宋古船的水密隔舱及龙骨结构与其他附件的连接

第三节　知名的中国船舶

一、古代知名船舶

（一）华夏第一舟

杭州市萧山区跨湖桥新石器时代遗址，以其8 000年的历史，成为浙江省内迄今发现的最早的新石器遗存。2002年11月，跨湖桥遗址发掘发现了被誉为"中华第一舟"的独木舟。这艘独木舟保存基本完整，纹路清晰。船头朝东北，船尾向西南，呈西南—东北向摆放，船头上翘，比船身窄，宽约29厘米，离船头25厘米处，宽度突增至52厘米，弧收面及底部的上翘面十分光洁。内外加工的工具痕迹不能看清，离船头1米处有一片面积较大的黑焦面，东南侧舷内发现大片的黑焦面，西北侧舷内也有面积较小的黑焦面，这些黑焦面当是借助火焦法挖凿船体的证据。船头留有宽度约10厘米的"挡水墙"，已破缺；船舷仅在船头部分保存约110厘米的长度，其余部分残缺。船的另一端被前些年砖瓦厂取土挖失，船体残长560厘米。

江南多水，向来都有以舟代车的传统，这个发现更证明了我们祖先早在七八千年前的久远年代就已经驾舟而行，还有力地驳斥了某些西方和日本学者的有关中国造船术的错误论断。

(二) 南海Ⅰ号

"南海Ⅰ号"是迄今为止世界上发现的海上沉船中年代最早、船体最大、保存最完整的远洋贸易商船,为人们提供了许多文献和陆上考古无法提供的信息,为复原海上丝绸之路的历史、陶瓷史提供了极为难得的实物资料。

南宋中期,一艘满载着瓷器的贸易商船失事沉没,自此在海底沉睡了 800 年。这艘古沉船就是自 1987 年被发现、2007 年被整体打捞上岸的"南海Ⅰ号"。"南海Ⅰ号"全面发掘 6 年多来,清理出的文物超过 18 万件(套),包括金器、瓷器、漆器、铁器、钱币等。清理出的木质船体残长约 22.1 米、宽约 9.35 米,被完整地包裹在钢沉箱内。从已发掘暴露的船体结构判断,"南海Ⅰ号"沉船属于中国古代四大船型的"福船",是宋代造船史上不可多得的活标本。"南海Ⅰ号"的发现也再次证明了宋朝造船业规模和制作技术的发达。"南海Ⅰ号"复原模型如图 2 - 16 所示[7]。

图 2 - 16 "南海Ⅰ号"复原模型

同时从"南海Ⅰ号"丰富的货物中也不难看出,当时的南宋与各国之间的海上贸易往来十分频繁。南宋周去非①的《岭外代答》②记载:"蕃舶如广厦,深涉南海,径数百里,千百人之命,直系于一舵。"南宋时期与中国进行海外贸易的国家有 50 多个,东起日本、朝鲜,西到阿拉伯半岛、非洲东海岸,都有中国的海船到达。

(三) 郑和宝船

郑和宝船是郑和船队中最大的海船,是郑和船队中的主体,也是郑和率领的海上舰队的旗舰,它在郑和船队中的地位相当于现代海军中的旗舰、主力舰。据

---

① 周去非,1134—1189 年,字直夫,永嘉(今浙江温州)人,南宋地理学家。
② 成书于淳熙五年(1178 年),共 10 卷,20 门,294 条,记有南海诸国与麻嘉国(今麦加)、白达国(今伊拉克)、勿斯离国(今埃及)、木兰皮国(马格里布,即今北非一带)等国家和地区的情况。

《明史·郑和列传》①以及《瀛涯胜览》②记载，郑和航海宝船共 62 艘，最大的长148 米，宽 60 米，是当时世界上最大的木制帆船。依据这一尺度，郑和宝船排水量近 2 万吨，甲板面积约相当于一个足球场大小。可以说郑和的船队是当时海上无可争议的"巨无霸"。如此庞大的船队显示了明代中国惊世骇俗的造船水平。

木帆船在海上的行动主要依靠风帆借助风力以及水手划水。在动力推进系统的这两个重要的环节，郑和宝船都采用了独特的设计。与当时欧洲帆船采用的分段软帆不同，郑和宝船使用了硬帆结构，帆篷面带有撑条。这种帆虽然较重、升起费力，但却拥有极高的受风效率，使船速提高。并且棉秆不设固定横桁，适应海上风云突变，调戗（qiāng）转脚灵活，能有效利用多面来风。

船形影响船速和船体的平稳。郑和宝船采用的则是底尖上阔，首昂艉高的船形。这种船形在恶劣海面控制平稳的性能较高，而且当时在船的底舱压载了土石，稳定性可以说在当时首屈一指。大号宝船共分 8 层，为了保证船行平稳，最底下的一层全部放置砂石，俗称压仓。据估算这样一条大号宝船单压仓砂石就要用 505 吨。上面的二、三两层是两个长 80 米、宽 36 米、高 2 米的大型货舱，是载货和食物用的。这两层船舱是整个航行的"补给中枢"。第四层是顶到甲板的一层，这层沿船舷两侧设有 20 个炮位。中间 3 280 平方米的空间是船上 826名士兵和下级官员住的地方，每人的空间可达 4 平方米。再上面为甲板，甲板上的活动空间被分为前后两部分，船头有前舱 1 层，主要是船上 108 名水手生活工作的地方。而整个舰队的"大脑"则在宝船船尾的舵楼上。这个舵楼共有四层，一楼是舵工的操作间和医官的医务室；二楼叫官厅，是郑和等中高级官员和各国使节居住和工作的地方；三楼是一个神堂，用来供奉妈祖诸神，并有 4 个阴阳官专门管理。舵楼最上面则是指挥、气象观测、信号联络等场地。在前后楼之间的甲板上除了火炮、操帆绞盘外，还特地留出了两个篮球场大小的空间，专门供习操活动之用。郑和宝船模型如图 2-17 所示[7]。

郑和宝船的船用装置也独具特色，主要采用开孔舵与巨锚。船在海面航行主要靠船舵控制方向。郑和宝船的船舵采用升降式，可以根据需要调整舵叶入水深度。船在深水区航行，遇到大风浪或者乱流时，将舵叶下缘降到船底以下，可以使舵不受影响；而在浅水区航行或者锚泊时则可将舵提升到高位，不致搁浅

① 《明史》，"二十四史"中的最后一部，共三百三十二卷，包括本纪二十四卷，志七十五卷，列传二百二十卷，表十三卷，是一部纪传体断代史，记载了自明太祖朱元璋洪武元年（1368 年）至明思宗朱由检崇祯十七年（1644 年）共 276 年的历史。

② 《瀛涯胜览》，明朝马欢将郑和下西洋时亲身经历的二十国的航路、海潮、地理、国王、政治、风土、人文、语言、文字、气候、物产、工艺、交易、货币和野生动植物等状况记录下来，从永乐十四年（1416 年）开始著书，经过 35 年修改和整理在景泰二年（1451 年）定稿。

图 2 - 17　郑和宝船模型

损伤舵叶。同时郑和宝船的船舵是平衡舵,这是继承宋代的发明,操控比较轻便,而明代又进一步发明了开孔舵,既能够保持时效,又使得操舵更加轻便。在郑和宝船上,带爪木杆石碇(锚)与带横棒多爪铁锚等普遍用在海船上,还制作了特大型铁锚,这在世界造船历史上都是领先的[24]。

二、近代知名船舶

(一)第一艘到达欧美的木帆船"耆英"号

"耆英"号是中国清朝时期的一艘帆船,建成于清道光二十六年(1846 年),原为一艘往来于广州与南洋之间贩运茶叶的商船,是以时任驻广州钦差大臣耆英的名字命名的船舶,其模型如图 2 - 18 所示[7]。耆英因与英国签订了中国近代史上第一个不平等条约——《南京条约》,将香港割让给英国,在中国近代史上臭名昭著,可是"耆英"号帆船却声名远扬。

"耆英"号全长近 50 米,宽约 10 米,深 5 米,载重 750 吨;由铁力木建造,分十五个水密隔舱;设三桅,主桅高 27 米,头尾桅分别高 23 米和 15 米;主帆重达 9 吨,采用悬吊式尾舵。"耆英"号虽在广州建造,并采用广船特有的多孔舵,但船型及装饰则与福船相似。1846 年,"耆英"号从香港航行至纽约,再到达伦敦,是第一艘到达欧美的中国木帆船,创下了中国帆船航海最远纪录。"耆英"号到达目的地后不久就被拆解研究,木材制成了两艘渡轮和一些纪念品。"耆英"号充分显示了中国古代木帆船构造和性能的优良,堪称中国历代古船设计思想和建造技术的结晶,是中国古船宝库中的一件稀世珍品。

图 2-18 "耆英"号模型

(二) 第一艘蒸汽轮船"黄鹄"号

1862 年，江苏无锡人徐寿、徐建寅父子和华蘅芳等人在安庆动手制造发动机，3 个月后，一台蒸汽机诞生了。1864 年，徐寿等人在南京"金陵军械所"继续努力，终于造出了我国第一艘蒸汽动力的轮船"黄鹄"号。据当时出版的上海《字林西报》报道，这艘船载重 25 吨，长 55 尺；蒸汽机为双联卧式蒸汽机复机，单式汽缸，倾斜装置；锅炉为苏格兰式回烟管汽锅，锅炉管有 49 条，各长 8 尺，直径 2 寸，如图 2-19 所示[21]。船舱在主轴后面，机器都集中在船的前半部。最为主要的是，这艘轮船所用材料除了用于主轴、锅炉及汽缸

图 2-19 "黄鹄"号

配件的铁来自国外,其他一切器材,包括小小的一颗螺丝钉等都是我们中国人自己造的。

1866 年 4 月,在南京下关码头,我国第一艘木质蒸汽船正式建成下水试航。在不到 14 小时逆流行驶了 225 里(1 里=500 米),速度约 16 里/时,而返回时顺流仅用了 8 小时,速度约 28 里/时,然后稳稳地靠上了码头。据史料记载,曾国藩长子曾纪泽去北方省亲时就坐的这艘轮船,他对轮船的性能非常满意,遂将轮船命名为"黄鹄"号。自此"黄鹄"号载入史册,因为它是中国人自行研制、并以手工劳动为主建造成功的中国第一艘机动轮船,揭开了中国近代船舶工业发展的帷幕。

(三) 第一艘商船"伊敦"号

为挽回江海航权,从 19 世纪 60 年代开始,洋务派酝酿创办近代航运业。1872 年,轮船招商局开始筹办。当年 11 月,为了使筹办中的轮船招商局尽快开业投入营运,招商局筹办负责人朱其昂以 1.5 万英镑(折合约 5 万两白银)从大英轮船公司购买了"伊敦"号轮,其模型如图 2-20 所示。由此,"伊敦"轮成为轮船招商局历史上的第一艘轮船,这是中国近代民族航海史上的第一艘轮船。

图 2-20 "伊敦"号模型

同年 11 月 30 日,"伊敦"轮满载货物从上海出发,开往福州、汕头,开始了其加入招商局后的适应性首航。"伊敦"轮总重 812 吨,净重 507 吨,总长为 78.49 米,宽度为 9.08 米,型深为 5.63 米,航速为 12 节,是一艘钢质客货两用船。这次不平凡的航行,不仅是中国刚质蒸汽动力轮船首次行驶南洋商业航线,也是中国轮船首次在中国近海的航行。作为我国近代航海史的见证,"伊敦"轮先后开辟了我国近海、南洋及日本等商船航线,打破了外国航运企业垄断经营我国的近洋、远洋航线的局面,在中国航海史上留下了重要的航迹。

三、现代知名船舶

(一)第一艘自行建造的远洋货船"跃进"号

新中国第一艘万吨远洋货轮"跃进"号由苏联设计,大连造船厂建造,载货量13 400 吨,满载时吃水深度为 9.7 米,航速为 18.5 海里/时,功率为 13 000 马力,能够续航 12 000 海里。"跃进"号自 1958 年 9 月开工建造,从船台铺底,到船体建成下水,只用了短短 58 天时间。1963 年 4 月 30 日,"跃进"号展开首航,载着1.3 万吨玉米从青岛港前往日本名古屋西港。同年 5 月 1 日中午,"跃进"号在首航途中触礁沉没在苏岩礁。可以说,"跃进"号是中国造船业探索的里程碑,反映出新中国在造大船上从无到有的一个制造体系的形成。"跃进"号是新中国建造的第一艘万吨级远洋货船,是国家重点建设项目,她的建造成功为中国船舶生产探索了道路,积累了经验,提高了我国整体造船水平。

图 2 - 21 "跃进"号货船

(二)第一艘自行设计建造的远洋货船"东风"号

1960 年 4 月 15 日,江南造船厂自行设计、建造的第一艘万吨级远洋货轮"东风"号下水(见图 2 - 22)。"东风"号的船型为单螺旋桨,双层纵通甲板,长首楼,首柱前倾,尾部为巡洋舰式,是具有中部机舱中部甲板室的钢质柴油机远洋货船,总长 161.4 米,设计水线长 152.5 米,二柱间长 147.2 米,型宽 20.2 米,型深 12.4 米,设计吃水 8.46 米,排水量为 17 182 吨,载重量为 11 642 吨,载货量为 10 000 吨,航速为 17.3 节,能在海上连续航行 40 昼夜,远航至欧洲、非洲和拉丁美洲。

图 2-22 "东风"货轮

"东风"号从开工投料到下水用时 88 天。有趣的是,在"东风"号轮船壳下水时,恰好日本某家造船厂也有一艘相近的万吨轮船壳下水,其船名译成中文,正是"西风"。"西风"从开工投料到下水,耗时 129 天,制造时长远远超过"东风"号。当年,江南造船厂的工人们戏谑地说:"东风压倒了西风。""东风"号轮船壳下水后,接下来是建造船体。谁也没料到,它的"内部建造"用了整整 5 年时间。先是有人来到造船厂说:"造船不如买船,买船不如租船,造船工业最好自觉让路,否则就要被迫让路。"随后,便是三年经济困难时期,国内大型工程全部停工,"东风"号船体的试制与安装工作陷入停滞。直到 1965 年底,轮船内部安装才全部完成并经过鉴定。

建成后的"东风"号得到国家领导人的高度评价和海内外各界人士的热情祝贺。1966 年 5 月 6 日,国务院总理周恩来陪同外宾参观"东风"号,对"东风"号予以热情赞扬。美国领袖罗伯特•威廉参观后激动地说:"这艘中国自己造的船,不仅是一个巨大的物质成就,而且通过它还可以看到中国人民的创造精神和能力。""东风"号的建造成功开创了新中国自行设计建造万吨级船舶的先河,给造船工业带来了勃勃生机。

(三) 第一艘自行设计建造的油船"建设九号"

1957 年 10 月 25 日上午 10 时 50 分,我国第一艘中型油轮顺利下水。该油船由船舶工业管理局第二产品设计室负责初步设计与技术设计,大连造船厂负责施工设计与建造。这艘油船是我国开发建造的第一代中型沿海油船,称为"建设九号"(见图2-23)。"建设九号"后改名为"大庆九号"。油船总长110.1米,型宽15米,型深7.4米,装油量为4500吨,排水量为7106吨,航速为12.75节,续航力为2400海里,能载运闪点在28℃以下的燃油[25]。

图 2-23 "建设九号"

(四)自行研制的航天远洋测量船"远望"系列

"远望"系列航天远洋测量船和火箭运输船,主要负责火箭、卫星等航天器的海上测控任务。远望号船汇集了我国当今船舶、机械、电子、气象、通信、计算机等方面的最先进技术,因此远望号船也被称为"海上科学城"。

20世纪70年代末,为适应我国航天事业发展的需要,以毛泽东主席手书叶剑英元帅七律诗《远望》命名的航天远洋测量船"远望1"号、"远望2"号相继建成下水,将我国航天测控网延伸到浩瀚的大洋之上。从此,我国成为继美国、苏联和法国之后,第四个拥有航天远洋测量船的国家。从1978年"远望1"号在江南造船厂建成交付,至今我国拥有7艘远洋测控船,分别命名为"远望1"号至"远望7"号,两艘火箭运输船,分别命名为"远望21"号、"远望22"号,相继完成了从无到有、从火箭测量到卫星测量、从单一测量到综合测控、从卫星测控到载人航天器测控通信、从地球轨道测控到月球轨道测控、从单目标到多目标测控遂行多样化试验任务等重大跨越。图2-24所示为"远望1"号航行在海上[26]。

图 2 - 24 "远望1"号

航海拾遗："远望"命名的由来

1977年8月、10月，"远望1"和"远望2"号船舶在江南造船厂先后建成下水。两艘"姊妹测量船"原定取名"东海号""北海号"，却发现与交通部远洋运输公司的船舶重名。究竟叫什么名字好？当时钱学森、张爱萍都在上海，钱学森首先想到了毛主席的一句诗，"敢上九天揽月，敢下五洋捉鳖"，便提议说能不能叫"五洋九天"。咱们的测量船跟踪卫星就好比"九天揽月"，到大洋打捞数据舱，这不就是"五洋捉鳖"吗，所以一个叫"九天"、一个叫"五洋"，行不行？

会场气氛一下活跃起来。有人认为，将来国家还要建造更多测量船，承担"九天揽月"重任，只是"捉鳖"就不大好听了。大家又陷入沉思。

这时候，国防科工委主任张爱萍将军突然想起毛主席手书叶剑英元帅的一首诗——《远望》。1965年8月，中央在大连棒槌岛召开会议，有感于当时国际上的反华浪潮，叶剑英元帅写了一首《七律·望远》："忧患元元忆逝翁，红旗缥缈没遥空。昏鸦三匝迷枯树，回雁兼程溯旧踪。赤道雕弓能射虎，椰林匕首敢屠龙。景升父子皆豚犬，旋转还凭革命功。"

叶剑英将诗作送给毛主席，请主席斧正。毛主席看后大为赞赏，且挥笔将题目由原来的《望远》改为《远望》，突出了"望"的主体风韵，读起来也更响亮动听，其他一字未动，并推荐到《光明日报》副刊发表。后来，叶帅将此诗收入诗集，并将之命名为《远望集》。

张爱萍将军问大家："能不能叫'远望'，这个含义很好，而且'远望1、2、3、4、5、6……'，可以一直延续下去。"他的话音刚落，钱学森马上拍手叫好，大家也纷纷表示赞同。1977年9月，两艘测量船以毛主席手书叶剑英元帅的七律诗《远望》命名，正式更名为"远望1"号、"远望2"号。

（五）第一艘自行设计建造的超大型油船

2002年8月31日，我国自行设计制造的第一艘超大型油船（VLCC）"伊朗·德尔瓦"号（见图2-25）在大连新船重工有限责任公司交付伊朗国家油轮公司[27]。该船长333.5米，型宽58米，型深31米，载重量为299 500吨。该船的成功建造不仅是我国首次承接建造成功的最大吨位船舶，使中国造船业在超大型船舶的设计建造上实现了"零"的突破，而且打破了世界造船强国在此项目上的垄断，进入到世界上能够设计建造VLCC的少数先进国家的行列，极大地提升了中国造船业的国际地位，成为中国造船史上又一个划时代的里程碑。

图2-25 "伊朗·德尔瓦"号

（六）第一艘自行建造的液化天然气船"大鹏昊"号

液化天然气运输船简称LNG船，主要运输液化天然气。液化天然气的主要成分是甲烷，为便于运输，通常采用在常压下极低温（－163℃）冷冻的方法使其液化。LNG船是一种"海上超级冷冻车"，是世界上公认的高技术和高附加值船舶,被喻为世界造船"皇冠上的明珠",只有美国、中国、日本、韩国和欧洲的少数几个国家的 13 家船厂能够建造。

2008 年 3 月,沪东中华造船(集团)有限公司成功建造了中国第一艘液化天然气 LNG 运输船"大鹏昊"号(见图 2 - 26)[28]。"大鹏昊"船长 292 米,宽 43.35 米,型深 26.25 米,航速 19.5 节,最大液化天然气装载量为 14.721 万立方米,汽化以后容量将达 9 000 万立方米,可以供 2 300 万人一个月的生活用气。"大鹏昊"号的交付不仅使中国成为继韩、日等国后实现自主研发系列 LNG 船型的国家,也标志着中国造船工业的技术实力又迈上了一个新的台阶,中国航运业也将由此书写新的篇章。

图 2 - 26 "大鹏昊"号液化天然气运输船

(七) 第一艘自主建造的极地科学考察船"雪龙 2"号

极地科考船的主要任务是调查极地现象,诸如夜光、极光、地磁、电离层和宇宙射线等,同时也调查极地海洋的水文、气象、地质、生物等基本项目。

1993 年 3 月 25 日,我国从乌克兰购买并改建"雪龙"号极地考察船,"雪龙"号船长 167.0 米,船宽 22.6 米,型深 13.5 米,吃水 9.0 米,满载排水量为 21 025 吨,全船共 7 层,可乘载人员 130 人,能以 1.5 节航速连续冲破 1.2 米厚的冰层。

"雪龙 2"号(见图 2 - 27)是我国继"向阳红 10"号、"极地"号和"雪龙"号之后的第四艘极地科考船,是中国第一艘自主建造的极地科学考察破冰船,于 2019 年 7 月交付使用。"雪龙 2"号是全球第一艘采用船首、船尾双向破冰技术的极地科考破冰船,能够在 1.5 米厚冰环境中连续破冰航行,填补了中国在极地科考重大装备领域的空白,并意味着我国极地考察现场保障和支撑能力取得新突破。"雪龙 2"号船长 122.5 米,船宽 22.3 米,吃水 7.85 米,排水量为 13 990 吨,航速为 12~15 节。2019 年 10 月 24 日,"雪龙 2"号首次穿越赤道进入南半球。

图 2-27 "雪龙 2"号科考船

（八）第一艘自主经营和管理的豪华邮轮"中华泰山"号

2014 年 5 月，"中华泰山"号抵达山东威海石岛港，成为中国第一艘全资、自主经营、自主管理的国际豪华邮轮，结束了中国没有自己邮轮的历史，翻开了我国邮轮产业发展的新篇章[29]。"中华泰山"邮轮船舶总长 180.45 米，型宽 25.5 米，总吨位为 2.45 万吨，拥有 1 000 个客位。"中华泰山"号邮轮如图 2-28 所示[30]。

图 2-28 "中华泰山"号

（九）自行建造的全球首艘双燃料动力超大型集装箱船

2020 年 9 月 22 日，由中国船舶集团有限公司旗下沪东中华造船（集团）有限公司和中国船舶工业贸易有限公司作为联合卖方为世界著名航运公司——法国达飞海运集团建造的全球首艘 23 000 TEU 双燃料动力集装箱船"达飞雅克·萨德"号（见图 2-29）在上海长兴岛造船基地命名交付。该船由中国船舶集团旗下第七〇八研究所设计，中国船舶集团拥有完全自主知识产权，船总长 399.9

米,型宽 61.3 米,货舱深度 33.5 米,甲板面积达到惊人的 23 978 平方米,相当于 3.5 个标准足球场,船总长比目前世界上最大的航母还要长 60 多米。该船一次能装下 23 000 只标准集装箱,可承载 22 万吨货物。而世界上最大的火车一次仅能装载 100 个标准集装箱,运载能力比为 230:1。在超大型集装箱船上使用 LNG 为主燃料的双燃料动力系统,在全球是首创。其最大优势是能满足全球最严格的排放标准,与传统燃油集装箱船相比,可减少 20% 的碳、85% 的氮氧化物和 99% 的硫排放,大大减少了对环境的污染。这艘双燃料动力集装箱船的成功交付是我国船舶工业高质量发展取得的重要成果,标志着中国造船工业在世界大型集装箱船领域成功实现从跟随到引领,书写了中国船舶工业新的荣耀。

图 2-29 "达飞雅克·萨德"号双燃料动力船[31]

参考文献

[1] 张晓峰."舟"字相关的中国古代船舶及行业名称文字考证[J].大连海事大学学报(社会科学版),2011,10(02):101-105.

[2] 吴玉芝."桨""楫""棹"的历时替换考[J].长春教育学院学报,2011,27(03):33-35.

[3] 何国卫.8000 年前跨湖桥人如何剜木为舟[J].中国船检,2020(04):91-94.

[4] 刘杰.中国古代舟船(一)[J].交通与运输,2009,25(02):76-77.

[5] 潘长学,查理.中国船舶设计的古代造物智慧研究[J].包装工程,2019,40(22):87-94.

[6] 袁晓春.漫话中国古船[J].中国港口,2017(S2):58-63.

[7] 何国卫.古船扬帆[M].青岛:中国海洋大学出版社,2017.

[8] 龚昌奇.船史研究文献[M].武汉:武汉理工大学出版社,2017.

[9] 林声.中国古代的"车船"——《中国古代造船史料汇考》之一[J].郑州大学学报(哲学社会科学版),1979(01):23-29.

[10]　吴幼平.中国最大的仿古木帆船——绿眉毛、朱家尖[J].航海,2003(05):2.

[11]　张艳,刘瀚泽.中国古代四种著名海船浅析[J].设计,2015(13):39-42.

[12]　佚名.三大船型[J].航海,2005(04):18.

[13]　余维庆.樟林古港的潮起潮落[J].同舟共进,2019(05):19-24.

[14]　佚名.中国古代著名的海船型广船[J].西部交通科技,2015(05):116.

[15]　李天棋.浅谈福船[J].收藏界,2019(05):80-81.

[16]　管成学,赵骥民.过渡时代的奇人:徐寿的故事[M].长春:吉林科学技术出版社,2012.

[17]　席龙飞.中国造船史[M].武汉:湖北教育出版社,2000.

[18]　张妤.船舶汽轮机智能控制研究[D].哈尔滨:哈尔滨工程大学,2012.

[19]　程天柱.我国船舶工业及其科学技术的发展历程[J].上海造船,1996(01):1-4.

[20]　蔡薇,艾超,席龙飞.水密舱壁中国古代船舶技术的领先贡献[J].中国文化遗产,2013(04):34-39.

[21]　杨丁,毛洪东.蓬莱古船考古记[J].大众考古,2014(07):82-87.

[22]　齐吉祥.中国古代船舶的两项重大发明——舵和水密隔舱[J].历史教学,2005(04):59-60.

[23]　佚名."中国古代名船"汉代楼船[J].西部交通科技,2015(07):116.

[24]　佚名.明朝时期世界最大的木帆船　郑和宝船[J].西部交通科技,2015(3):116.

[25]　佚名.我国第一艘中型油轮"建设九号"[J].兰台世界,2016(17):2.

[26]　崔燕.中国"远望"号船队[J].中国船检,2009(10):70-73.

[27]　崔燕.中国首艘VLCC缘定德黑兰[J].中国船检,2009(12):50-52.

[28]　谢荣,刘红明.海洋工程装备与高技术船舶[M].南京:江苏凤凰科学技术出版社,2019.

[29]　中国交通运输协会邮轮游艇分会.2019中国邮轮发展报告[M].北京:旅游教育出版社,2019.

[30]　佚名.中华泰山号邮轮大连始发签约海上看大连精品线路即将启航[J].东北之窗,2015(15):57-59.

[31]　孙建平.三艘船的启示[J].中国船检,2021(01):104-107.

第二章

航行技术，征服海洋的科技力量

航行技术是人类利用船舶安全和经济地航行于海洋上的基本保障力量,具有悠久的历史、丰富的内容和很强的实践性。航海历史的发展离不开航行科学技术的进步,中国古代航海史的辉煌也依赖于中国古代航行科学技术的进步。本章将介绍基础船舶定位导航技术、航海测向技术、海上计程技术、海上测深技术、海面目标识别技术、水上通信技术、船舶操纵技术和气象导航技术等内容。

第一节　基础的定位导航技术

一、地文定位与导航

地文定位是最古老、最简易的导航技术,是依据在视界范围内确知其位置的陆标(如山头、岛屿、海岸、特殊物标等),来判别与确认本船在观测时刻的地理位置。这种航海手段非但在古代盛行,而且在现代仍是航海人员必备的航海技能。

(一)春秋战国至汉朝地文航海雏形

我国沿海地区的地形地貌特征决定了古代中国的航海主要采用地文导航,即利用陆标测定船舶位置,引导船舶从一地航行到另一地,其主要方式就是陆标定位与导航。这种最古老、最简单,然而也是最基础的地文导航,为原始社会最初的航海活动提供了一定的安全保障。

春秋战国时期,各诸侯国在开拓疆域的过程中,地理视野不断扩大,航海地理知识逐步积累。人们已经懂得海洋并非世界边缘,海洋中还有其他陆地和岛屿。同时,也开始将中国大陆外侧的水域划分为几个古代海区,如北海(今渤海)、东海(今黄海)、南海(今东海)。对江河通海的客观现象也有了认识,如"沔彼流水,朝宗于海"①和"江汉朝宗于海"②,都表明人们已了解到"百川归海"的道理,并已进行江海巡航活动了。

秦汉航海是中国古代航海史上的第一个大发展时期。在秦朝发生了"始皇巡海"和"徐福东渡"的重大航海事件,西汉年间南亚海上丝绸之路——"汉使航

---

① 出自《诗经·小雅·沔水》。
② 出自《尚书·禹贡》。

程"的形成标志着中国航海事业进入发展前期,秦汉时期这些重大航海事件的出现绝非偶然,除造船技术水平较先秦时期有了明显提高外,导航技术的发展也为其提供了重要保障。

汉代的地文航海技术已有了重要的进展,长期反复的航行实践使得人们对航路进一步熟悉,因此对航程与航期也开始有了初步估算和明确记载。当时的航程以"月"和"天"(或"日")为海上计程单位,这是古代世界航海活动中通用的方法。

由于长期的航海活动,人们对海洋地理有了新的认识。东汉杨孚对南海的海岸地形即有所记载:涨海(即南海)崎头,水浅而多磁石,徼外人乘大舶,皆以铁叶锢之,至此关,以磁石不得过。此处的"磁石"是指"南海岬角"地形,多为坚硬的磁铁矿层所形成,强大的磁场能影响铁叶锢连的大舶正常航行。同时,将南海取名为"涨海",表明当时海员对海中的岛屿、沙洲与暗礁等态势已有所了解。海洋潮汐的涨落使岛礁时隐时现、时大时小,因而南海被舟人称为"涨海"。

沿海的海岸地貌往往是重要的导航陆标。古代对大陆与海洋边缘地貌早有记载,如"海隅",指沿海之边隅,即海岸地貌。成书于西汉末年(公元前 1 世纪)的《周髀算经》记载,我国古代杰出的数学家陈子对太阳的高和远进行了测量,即"陈子测日"。陈子测日法受当时科学水平的限制,误把椭球形的地球当作平面。虽然求出的日高与实际距离相差很远,但为后世利用"重差法"测海岛的高度及距离提供了理论基础。

(二)三国时期航路指南

三国时期,除蜀国地处巴山蜀水的内地而无法发展航海活动外,曹魏和孙吴均东临大海。出于内政、外交、军事与经济的需要,在近海和远洋进行过颇具规模的军事和外交航行,开辟了多条航路。这些远洋航行活动和新航线的开辟使航海者的地文航海知识与技术进一步得到充实,突出反映在这一时期就是出现了以图文形式表现的航路指南。

航路指南是以文字叙述为主的资料,供航海人员使用,以指导船舶安全航行,其中记录了航线、航法、海区地理概况等内容,是对海图的补充。最初的航路指南仅是某些航程与航期的简单记录。海船在某一条航线上多次往返,便将积累的经验总结出一些带有规律性的条文,以指导今后的航行。在三国至南北朝时期的史籍文献中,这些航路指南的内容开始有所充实,出现了一些与航海活动关联更为密切的记录。例如,"从扶南发投拘利口(古港名,似今马六甲海峡东口,为马来语 selat 的音译),循海大湾中,正西北,入历湾(今孟加拉湾)边数国,可一年余,到天竺江口(指恒河口)"①。这段航路指南中,有港口、海湾、航向、航

————————

① 出自《梁书·中天竺传》。

期、河口等要素。又如，"夷洲在临海东南，去郡二千里，土地无霜雪，草木不死，四面是山"①。这段航路指南，表明了夷洲的海上方位、航行距离，以及判认陆标地形等要素。"从迦那调洲乘大舶，船张七帆，时风一月余日，乃入大秦国"②。这段航路指南写明了船舶、风帆、风向、航期等要素。"涨海（即今南海）中，倒珊瑚洲，洲底有盘石，珊瑚生其上也"③。这里对所经海区的海岸地形做了初步的描述，也是海岸地形文字的最初描述形式。这些航路指南虽然简朴，但与之前历代相比已经有了长足的进步。东晋法显和尚从印度航海归国后，撰写的纪实性名著《佛国记》中，记载了当时中国及亚洲航海活动的各个方面，包括航海路线、航海地理、航海水文和航海气象等，作为航路指南，有着重要的价值。

（三）三国时期《海岛算经》

三国魏景元四年（263 年）数学家刘徽④编撰的《海岛算经》，也为地图学提供了数学基础，同时也是中国最早的一部测量数学著作。《海岛算经》是算经十书之一，刘徽在魏景元四年完成《九章算术注》九卷，又撰《重差》一卷附于《九章算术注》九卷之后。所谓"重差"，即汉代的陈子测日法，"重"是重复的意思，"差"是日影长之差，也称为"重差术"。刘徽著文研究、整理这种方法时，用"重差"作为书名。唐代初年，《重差》出单行本，因为它的第一题是测量海岛的高远问题，所以被改名为《海岛算经》。

《海岛算经》中的九个问题都是根据相似形的理论，利用两次或多次测望所得的数据推算可望而不可即的远处物标的高、深、广、远。第一个问题，如图 3-1 所示，是这样描述的："今有望海岛，立两表，齐高三丈，前后相去千步，令后表与前表参相直。从前表却行一百二十三步，人目着地取望岛峰，与表末参合。从后表却行一百二十七步，人目着地取望岛峰，亦与表末参合。问岛高及去表各几何？ 答曰：岛高四里五十五步；去表一百二里一百五十步。"后面给出了算法，"术曰：以表高乘表间为实；相多为法，除之。所得加表高，即得岛高。求前表去岛远近者：以前表却行乘表间为实；相多为法。除之，得岛去表数"。

这个问题就是说，假设测量海岛，立两根高均为 3 丈的杆，前后相距 1 000 步。令后杆与前杆在同一直线上，从前杆退行 123 步，人目着地观测到岛峰。从后杆退行 127 步，人目着地观测到岛峰。问岛高多少？ 岛与前杆相距多远？ 这显然是一个平面几何问题，用数学语言可描述为："如图 3-1 所示，已知 $CD =$

① 出自沈莹的《临海水土志》，收于《台州札记》，卷一，清抄本。

② 出自《吴时外国传》，收于虞世南：《北堂书钞》，卷一三八舟部下，清光绪十四年万卷堂刻本。

③ 出自《扶南异物志》，收于李昉等：《太平御览》卷六十九地部三十四，四部丛刊三编景宋本。

④ 刘徽，约 225—295 年，汉族，山东滨州邹平市人，魏晋期间伟大的数学家，中国古典数学理论的奠基人之一。在中国数学史上做出了极大的贡献，他的杰作《九章算术注》和《海岛算经》是中国最宝贵的数学遗产。

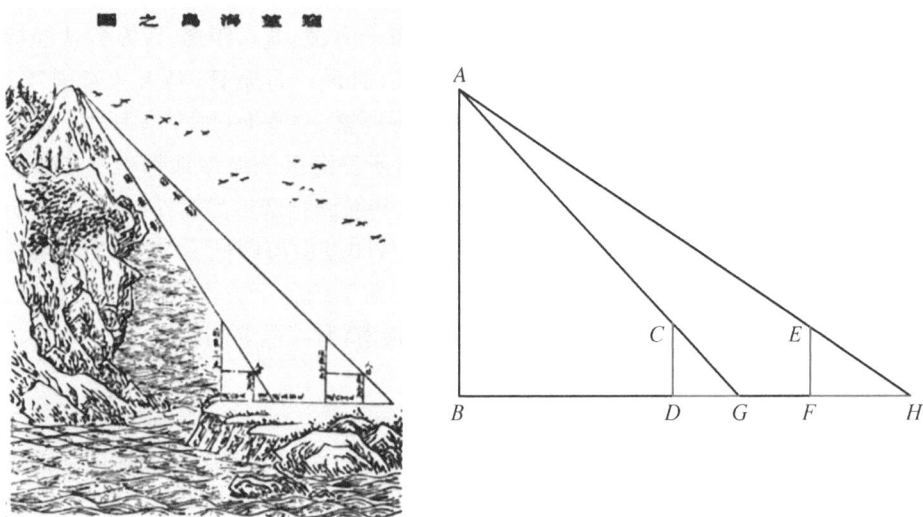

图 3-1　海岛算经望海岛高度测量(左),测量原理(右)

$EF = 3$ 丈,$DF = 1\,000$ 步,$DG = 123$ 步,$FH = 127$ 步。求 AB 和 BD 分别为多少？"

刘徽的这种"重差法"虽然在当时并未用于导航,但对于后世航海图的测绘与航程距离的推算具有深远的影响。

(四) 西晋时期"制图六体"的制图原则

除了文字记载,三国时期还建立了中国传统地图与海图的绘图原则与风格。从航海实践的原则上考虑,海图应该是与航路指南之类的文字描述同步产生和发展起来的。可以设想,最早的海图是航海者自己能看懂的一些手绘草图,上面可能有某个海岸地形的概略性特征,或是航行路线的大致途径。这类原始海图是简陋的写实与写意的混合体。到两晋时代,中国传统地图的绘图原则自裴秀[①]提出"制图六体"而得到了确立,这些原则对于后来海图的绘制,同样产生了深远的影响。

裴秀在前人制图经验的基础上,结合自己的亲身体验,提出了"制图六体":"一曰分率,所以辨广轮之度也。二曰准望,所以正彼此之体也。三曰道里,所以定所由之数也。四曰高下,五曰方邪,六曰迂直,此三者,各因地而制宜,所以校

---

　① 裴秀,224—271 年,字季彦,西晋初著名的地理学家,河东郡闻喜县(今山西省闻喜县)人。作《禹贡地域图》,开创了中国古代地图绘制学。李约瑟称他为"中国科学制图学之父",与古希腊著名地图学家托勒密齐名,是世界古代地图学史上东西辉映的两颗灿烂明星。为纪念这位中国地图科学创始人而设立的"裴秀奖"每两年评选一次,是中国地图学界最高奖项。

夷险之异也"①。这就是说,绘制地图,第一要有比例尺,第二要确定方位,第三要知道由此及彼的道路和里程,余下三个因素表明道路有高低、方斜、迂直的不同。裴秀认为,绘图要"以二六者,参而考之。然远近之实,定于分率;彼此之实,定于道里;度数之实,定于高下、方邪、迂直之算。故虽有峻山巨海之隔,绝域殊方之回,登降危曲之因,皆可得举而定者。准望之法既正,则曲直远近,无所隐其形也"②。裴秀提出的"制图六体",除了经纬线和地图投影尚未涉及外,其他有关地图绘制的重要原则基本上都已提及。裴秀绘制平面地图的科学理论一直指导着我国传统地图(包括海图)制图学的发展。

(五) 宋元时期针路的出现

宋元海上交通航线的发展使地文导航技术得到进一步深化,在宋代出现了叙述性的"航路指南"。指南针的使用为航海图的产生创造了条件,南宋末年出现了第一幅航海图。元代航海中又把指南针许多针位点连接起来以标明航线,即"针路"。此外为了航行安全,在元代出现了人工设置的航标。这些都是宋元时期对前代地文导航技术的发展和突破。至明清时期,针路图更加清晰和详尽。图 3-2 所示为封舟出洋顺风针路图[1]。

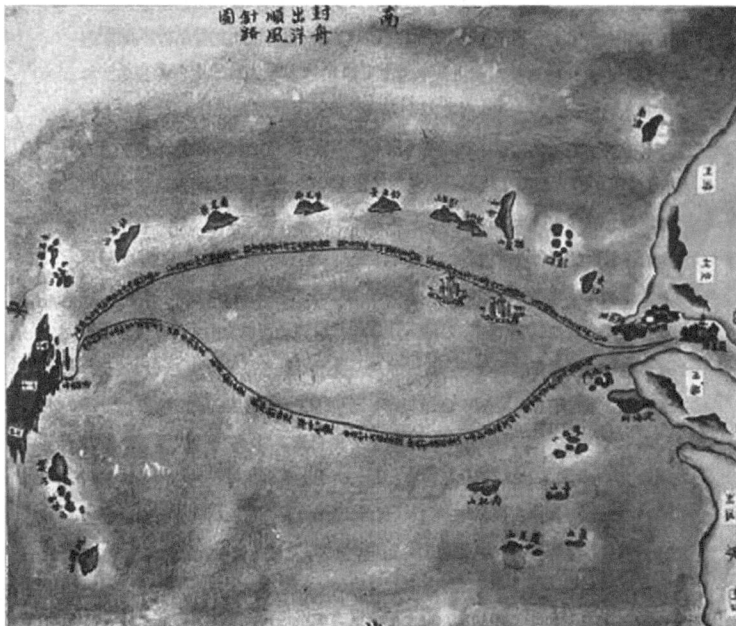

图 3-2　封舟出洋顺风针路图

① 出自《晋书·裴秀传》。

（六）古代海图技术的顶峰——《郑和航海图》

随着海图绘制技术的积累，至《郑和航海图》的出现，古代海图技术达到了顶峰。《郑和航海图》原名为《自宝船厂开船从龙江关出水直抵外国诸番图》，是世界上极负盛名的中国古代航海图。该图原为一字展开式，后经明朝茅元仪①辑录，在天启年间（1621—1627 年）刊印于《武备志》卷二百四十，改成书本式。序文出自茅元仪之手，仅 142 字：“明起于东，故文皇帝航海之使不知其几十万里，天实起之，不可强也。当是时，臣为内竖郑和，亦不辱命焉。其图列道里国土，详而不诬，载以昭来世，志武功也。”由此证明此图为郑和船队的遗物。据后人推测，《郑和航海图》绘于洪熙元年至宣德五年（1425—1430 年），这段时间是郑和第六次下西洋后，因明成祖之死，奉命归国，全体下洋官兵守备南京的时期。在这 6 年之中，郑和船队广大人员各以自船的经历，合并记录，构成整幅下西洋全图。《郑和航海图》是当时郑和船队多次远航的航海实践及长期考察的经验集结，实为适应当时时代需要的一大创举，也是世界上现存最早的航海图集。

书本式的《郑和航海图》共 24 页，其中有序 1 页，海图 20 页，过洋牵星图 2 页（4 幅），空白 1 页。全图涉及海区广阔、航线漫长，绘制范围起自我国长江下游东海之滨，东南至爪哇，西北至剌撒，西南至麻林地，航线遍及广大的西太平洋与印度洋的亚非海岸。图上所绘基本航线以南京为起点，沿江而下，出长江口以后，向南沿着江苏、浙江、福建、广东海岸南下，再沿中南半岛、马来半岛海岸，穿越马六甲海峡，经锡兰山（今斯里兰卡）到达溜山国（今马尔代夫）。由此分为两条航线：一条横渡印度洋到非洲东岸法尼亚的慢巴撒（今肯尼亚的蒙巴萨）；另一条从溜山国横渡阿拉伯到忽鲁谟斯（今伊朗的霍尔木兹）。图中对山岳、岛屿、桥梁、寺院、城市等物标采用中国传统的山水画立体写景形式绘制，形象直观，易于在航行中辨认。图中绘有自太仓至忽鲁谟斯的针路共 56 线，由忽鲁谟斯回太仓的针路共 53 线，往返针路全不相同。航线旁所标注航经沿岸国度、地形、山脉和特殊标志以及所历岛屿、礁石、浅滩等，并注明针位、牵星记录、水深和航路，针路记有开船地点、航向、航程和停泊处所等。对主要国家和州、县、卫、所、巡司等则用方框标出，以示其重要。图上共绘记 530 多个地名，包括了亚非海岸的 30 多个国家和地区，其中中国地名约占 200 个。这些数据充分说明当时中国海船的远航经验颇为丰富，航海技术水平已达到相当完善的程度。

《郑和航海图》既具有山水画形式地图的特征，又具有航海图的特征。自南京宝船厂至占城（在今越南中南部）约占全图的二分之一（2—12 页），而自占城

---

① 茅元仪，1594—1640 年，字止生，号石民，又署东海波臣、梦阁主人、半石址山公，归安（今浙江吴兴）人，文学家茅坤之孙，汇集兵家、术数之书 2 000 余种，历时 15 年辑成《武备志》，对后世影响较为深远。

至非洲东海岸也只占二分之一（12—22 页），从地域范围看不成比例。又如自宝船厂至龙涎屿（在苏门答腊西北隅今亚齐海上，即布腊斯岛）和锡兰山（今斯里兰卡）至忽鲁谟斯二段都比较详细，而其中宝船厂至长江口尤为详细，而龙涎屿至锡兰山一段则极为简略。这些都反映出山水画形式地图的特征。但是《郑和航海图》又是供航海专用，故针路是其最主要的内容。图的一些要素也大都采用山水画形式的绘法，反映出山水画形式地图的特征。但因用于航海，故除写景外，还比较注意客体的实质。如在画沙洲时，就将沙洲和浅沙加以区分；如在画岛礁时，有的画得较为平坦，有的画得较为陡峭；在画山峰时也有类似的情况。

从图的方位上看，《郑和航海图》的图幅配置以航线为主，整个航线是从右向左连贯的。由于这些线原来的向位不同，因此图幅的方位亦随之而异。如太仓至普陀山航线，原是自西向东，而图上绘成从右至左，图幅方位就成为右西左东，上南下北；出了长江口是上北下南，过了孟加拉湾以后，方位基本是上东下西。

从全图的详略看，不同图幅体现了不同的航行需要。如自南京到太仓的一段航区，系内河航行，需沿河道而不断改变航向，因此图上不注明针路和更数。由于主要是根据两岸物标进行定位和导航，因此图上对两岸的地形、地物描绘得特别详细。又如自太仓至苏门答腊以至印度半岛的东西海岸，主要是沿岸和近海航行，除用罗经导航外，还以山头和岛屿为目标，因此图上绘有显著山峰和地物，并在主要航线上注记针位、更数的说明，以保证航行安全。自溜山国至忽鲁谟斯的航线，因是远洋航行，图幅除注明基本针路外，还加注了牵星数据，便于利用天文导航。《郑和航海图》内容丰富而翔实，是一部既系统又相当完备的航海图集。根据当时的制图技术水平，该图不可能按数学投影方法和经纬坐标以及一定的比例完全绘制，而是以航海的实用性为特点，突出导航和定位所需的基本要素，具有较高的实用价值。该图集不仅对指导当时和以后的古代航海具有重要意义，还对后人研究中国古代航海史和亚非航线的开辟起到重要作用。从文献价值而论，《郑和航海图》是我国历史上流传至今的一部最早的亚非远洋航海图，从世界航海界来说，也是最早的航海图之一，同时也是一部反映明初航海技术的百科全书。图中所记的 30 多个国家和地区的地名对历史地理学、地名学、地图学史和地理学史的研究也具有相当的学术价值。现代英国科学家李约瑟在《中国科技史》一书指出，关于中国航海图的精确性问题，米尔斯（Mills）和布莱格登（Blagdon）曾做了仔细的研究，他们二人都很熟悉整个马来半岛的海岸线，而他们对中国航海图的精确性做出了很高的评价。此外，马尔德（Mulder）最近还从领航员的角度研究了这些资料。在这些图上遇有海岛的地方，一般都绘有外线和内线，有时还为往程和返程分别画出了供选择的航线，误差一般不超过5°，这对于 1425 年的舵工来说，可以认为是极好的了。这就是从实际验证中对

《郑和航海图》得出的科学评价。

二、天文定位与导航

天文航海技术与地文航海技术一样，也是人类在海上赖以导航的重要手段。天文导航技术的出现标志着人类航海活动由近海扩展到远洋。天文导航技术主要包括天文定向和天文定位两项技术。

（一）始于夏代的天文定向技术

天文定向的航海技术，在中国古代航海史上由来已久，可以追溯到非常遥远的年代。早在奴隶社会初期的夏代，据《夏小正》①中描述的天象，已有一年内各个月份的晨昏时观测北斗斗柄指向与若干恒星的见、伏或中天的记载。在商、周的甲骨卜辞中，已有测得新星的实录。到春秋时期，天球黄赤道带附近的恒星二十八宿已被确定下来，并出现了确定 621 颗恒星赤道坐标值和黄道内外度的《石氏星表》②，这是世界上最早的星表之一。

在汉朝，随着远洋航海的兴起，古代的天文导航术有了明显的提高。据《汉书·艺文志》③介绍，当时介绍海上占星导航的书就有《海中星占验》十二卷、《海中五星经杂事》二十二卷、《海中五星顺逆》二十八卷、《海中二十八宿国分》二十八卷、《海中二十八宿臣分》二十八卷、《海中日月慧虹杂占》十八卷。这多达一百三十六卷的天文航海书籍虽然早已流散失传，但是完全可以肯定，汉朝的中国海员已有相当可观的天文航海技术，这一点从成书于西汉初年（约公元前 140 年）的《淮南子》④中可以得到证明。该书记载道："夫乘舟而惑者，不知东西，见斗极则寤（wù）矣。"到晋朝，葛洪说："夫群逆乎云梦者，必须指南以知返，立乎沧海者，必仰辰极以得返。"法显从印度归国亦称："大海弥漫无边，不识东西，唯望日、月、星宿而进。"到南北朝，周舍⑤说："昼则揆日而行，夜则考星而泊。"到唐朝，王维在《送秘书晁监还日本国》的诗中也说："向国惟看日，归帆但信风。"从上述史料，我们可以清楚地看到，在唐朝以及以前历代的航海中，天体观测尚停留在定向助航的定性阶段，还不能由此来核定海船所在的地理位置。这种传统的天体

---

① 《夏小正》，中国现存最早的一部记录农事的历书，保存了古代中国的天文历法知识，收录于西汉戴德汇编《大戴礼记》第 47 篇，在《隋书·经籍志》首次出现《夏小正》单行本，撰者不详，一般认为成书时间为战国时期、两汉之间。

② 《石氏星表》，根据《石氏星经》改编而成，作者是战国时期魏世申，是世界上最古老的星表之一。

③ 《汉书》又称《前汉书》，是中国第一部纪传体断代史，"二十四史"之一，由东汉时期史学家班固编撰，是继《史记》之后中国古代又一部重要史书，与《史记》《后汉书》《三国志》并称为"前四史"。

④ 《淮南子》又名《淮南鸿烈》《刘安子》，是西汉皇族淮南王刘安及其门客收集史料集体编写而成的一部哲学著作。

⑤ 周舍，469—524 年，字升逸，汝南郡安城（今河南汝南县）人，南朝梁大臣，东晋左光禄大夫周顗八世孙。

导向手段在宋朝依然得到了继承。如徐兢在奉使高丽途中就有这方面的纪录："是夜，洋中不可住维，视星斗前迈，若晦冥，则用指南浮针，以揆南北。"从这里可以看出，在西太平洋近海做较短距离的惯常航行中，天文定向仍是良好天气时的主要导航手段，而指南浮针则是坏天气时的辅助导航手段。然而，单纯的天文定向对于印度洋方面的长途跋涉和横渡直航则显得大为不够了。由于长时间远离海岸的大洋航行，不可避免地要受到海风与海流的影响与干扰，这种由外界自然界因素构成的风压差与流压差长期作用于船体，将使船舶在若干时间后的实际船位远远地偏离单纯应用天文定向或航迹推算所确定的理想船位，而这种局面一旦出现，必将带来两个严重后果：或者失去航线，不能到达既定的航行目标；或者触礁搁浅、倾覆沉没，发生重大海难事故。因此，为了确保大洋航行的安全，必须有一种相对较为准确的客观定位手段，这就是天文定位技术。

　　北斗七星是由大熊座七颗明亮的恒星组成。在北天排列成斗（或勺）形，因为这七颗星较易被观星者辨认出来，所以常被用作指示方向和认识星座的重要标志，是一个重要的星群（见图3-3）。

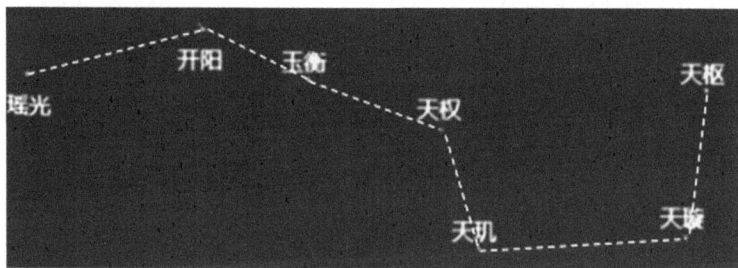

图3-3　北斗七星

　　北斗七星之名始见于汉朝《春秋运斗枢》[①]中记载："第一天枢，第二天璇，第三天玑，第四天权，第五玉衡，第六开阳，第七瑶光。第一至第四为魁，第五至第七为标，合而为斗。"北斗七星的中国星名由斗口至斗杓连线顺序为天枢、天璇、天玑、天权、玉衡、开阳和瑶光。前四颗称"斗魁"，又称"璇玑"；后三颗称"斗杓"。现代星名则命名为大熊座α、大熊座β、大熊座γ、大熊座δ、大熊座ε、大熊座ζ和大熊座η。通过斗口的两颗星连线，朝斗口方向延长5倍可以找到北极星，这两颗也称作指极星。

　　中国古代十分重视北斗七星，战国时期的《甘石星经》[②]记载："北斗星谓之

---

　　① 《春秋运斗枢》，汉朝汇录，作者不详，属于谶（chèn）纬类典籍，《春秋纬》十四种之一，亦名《春秋纬运斗枢》，宋均注，宋以后散佚。
　　② 《甘石星经》，古代中国天文学专著和观测记录，是世界上现存最早的天文著作之一。战国时期齐国人甘德和魏国人石申各写出一部天文学著作，后人把这两部著作合起来，称为《甘石星经》。

七政，天之诸侯，亦为帝车。"这是指皇帝坐着北斗七星视察四方，定四时，分寒暑，把北斗星斗柄方向的变化作为判断季节的标志之一。战国时期古籍《鹖（hé）冠子》①记载："斗柄东指，天下皆春；斗柄南指，天下皆夏；斗柄西指，天下皆秋；斗柄北指，天下皆冬。"《史记·天官书》与《汉书·天文志》均有"直斗杓所指，以建时节"的记载。

通过北斗七星，我们可以找到许多知名天体。沿天璇、天枢方向可以找到北极星；沿天权、天枢方向可以找到五车二；沿天权、天璇方向可以找到北河二；沿天权、天玑方向可以找到轩辕十四；沿"勺柄"往外方向可以找到大角星；沿天玑、天权方向可以找到织女星。

（二）唐朝复矩天文定位技术

天文定位是通过测量太阳、月球、恒星等天体的高度角求出船位的方法。可以不需任何陆标，只需天气条件良好、海天水平线清晰便可进行，直到当今电子航海时代，用六分仪测天定位仍是海员必须掌握的基本功之一。

航海天文学认为，天体在宇宙中都有一定规律的运动轨迹。人站在地球表面某一点上观测某颗天体，都能以该天体在地球的垂直投影点为圆心，以观测点与该投影点的距离为半径，画出一个大圆圈——天文船位圆。而站在这种天文船位圆的任何一点上观测该天体，其观测角度（或天体的出水高度）都是一致的。如以北极星（北斗星略近）为观测天体，其出水高度约为观测者所在的地理纬度。唐代已能利用仰测两地北极星的高度差，来确定南北距离的变化，并广泛应用于实践。

北宋的《新唐书·天文志》②记载，开元十一年（723 年），著名天文学家和佛学家僧一行③为编写历法，率府兵曹参军梁令瓒④，用铜铁铸成可以测量星宿运动和考察月球运行规律的黄道游仪。通过观测日月五星的运动，测量一些恒星的赤道坐标和对黄道的相对位置，他们发现这些恒星的位置与汉朝所测结果有很大变动。僧一行还创制了另一种测量仪器"复矩"。据《旧唐书·天文志》记载，"以复矩斜视，北极出地三十四度四分"。由此可见，其用途是测量北极仰角

---

① 《鹖冠子》据传是战国时期一个楚国隐士所作，因作者平常总戴着羽毛装饰帽子，大家就给他取了一个别号叫鹖冠子。原著为一篇不分篇，后世因内容而分篇，最终定为十九篇。

② 《新唐书》北宋时期宋祁、欧阳修、范镇、吕夏卿等合撰的一部记载唐朝历史的纪传体史书，"二十四史"之一，全书共有 225 卷，包括本纪 10 卷，志 50 卷，表 15 卷，列传 150 卷，于宋仁宗嘉祐五年（1060 年）完成。

③ 僧一行，673—727 年，俗名张遂，法号敬贤，谥号"大慧禅师"，魏州昌乐（今魏县边马村）人，唐朝著名的天文学家和佛学家，世界上第一个研究恒星运动的天文学家，比英国天文学家哈雷发现恒星运动早一千多年。

④ 梁令瓒，生卒年不详，唐朝画家、天文仪器制造家，汉族，蜀（今四川）人，存世作品有《五星及二十八宿神形图》一卷。

的。据学者推测,在"复矩"的顶点系一铅锤,在直角安装一个由 0°到 91.31°(因古时以圆周为 365.25°,故直角为 91.3°)的分度器即可。

使用时,把复矩的一个指定的边直指北极,使此边正好在人眼和北极的连线上,则悬挂重锤的线即能在分度器上指示出北极的高度来,如图 3-4 所示。我们知道,北极的高度与我们今天所说的地理纬度差不多相等(因为地球不是理想的球体,会有一些偏差,但该偏差很少,一般可以近似认为相等)。僧一行发明的"复矩"是一种简便的测北极高的仪器,在天文大地测量中起了非常重要的作用。

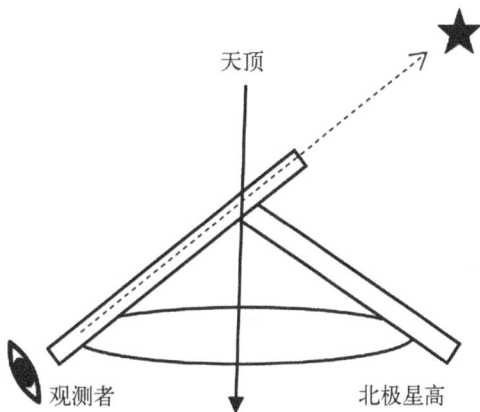

图 3-4 复矩测北极星高度

唐朝有可能用一种称为"唐小尺"的量具作为航海天文定位观测仪器。"唐小尺"是测量晷景的量具。唐小尺制广泛应用于民间,每寸相当于今 2.52 厘米。如航海者引臂握尺进行观测,以尺的下端平切水线,以尺的上部刻度视接北极星,即可大略推算出海上南北里程的变化数值,亦即粗糙估计出观测时的大致纬度,从而决定下一步船舶应取的大致航向。

天文定位的应用在唐诗中也有体现,唐朝诗人沈佺期[①]在题为《度安海入龙编》的诗中这样写道:"北斗崇山挂,南风涨海牵。"即当海员观测北斗星到达"挂"在崇山(今越南境内)顶上的高度时,在涨海(今南海)中的帆船,即可渡过安海(今北部湾)而进入龙编(唐代交州港口之一,约今越南河内)。

(三) 著名的过洋牵星术

在古代,天文导航又叫过洋牵星,包括观测方向和方位两个部分。指南针用于航海后,天文导航继续使用,并与指南针相互配合,得到进一步充实和发展。随着航海业发展的需求,人们将天文学和测量数学的知识应用于航海,就形成了称作"牵星术"的船舶定位方法。该法以"牵星高低为准",通过所测量的星斗高低位置来计算船舶与陆地的距离,再从观测日月出没或通过指南针得知的方向,就可得出船在大海中的位置了。

牵星术的重大突破是牵星板的使用。关于牵星板的起源,目前在我国有三

---

① 沈佺期,约 656—715 年,字云卿,相州内黄(今安阳市内黄县)人,祖籍吴兴(今浙江湖州),唐朝诗人、儒客名家,与宋之问齐名,称"沈宋"。

种不同意见：一是据我国明代史料所载，牵星板与阿拉伯航海家使用的牵星板相似，认为这种工具在我国的使用是受阿拉伯人的影响；二是依据泉州出土的竹尺，认为牵星板起源于我国宋元之际；三是以成书于公元前 4 世纪的《巫咸占》[1]和马王堆中找到大量用"指"作为纬向量角单位的记载，认为牵星板的出现有可能在战国时期。

目前可见最早描述牵星板的文献是明朝李诩[2]编撰的《戒庵老人漫笔》[3]："苏州马怀德(有)牵星板一副，十二片，乌木为之，自小渐大。大者长七寸余，标为一指、二指以至十二指，俱有细刻若分寸然。又有象牙一块，长二寸，四角皆缺，上有半指、半角、一角、三角等字，颠倒相向，盖周髀算尺也。"以上所说的牵星板共有 12 块，经过复原，最小一块为一指，每边长 2 厘米，依次为二指、三指，各板每增一指，每边递增 2 厘米，至最大的一块十二指板，每边则长 24 厘米。板中心有一孔，穿孔系一细绳，绳长 54 厘米。当牵星时，先选取适用的牵星板，一手平举持板向前，一手牵绳的一端置于眼前，观测者一眼顺绳前望，使板的上缘对齐所测星辰，下缘对齐海平线。此时使用的是几指板，便得出测天高度是几个"指"数。图 3－5 为用牵星板测星体高度的示意图。

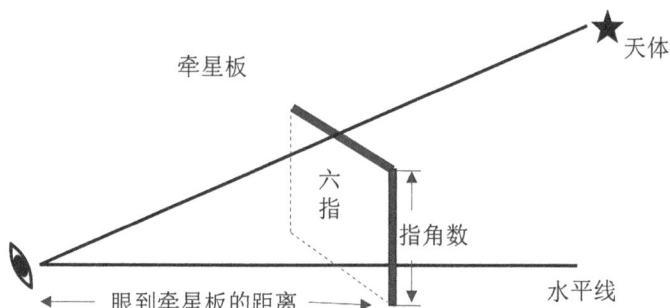

图 3－5　牵星板测星体高度

折算后一指约为 1.9°，一指又分为四"角"。经核算，此数据与唐朝《乙巳占》[4]及《开元占经》[5]所引用战国时代的《巫咸占》中关于金星与月亮间最大南北向角距为"容五指"的记载是相吻合的。由此可推，明初观测星体高度应用的是

---

① 著者为巫咸，年代不详(可能生活在商代)，古代占星家，《巫咸占》收录在瞿昙悉达所编的《开元占经》中。
② 李诩，1506—1593 年，字原德，号戒庵，江阴人，晚年以"戒庵老人"自居。
③ 《戒庵老人漫笔》，明朝李诩撰笔记，是一部具有较高价值的明朝笔记，也是较早提出龙生九子概念的书籍之一。
④ 《乙巳占》，唐朝天文学家、数学家、易学家李淳风(602—670 年)传世的占星学代表作，撰成于唐显庆元年(656 年)稍后。
⑤ 《开元占经》，全名《大唐开元占经》，成书约在 718—726 年之间，是中国古代天文学著作之一。全书共 120 卷，保存了唐朝以前大量的天文、历法资料和纬书。作者瞿昙悉达是唐朝印度裔占术者。

我国传统的计量单位。

海船在航行中利用晨光或昏影（即民用航海中日出前或后的12分钟左右），既能看到较亮的星体，又能看清水天线，测出星体的指数，再与目的港的星体指数比较，计算出所需的航程，配合海图中所标航向，便可到达目的港。牵星板的发明为明初郑和下西洋提供了强有力的定位和导航工具。

三、无线电导航系统

船舶无线电导航系统由岸基导航台（岸台）和船上无线电导航设备组成。岸基导航台实际上是一个电波发射系统，而船上无线电导航设备则是一个无线电接收机，通过接收到的岸基无线电发射系统发射的电波信号来确定船位。按时空基准点——导航台站的安装点将无线电导航系统分成地基系统和星基系统。

（一）地基无线电导航系统

1. 无线电信标系统

无线电信标系统是一种测角系统。航海系统则由指向标、测向器组成。这类系统大多工作于中波波段，一般用于国内航路和终端，引导航行器向着或背着地面台航行，指示地面目标、航路点的位置。信标系统的导航精度虽然不高，但设备简单，价格低廉。

我国第一座无线电指向标（站）于1927年在长江口附近花鸟山灯塔建成，设备从英国进口，1930年正式建成投入使用，接收距离为100海里。这是当时世界上较先进的无线电导航设备。1933年大戢山及佘山二灯塔也建立了无线电指向标，以保证长江口的航行安全。1941年12月9日在山东成山头建了一座成山角无线电指向标，但其在战争期间被毁。新中国成立前，沿海共建有指向标站11座，但大多遭战乱破坏。

新中国成立后，海军在沿海组建无线电指向标网，至1967年恢复和新建无线电指向标站和校差台共计2座。1979年进行调整，保留14座指向标站和一座校差台。1982年，更新了控制机，并对发射机进行调整换装，使信号发射更为准确、可靠，覆盖范围基本达到200海里。1983年上述设备移交交通部管理。此外，还先后在沿海建立了环射式指向标站（含一处校正台）。经过调整，1984年共有无线电指向标站15处。

1986年3月，中国无线电指向标对外开放，这是当时中国沿海主要的导航设施，经过交通部进一步建设，1993年中国沿海共建有指向标站22座，形成了由22座无线电指向标站组成的覆盖中国沿海水域的无线电指向标网。20世纪90年代初，交通部安全监督局开始研究利用沿海无线电指向标建立无线电指向标/差分全球定位系统（RBN/DGPS），开始利用原有设施播发GPS

差分信号。

20 世纪 50—60 年代,无线电指向标为我国主要的无线电助航系统。随着罗兰 A 的迅速发展,以及对船舶定位精度和范围要求的不断提高,根据中国沿海 RBN/DGPS"九五"发展规划,沿海无线电指向标大部分改造为 RBN/DGPS 台站,其余的指向标台站于 2000 年停止使用。

2. 双曲线无线电导航系统

双曲线无线电导航系统的原理是利用无线电波测定测点(如船舶)距两个发射台的距离差,得出双曲位置线,测出 2 对以上的发射台的距离差,得出 2 条以上的位置线进行定位。它由发射台(岸台,至少 3 个)和接收台(船舶或飞机上接收台)组成。形成双曲线的几何原理:到两个固定点距离差为常数的动点的轨迹是以这两个固定点为焦点的双曲线,平面上两条双曲线相交可确定一点。

1965 年,我国开始建设"长河一号",即国际上罗兰 A 系统。此系统白天导航距离为 500～600 海里,夜间天波导航距离可达 1 000 海里,定位精度为 0.5～1 海里。1975 年"长河一号"全部建成,1976 年 10 月正式开放使用,基本上覆盖了全国的广大海域。后来由于技术更先进、性能更优越的 RBN/DGPS 系统的普及应用,我国的"长河一号"于 1998 年 10 月 1 日起正式关闭。图 3 - 6 为"长河一号"曾经使用的无线电收发机。

图 3 - 6 "长河一号"无线电收发机

我国对罗兰 C 技术的研究工作早在 20 世纪 60 年代初就已开始。1979 年,国家正式确定建立罗兰 C 系统,即"长河二号"工程。"长河二号"工程的目的是在我国建立一种能为国家独立控制的远程无线电导航系统,以满足用户的导航定位要求。1987 年我国成功研制"长河二号"。"长河二号"系统是根据我国国情自行设计和建设的我国第一个大型远程无线电导航系统,也是由我国政府独立控制和管理的大型无线电导航系统。

（二）星基无线电导航系统

卫星导航系统是天文导航和无线电导航结合的一大产物,简单地说,卫星导航就是把地面导航台搬至空中人造地球卫星上的无线电导航系统。20 世纪 60 年代初,旨在服务于美国海军舰只的子午仪卫星导航系统出现了,20 世纪 70 年代则可提供给民用。这是第一代卫星导航系统,该系统利用装在航行体上的接收机接收导航卫星发出的无线电信号,并测量因卫星相对卫星接收机用户不断运动而产生的多普勒频移,由此确定航行体在地球上的位置等导航参数。

1. 子午仪卫星导航系统

我国于 20 世纪 60 年代中期开始注意世界上的卫星导航技术,20 世纪 70 年代组建了专门研究室,开始研究卫星导航技术,1974 年研制利用美国子午仪导航卫星资源的卫导接收机,于 1978 年研制出我国第一代船用卫星导航接收机,并于当年携带该接收机参加了中国第三、第四次远洋科学调查。该机出色地完成了导航定位任务,同时为我国发展新一代卫星导航技术打下了技术基础。

20 世纪 70 年代末,我国研制了 091 甲子午仪卫星导航接收机,该接收机曾几次装舰远渡重洋,执行国家重大科学试验和考察任务。该机于 1980 年、1982 年和 1984 年三次分别参加重大发射试验,圆满完成任务。

上海天文台于 1980 年 8 月 18—24 日在佘山利用专用接收机接收该子午仪卫星信号,并加以传播延迟等修正后获得了美国海军天文台的基准时间。1982 年 7—12 月,在临潼利用国产 JSZ - 4 型多普勒接收机,通过美国子午仪卫星进行了定时试验。

由于子午仪系统两次定位之间间隔比较长,约为 90 分钟,且低纬度区域定位时间更长,属于不连续导航;定位精度不是太高,约在 200～500 米范围之内;再者,子午仪系统只适用于海上或陆地场合的二维定位,对空间飞行器的三维定位无能为力,加之后来先进的全球卫星导航系统 GPS 的问世,因此,子午仪系统从 1990 年就开始被淘汰,到 1996 年底就终止使用。

2. 全球卫星定位系统（GPS）

GPS 是由美国军方控制和运营的全球卫星导航系统。由 24 颗高度约 20 000 千米的卫星实现全球覆盖。每颗卫星发射两种频率并经伪码扩频的信号。伪码有两种,其中 P 码为军用码,C/A 码则可供民用。用户接收机选择性地跟踪四颗卫星发射的信号,以码分方式区分四颗卫星的信号,从信号中提取星历,测量信号到达时间,经迭代定位计算,就可求得用户自己的位置和精确的时间。从信号中提取多普勒频率就能得到用户的三维速度值,因而系统可同时向用户提供七维导航数据(三维位置,三维速度,时间)。

1995 年 4 月 GPS 系统达到全运行能力,其民用 CA 码定位精度为 20～30 米。GPS 投入使用初期,由于美国实施 SA 等控制,使 CA 码定位精度一度下降到

100 米。2000 年 5 月,美国取消了 SA,使 CA 码精度恢复到 20 米。

3. 中国北斗导航系统

北斗卫星导航定位系统(Bei Dou Navigation Satellite System,BDS)是由中国自行研发的三维卫星定位与通信系统(CNSS),是继美国的全球定位系统(GPS)、俄罗斯的格洛纳斯(GLONASS)定位系统之后,世界第三个成熟的卫星导航系统。

1983 年,"两弹一星"功勋奖章获得者陈芳允院士和合作者提出利用两颗同步定点卫星进行定位导航的设想,经过分析和初步地试验,证明效果良好,这一系统称为"双星定位系统"。双星定位导航系统为我国"九五"列项,其工程代号为"北斗一号"(一代)。

双星定位导航系统是一种全天候、高精度、区域性的卫星导航定位系统,可实现快速导航定位、双向简短报文通信和定时授时三大功能,其中后两项功能是GPS 所不能提供的,且其定位精度在我国地区与 GPS 定位精度相当。整个系统由两颗地球同步卫星(分别定点于东经 80°和东经 140°,36 000 千米赤道上空)、一个运行控制主地面站和若干个地面用户站组成。主地面站发信号经过两颗同步定点卫星到用户站;用户站接收到主地面站发来的信号后即做出回答,回答信号经过这两颗卫星返回到主地面站。主站—两颗卫星—用户站之间的信号往返可以测定用户站的位置,然后,主地面站把用户站的位置信息经过卫星通知用户站,这就是双星定位导航系统的定位过程。主地面站和用户站之间还可以互通简短的电报。

一代北斗采用的基本技术路线最初来自陈芳允先生的"双星定位"设想,其正式立项是在 1994 年。北斗卫星导航系统由空间卫星、地面控制中心站和用户终端等 3 部分构成。空间部分即北斗一号由两颗工作卫星和两颗备份卫星组成,突出特点是构成系统的空间卫星数目少,用户终端设备简单,一切复杂性均集中于地面中心处理站。两颗定位卫星分别发射于 2000 年 10 月 31 日和 12 月21 日,备份卫星于 2003 年 5 月 25 日、2007 年 2 月 3 日发射。该系统采用主动式导航体制,为我国境内及周边地区的中、低动态用户或静止用户提供定位和授时服务,对我国国民经济建设起着积极的推动作用。至此,我国成为继美国、俄罗斯之后第三个拥有星基导航定位系统的国家。

按照北斗卫星导航系统"三步走"发展战略,我国于 1994—2000 年完成北斗卫星导航试验系统建设,形成区域有源服务能力;2001—2012 年完成北斗卫星导航系统建设,形成区域无源服务能力;2013—2020 年实现北斗卫星导航系统全球无源服务能力。到 2020 年 7 月,由 35 颗导航卫星组成的北斗卫星导航系统,已完成覆盖全球的高精度、高可靠的定位、导航和授时服务。

北斗卫星导航系统的建设目标:建成独立自主、开放兼容、技术先进、稳定可靠的、覆盖全球的北斗卫星导航系统，促进卫星导航产业链形成，形成完善的国家卫星导航应用产业支撑、推广和保障体系，推动卫星导航在国民经济社会各行业的广泛应用，服务于国家建设与发展，满足全球应用需求。该系统已成功应用于测绘、电信、水利、渔业、交通运输、森林防火、减灾救灾和公共安全等诸多领域，产生了显著的经济效益和社会效益，特别是在2008年北京奥运会、汶川抗震救灾中发挥了重要作用。

第二节　古老的航海测向技术

一、指南针的诞生

指南针又称指北针，主要组成部分是一根装在轴上的磁针，磁针在天然地磁场的作用下可以自由转动并保持在磁子午线的切线方向上，磁针的北极指向地理的北极，利用这一性能可以辨别方向，常用于航海、大地测量、旅行及军事等方面。物理上指示方向的指南针的发明由三部曲组成，即司南、磁针和罗盘，它们均属于中国的发明。

指南针是古代劳动人民在长期的实践中对物体磁性认识的结果。作为中国古代四大发明之一，对人类的科学技术和文明的发展起到了不可估量的作用。在中国古代，指南针起先应用于祭祀、礼仪、军事、占卜及看风水时确定方位。11世纪末或12世纪初，中国船舶开始使用指南针导航。北宋朱彧（yù）的《萍洲可谈》①记载："舟师（掌舵者）识地理，夜则观星，昼则观日，阴晦观指南针。"

指南针应用在航海上，是全天候的导航工具，弥补了天文导航、地文导航的不足，开创了航海史的新纪元。

指南针的始祖大约出现在战国时期，这就是古代中国人依照用于堪舆术的"栻"发明的司南（见图3-7）[2]。《韩非子》②中就有"先王立司南以端朝夕"的记

图3-7　司南

---

① 《萍洲可谈》，宋朝记述有关典章制度、风土民俗及海上交通贸易等的笔记体著作，撰成于宣和元年（1119年），作者朱彧，生卒年不详。

② 《韩非子》，战国时期思想家、法家韩非的著作总集，法家学派的代表著作，是在韩非逝世后，后人辑集而成，共二十卷。

载,这里的"端朝夕"就是正四方、定方位的意思。《鬼谷子·谋篇》①中也有记载,"郑子取玉,必载司南,为其不惑也",是说有一个叫郑子的人寻找玉石的时候一定要带上司南来指示方向。

东汉时的王充②在其著作《论衡》③中对司南的形状和用法做了明确的记录。司南是用整块天然磁石经过琢磨制成勺形,勺柄指南极,并使整个勺的重心恰好落到勺底的正中,勺置于光滑的地盘之中,地盘外方内圆,四周刻有干支四维,合成二十四向。这样设计的司南有许多缺陷,使其长期未得到广泛应用。如天然磁体不易找到,且在加工时容易因受热而失磁。由于其磁性比较弱,要求与地盘接触处非常光滑,否则会因转动摩擦阻力过大而难于旋转,无法达到预期的指南效果。司南因自身具有的体积和重量而不便携带。汉朝以后,随着司南的广泛应用和人们对磁石特性的进一步了解,司南仪得到不断改进,并逐渐过渡到相对完善的指南针。

第一种改进是利用磁化现象改变司南勺的形状。在许多早期文献中有关于磁石吸引铁针的记载。王充在《论衡·乱龙》中指出:"顿牟拾芥,磁石引针,皆以其真,不假他类,他类肖似,不能掇取者,何也?气性异殊,不能相感动也。"用气性,也就是性质相同相异来解释磁感应的现象。东晋郭璞(pú)④的《山海经图赞》⑤中也谈道:"慈石吸铁,玳瑁取芥,气有潜通,数亦冥会,物之相感,出乎意外。"古代"慈"通假"磁"。后人利用这种磁感应现象实现了铁针的磁化。南北朝陶弘景⑥在《本草经集注》⑦中谈到磁石时写道:"今南方亦有好者,能悬吸针,虚连三、四、五佳。"磁石吸铁针后,磁铁针受感应,也有了磁性,还可以再吸引三四根针。被磁化的铁针既然有磁性,当然也就有指极性。尤其将针与磁石摩擦以后,磁针也变成了磁体。如果用磁针代替原来的磁勺,则针状的磁体比雕琢成勺状的天然磁石在形状上更加合理,其磁畴排列更加规则均匀,所以其极敏感度也增加。用这种人工传磁方法制出指南针,是人工制造磁体的一大发明。

---

① 《鬼谷子》,又名《捭阖策》,是战国权谋大师"谋圣鬼谷子"王诩重要著作,共有十四篇。

② 王充,公元27—约公元97年,字仲任,会稽上虞(今属浙江)人,东汉杰出的唯物主义思想家、教育家和文学批评家。

③ 《论衡》,大约成于章和二年(公元88年),现存文章有85篇,是古代一部不朽的唯物主义哲学文献。

④ 郭璞,276—324年,字景纯,河东郡闻喜县(今山西闻喜)人,两晋时期著名文学家、训诂学家、风水学者。

⑤ 《山海经图赞》,一部有独立品格的学术著作,是"山海经图"与赞体文学的结合,是用简洁的语言对图画内容加以评述的一种文体,反映了汉魏六朝以郭璞为代表的学者对《山海经》的理解和观点。

⑥ 陶弘景,456—536年,字通明,自号华阳隐居,谥贞白先生,丹阳秣陵(今江苏南京)人,南朝齐、梁时道教学者、炼丹家、医药学家。

⑦ 《本草经集注》,古代医学名著,是陶弘景从《名医别录》中选取365种药与《本经》合编,用红、黑二色分别写《本经》与《别录》的内容,命名为《本草经集注》。原书已佚,现仅存有敦煌石室所藏的残本。

第二种改进是将司南的方形地盘换成圆形的刻度盘，以适合磁针的指向需要。但磁针不能像磁勺那样直接置于地盘上，因为其难以在地盘上自由旋转，这就需要对司南的整个装置结构进行改进。从历史文献中能查到的古人所用的方法有三种：一是将磁针拴在丝线上，放在无风的地方垂悬在地盘上，等待磁针停止旋转后便可以指出方位，如图3-8所示[3]。唐朝以前已经有人试过此方法，但是发现磁针容易受周围空气的影响而不停地摆动。为了避免磁针的摆动，再将磁针制成蝌蚪形或鱼形薄片为后代沿用。晋朝崔豹[1]在《古今注》[2]一书中写道："蝌蚪，虾蟆子也，一名悬针，一名悬鱼。"五代时，后唐马缟[3]在《中华古今注》[4]也有相关的记载，与崔豹的《古今注》相同。将悬在空中的磁针与方位盘配合，在魏晋南北朝时期曾经提到过，虽然悬针不够稳定，但至少实现了如李约瑟所说的"从勺到针"的过渡。对司南的第二种改进方法是将其天盘（中心圆）由平面制成凹面，内部盛水，使磁针浮在水面上转动，旋转停止以后，就在周围刻度上指出方位。显然这种方法减小了磁针受周围气流的影响。实际上这就是11世纪前期北宋文献中记载的水罗盘，如图3-9所示[3]。而在9世纪时的唐朝，堪舆罗盘的制造者已经迈出了这一步。

图3-8　磁针

图3-9　漂浮式指南针

使磁针在方位盘上自由旋转的第三种方法是将针用枢轴支承在盘上，这是宋朝出现的方法。北宋指南针在唐朝原有的技术基础上取得了很大的发展。一

---

① 崔豹，255—320年，字正雄，西晋渔阳郡（今北京市密云区西南）人。
② 《古今注》，共三卷，是一部对古代和当时各类事物进行解说诠释的著作，对了解古人对自然界的认识，古代典章制度和习俗有一定帮助。
③ 马缟，854—938年，字里不详，唐末以明经及第，后梁时为太常修撰，累历尚书郎，参知礼院事，迁太常少卿。
④ 《中华古今注》，书以考证名物制度为主，体例与《古今注》大致相同，二书部分内容重复。

些北宋时期的文献对指南针有明确记载,这也说明指南针在社会上的广泛应用。北宋曾公亮①与丁度②等编纂的《武经总要》③记载了北宋指南针的应用:"若遇天景曀(阴暗)霾,夜色瞑黑,又不能辨方向……出指南车或指南鱼,以辨所向。"指南鱼的制法是"用薄铁叶剪裁,长二寸阔五分,首尾锐如鱼形,置炭火中烧之,候通赤,以铁钤(qián)钤鱼首出火,以尾正对子位,蘸水盆中,没尾数分则止,以密器收之④。"在使用时则"置水碗于无风处,平放鱼在水面令浮,其首常南向午也"。

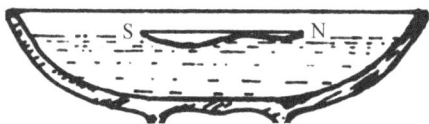

曾公亮描述了一种专门测定方向的罗盘,这就是常说的指南鱼,如图 3-10 所示[4]。其主体是人造磁体,主要制法是将长 6 厘米、宽 1.6 厘米的薄铁片做成鱼形,首尾呈尖状。然后将其加热至通红,当温度升至 700℃时,铁的磁畴分解成顺磁体。用铁钳夹住鱼尾,将其从炭火中取出,沿南北方向放置,使鱼尾向北,鱼头朝南,再趁热将其放入冷水中。由于温度骤然变化,铁片中的磁场受地球磁场的作用发生有规则的排列,从而显出磁性,形成永久性磁体。

正面

图 3-10　水浮式指南鱼

继曾公亮之后,北宋科学家沈括⑤在《梦溪笔谈》⑥中也谈到了指南针:"方家以磁石磨针锋,则能指南,然常微偏东,不全南也。水浮多荡摇,指爪及碗唇上皆可为之,运转尤速,但坚滑易坠,不若缕悬为最善。其法,取新纩中独茧缕,以芥子许蜡缀于针腰,无风处悬之,则针常指南。其中有磨而指北者。余家指南北者皆有之……"⑦这段记载首先给出了磁偏角的

————————

　　①　曾公亮,999—1078 年,字明仲,号乐正,泉州晋江县(今福建省泉州市)人,北宋政治家、文学家。
　　②　丁度,990—1053 年,字公雅,开封(今河南省开封市)人,祖籍恩州清河(今河北省邢台市清河县),北宋大臣、训诂学家。
　　③　《武经总要》,中国现存最早的一部官修兵书,是宋朝仁宗时期依照以往官修正史的组织形式,专门设局,由翰林学士丁度和曾公亮总领一班通晓军事的文人于 1040 年编写而成的,分前、后两集,每集 20 卷,计 40 卷。
　　④　出自曾公亮丁度的《武经总要》。
　　⑤　沈括,1031—1095 年,字存中,号梦溪丈人,汉族,杭州钱塘县(今浙江杭州)人,北宋官员、科学家。
　　⑥　《梦溪笔谈》是一部涉及古代中国自然科学、工艺技术及社会历史现象的综合性笔记体著作,英国科学史家李约瑟评价为"中国科学史上的里程碑",共分 30 卷,其中《笔谈》26 卷,《补笔谈》3 卷,《续笔谈》1 卷,内容涉及天文、数学、物理、化学、生物等各个门类学科,其价值非凡。
　　⑦　出自沈括的《梦溪笔谈》,卷二十四,四部丛刊续编景明本。

概念。沈括精于天文历法,他从圭表①的地理子午线观察比较中发现了磁偏角。古代磁针指向以南为基准,就是午位(180°),现代以指北为准(0°)。沈括所测得的磁差偏东,是依磁针指向南端而言的,所以用现代的说法应是偏西。根据1970年我国的地磁实测结果,各海区的"磁差和年变率",在北纬14°30′附近的磁差是0°。在此纬度以北为偏西差,以南为偏东差,偏西差自南向北逐渐增大,年变率为±1′或±2′,其等磁差曲线,在长江口以南海区,与纬度线基本平行。在长江口以北海区,等磁差曲线逐渐成为西北至东南向。沈括是在开封进行实测的,位于北纬34°45′,在这里磁针北端是偏西差,而其南端便是偏东差,所以沈括所说的"常微偏东"是正确的。磁偏角的发现是中国科技史上的一项重大成果。在欧洲,一直到了13世纪才知道磁针有偏角,但又多误解是指南针装置工艺上的缺点,还没有想到这是一种自然现象。

在这段记载中,沈括还给出四种关于磁针装置的实验,即把磁针横贯灯芯浮水上,架在碗沿或指甲上,以及用缕丝悬挂起来,如图3-11所示。这四种实验

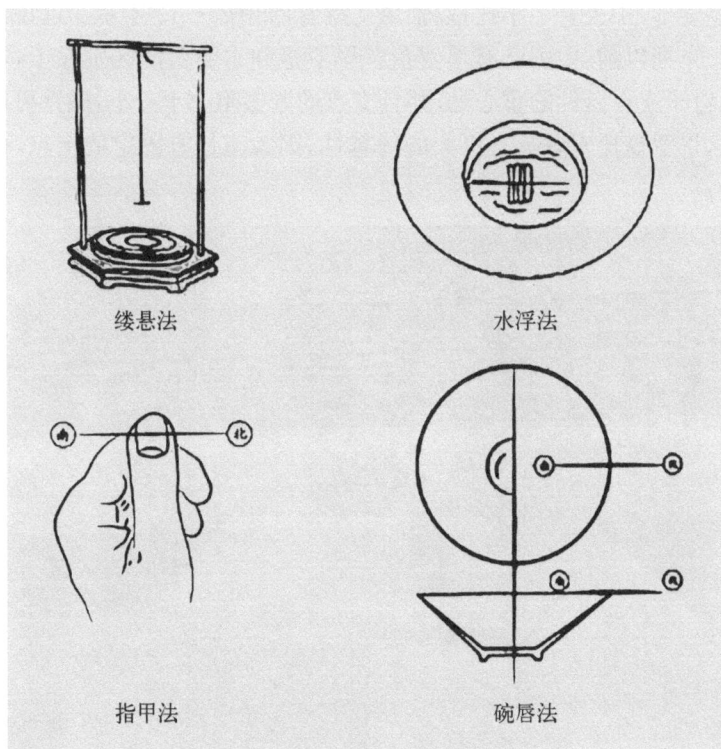

缕悬法　　　　　　　水浮法

指甲法　　　　　　　碗唇法

图3-11　沈括的四种磁针装置示意图

---

① 圭表是度量日影长度的一种天文仪器,由"圭"和"表"两个部件组成。圭表和日晷一样,也是利用日影进行测量的古代天文仪器。所谓高表测影法,通俗地说,就是垂直于地面立一根杆,通过观察记录它正午时影子的长短变化来确定季节的变化。垂直于地面的直杆叫"表",水平放置于地面上刻有刻度以测量影长的标尺叫"圭"。

概括起来是属于三种类型：一是水浮法，二是支点旋转法，三是缕丝悬挂法。沈括认为，"水浮多荡摇"，碗沿或指甲"坚滑易坠"，而以"缕悬为最善"。其实这三种方法各有优点，后来都有不同程度的发展，也都在实际中得到不同程度的应用，而且前两种的应用还更加普遍。特别是水浮法，作为指南针用于航海时的最初形式，在我国指南针发展史上占有重要的地位。从已经发现的古代文献和地下出土文物可以看出，我国从两宋起，历元、明到清初，水浮法指南针在航海上和堪舆上都一直使用，有的还使用到清朝的中后期。这种水浮法，据宋朝寇宗奭（shì）①的《本草衍义》②所记载，是用灯芯或其他比较轻的物体做浮标，让磁针贯穿而过，使它浮在水面而指南。

　　到了南宋，指南针又有了新的形式——旱罗盘，即指针不借水浮的罗盘。据《考古》1988年第4期报道，1985年5月江西临川南宋邵武知军朱济南墓出土了七十件瓷俑，其中一件称张仙人俑，高22.2厘米，张仙人俑手捧一件似是旱罗盘，磁针是菱形，中央有一小孔，以轴承支持着，如图3-12所示。这说明可能早在12世纪末期以前，中国已有旱罗盘。旱罗盘和水罗盘的区别在于，旱罗盘的磁针是以钉子支在磁针的重心处，并且支点的摩擦阻力十分小，磁针可以自由转动。显然，旱罗盘比水罗盘有更大的优越性，因为磁针有固定的支点，而不会在水面上游荡。

图3-12　张仙人俑

---

①　寇宗奭，宋朝药物学家，生卒年与生平均不详，曾任澧洲（湖南澧县）县吏，宋政和（1111—1117年）年间任医官，授通直郎，通明医理，尤精于本草学。

②　《本草衍义》，原名《本草广义》，刊于公元1116年（宋政和元年），为药论性本草，共20卷。

二、指南针与航海

指南针虽然是从堪舆术中孕育中来的,但其重要价值在宋朝用于航海后才得到了充分的体现。宋以前的航海一般是凭天象、天体识别方向,夜以星辰指路,日倚太阳辨向。至北宋时期,航海技术开始有了重大突破,已能利用指南针指引航向。指南针在南宋时期发展成罗盘形式后,随着其精确度不断提高,应用越来越广泛。海上航行已逐步依靠指南针指示方向,同时也促进了中外海上交通的发展。指南针应用于航海是世界人类文明史上的重大突破,对世界文明文化的发展做出了重大贡献。

将指南针应用于航海有一个逐步发展的过程。关于中国利用指南针进行海上导航的最早文字记载见于北宋宣和元年(1119年)朱彧所著的《萍洲可谈》。《萍洲可谈》是朱彧根据其父亲的见闻所著,保存了很有价值的中外交通资料,包括当时广州航海业兴旺的盛况,其中记载了中国海船在海上使用指南针的情形:"舟师识地理,夜则观星,昼则观日,阴晦观指南针。"

宋时所用多为水针,在徐兢于宣和五年(1123年)出使高丽回来后撰成的《宣和奉使高丽图经》中,明确地提到"浮针":"是夜,洋中不可住,维视星斗前迈,若晦冥,则用指南浮针,以揆南北。入夜举火,八舟皆应。"南宋的朱继芳[①]曾作《航海》[②]诗,其中有"沉石寻孤屿,浮针辨四维"。这些都说明当时航海用的指南针是水浮针。

随着指南针在航行实践中显示出来的优越性,其很快就成为航海者不可缺少的主要导航手段。担任过福建市舶提举的南宋地理学家赵汝适[③]的《诸蕃志》[④]论述了海南岛的形势时说:"东则千里长沙,万里石床,渺茫无际,天水一色。舟舶来往,惟以指南针为则,昼夜守视惟谨,毫厘之差,生死系焉。"[⑤]过了半个世纪,南宋吴自牧[⑥]在《梦粱录》[⑦]中说:"自入海门,便是海洋,茫无畔岸,其势诚险,盖神龙怪蜃之所宅。风雨晦冥时,惟凭针盘而行,乃伙长(即船长)掌之,毫厘不敢差误,盖一舟人命所系也。愚屡见大商贾人言此甚详悉。但海洋近山礁则水浅,撞礁必坏船,全凭南针,或有少差,即葬鱼腹。"

---

① 朱继芳,南宋诗人,建宁建安人,字季实,号静佳,南宋理宗绍定五年进士。
② 《航海》诗全文:"地角与开倪,茫茫何处期。星回析木次,日挂扶桑枝。沉石寻孤屿,浮针辨四维。飘然一桴意,持此欲安之。"
③ 赵汝适,1170—1231年,字伯可,宋朝宗室进士出身,乾道六年(1170年)生于台州天台县(今属浙江省临海市),地理学家。
④ 《诸蕃志》,宋朝海外地理名著,成书于宋理宗宝庆元年(1225年),分上、下两卷。
⑤ 出自赵汝适的《诸蕃志》卷下《志物》。
⑥ 吴自牧,约1270年前后在世,字不详,钱塘人,生卒年亦不详,约宋度宗咸淳中前后在世,生平亦无考。
⑦ 《梦粱录》,一本介绍南宋都城临安城市风貌的著作,共20卷。

吴自牧所说的"毫厘之差"中的毫厘应是指罗盘上的指向分度,由此可知其中提到的"针盘"已不是指南单针而是罗盘了。即"针盘"是早期罗盘的一种形式,由水浮针(见图3-13)与圆形方位盘结合而成。方位盘上,依十二地支(即子、丑、寅、卯、辰、巳、午、未、申、酉、戌、亥)将整个圆周分为十二等分;在十二地支之间再等而分之,填以天干八字(甲、乙、丙、丁、庚、辛、壬、癸,戊、己二字表示中心位置)和八卦四字(乾、艮、巽、坤),构成每字相差15°的二十四方位罗盘图(见图3-14)[5]。后来为提高精度,又以每两字间夹缝为一方位,构成每向差7°30′的四十八方位罗盘图。在使用时先以子、午定北、南,再观航向与其方位字的关系,如正好吻合,则为"丹针",称"某针"或"丹某针";如航向在某二方位字之间,则为"缝针",称"某某针"。《诸蕃志》中的"阇(shé)婆国"(大约位于今印度尼西亚爪哇岛或苏门答腊岛)条上也说,从泉州开船,航向为"丙己方"(165°),借北风之便,顺风昼夜航行,一月可到阇婆国。

图3-13　北宋水浮针

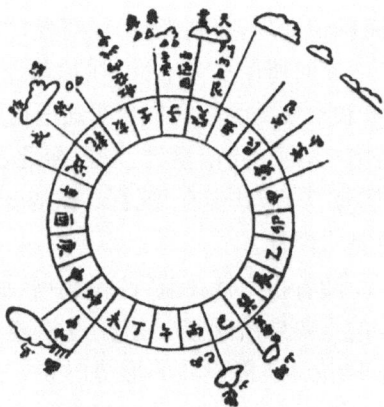

图3-14　24方位罗盘

到了元朝,指南针的应用更为普遍,成为海船必备的航海工具。正如元时的民间航海家汪大渊①在《岛夷志略》②所说,"观夫海洋泛无涯矣……孰得而明之?……故子午针人之命脉所系""针迷舵失,人造孰存?"

在两地之间航行时会有多次转向,每一次转换的航向叫作"针位",全航线中所转换的针位一个个衔接起来就叫作"针路"。现存最早记有罗经针位的著作是元朝周达观③(约1266—1346年)的《真腊风土记》④。书中提到他出使真腊(今

---

① 汪大渊,1311—? 年,字焕章,南昌人(今南昌市青云谱区施尧村汪家垄)。
② 《岛夷志略》,元朝中外海上交通地理名著,原名《岛夷志》,清代改名《岛夷志略》,全书共分100条,前99条记载和涉及的地点总计220个,均系作者亲睹。
③ 周达观,约1266—1346年,字达可,号草庭逸民,温州永嘉(属浙江)人,元朝地理学家。
④ 《真腊风土记》,一部介绍位于柬埔寨地区的古国真腊历史、文化的中国古籍。

東埔寨境内)时"自温州开洋,行丁未针(航向 202°30′),历闽广海外诸洲港……又自真蒲行坤申针(航向 232°30′),过昆仑洋入港"。此外,元明时期的《海道经》①也有关于罗盘针路的记载:"北洋绿水,好风一日一夜,依针正北(子针)望,便是显神山……自转了角咀,未过长滩,依针正北(子针)行使。"随着针盘的广泛应用与经验积累,元朝海员已充分掌握了这种针位航路,从此改变了单体指南针在航海活动中的辅助地位。根据针经确定航线是元朝在航海技术方面的一项重要成就,这种相对稳定的针路的出现表明人们依据针盘导航的可靠性,对海上航路的安全性、捷便性和规律性已有了较为深刻的认识。针路的出现也为此后绘制更加简明科学的航海图提供了可靠依据。元朝的水浮罗盘如图 3-15 所示。

图 3-15　元朝水浮罗盘

三、指南针的应用

一般认为,中国海船使用指南针导航不久,其便被阿拉伯的海船采用,从而把这一伟大发明传到西方。关于指南针传入欧洲的历史年代,在恩格斯的《自然辩证法》一书中做过科学的判断:"磁针从阿拉伯人传到欧洲人手中在 1180 年左右。"1180 年即南宋淳熙七年,仅比中国人首先将指南针用于航海晚八十几年。第一次传到欧洲的指南针样式,可见于英国人亚历山大·内卡姆在 1195 年所著的《论物质本性》一书。他将磁针称作"水手之友",书中提道:"在阴沉的日子或阴暗的夜晚,当瞧不见天上的星星时,航海者就使铁针或钢针磁化,再把它穿在麦秆上,浮在水面。我们用这个方法,就可以知道哪边是北方"。[6]这说明最先进入欧洲的中国指南针是用磁石传磁的水浮针,只是因地制宜把浮体灯草换成

---

① 《海道经》,成于明代,共一卷,作者不详。内容记述了自江浙到辽宁沿海的航路指南和预测沿海气象变化的歌谣。

麦秆,在装置方法上则完全一样。1281年,拜拉·基勒杰基在其著作《通商宝鉴》中也说,当时自亚历山大港至印度洋的水手,都在木片上置磁针,而将木片浮在水上辨向导航;又说有以磁性铁片制成中空的鱼形,投海水中,以鱼尾来定海上南北。这与曾公亮所说的指南鱼是一致的,属于水浮型。指南针广泛应用于船上指向后,通常在船上被称为磁罗经。

磁罗经稳定可靠的指向能力使这一设备天生具备适应航海需要的特质。当船舶出现断电等险情时,现代船舶上靠电力供应工作的指向和导航设备将失去导航能力,但磁罗经依然可以依靠地磁为船舶可靠地指示方向,航海人员在磁罗经的帮助下,依靠自己的地文和天文导航能力,依然可以驾驶救生艇等小型船舶,找到最近的陆地或求生地点。因此,自磁罗经装船使用的那天起直至现在,磁罗经虽然形态上发生了变化,但它始终都未曾离开过船舶。鉴于它特殊重要的地位和作用,在现代船舶上被称为标准罗经,安装于驾驶台最顶部甲板。同时要求在船舶救生艇、舵机间等与海上求生密切相关的设施和场所上也要配置。

四、现代指南针

现代人制作了各种电子指南针,手机中就有这个软件,甚至在卫星导航系统中也会用到。尽管磁罗经是现代船舶传统和必备的航海指向仪器,具备稳定可靠的特殊性能。但受地磁场分布不均的影响,磁罗经正确的指北能力在地球的不同地方差别较大,需要专门校正才能精确。人们一直在寻找更为精准的指向设备,随着技术的发展,在指向设备方面出现了使用陀螺效应的电罗经指向设备——陀螺罗经。

陀螺罗经是利用陀螺仪的特性,在地球自转运动的影响下,借助力矩器使陀螺仪主轴自动地找北,并精确地跟踪地理子午面运动的指向仪器。由于这类罗经工作时需要电驱动,也成为电罗经。

21世纪又发展了一种固态电子磁罗经,可给出船舶的数字航向,其功能已从单纯的航向指示变为一个航向传感器,与陀螺罗经一样可向雷达和自动舵等船舶设备提供磁罗经航向信息。与传统的磁罗经相比,固态电子磁罗经没有转动的机械部件,体积小、重量轻、指向精度高、价格低,能更好适应船舶自动化和智能化的要求。

20世纪60年代初,上海航海仪器厂试产航海-Ⅰ型陀螺罗经,自20世纪70年代起自行设计制造。1978年,上海船舶运输科学研究所承担交通部陀螺罗经重点项目,研制出小型轻便的CLP-1型陀螺罗经。同年11月,交通部在江苏省太仓县召开CLP-1型陀螺罗经技术鉴定会,通过了该项成果的技术鉴定,并同意小批量投入生产。CLP-1型陀螺罗经采用了静止型电源和航向信号数字化等先进技术,工作稳定可靠,接近国际先进水平。当时国产陀螺罗经的品种还有航海-D型、航海-01型、LH-3型和JYJD型。随着集成电路的应用，船舶导航仪器逐步发生变化。1980—1990年间，陀螺罗经已有部分采用集成元件作伺服放大电路，设备发展趋于小型化、可靠性好、寿命长和使用简单。

第三节　独特的海上计程技术

一、计程相关概念

(一) 计程单位——海里

"海里"传统上定义为子午线1角分的长度(子午线是地球表面连接南北两极的大圆线上的半圆弧，等于180度。1度等于60角分。故1海里的长度是子午线长度除以180再除以60)。由于地球并非标准球体，1度的距离并不完全相当，因此海里的长度理论上并不固定。

1929年在摩纳哥召开的国际水文地理学会议(International Extraordinary Hydrographic Conference)，定义1海里为1.852千米。在此之前，不同国家、地区对1海里的定义稍有不同，如英国在1970年前的1海里为6080英尺，相当于1853.184米，而美国以前1海里为6080.2英尺，相当于1853.249米。

1977年7月20日，中华人民共和国文字改革委员会、中华人民共和国国家标准计量局联合发布的《关于部分计量单位名称统一用字的通知》规定仅用"海里"，淘汰"浬"和"海浬"。《中华人民共和国法定计量单位》所用的海里符号是nmile。

(二) 速度单位——节

节(knot)以前是船员测船速的，每走1海里，船员就在放下的绳子上打一个结，以后就用节做船速的单位。1节=1海里/时，也就是每小时行驶1.852千米，是速度单位，海里是长度单位。陆上的车辆，以及江河船舶，其速度计量单位多用千米/时，而海船(包括军舰)和空中的飞机的速度单位却称作"节"。

早在16世纪，海上航行已相当发达，但当时一无时钟，二无航程记录仪，所以难以确切判定船的航行速度。然而，有一位聪明的水手想出一个妙法，他在船航行时向海面抛出拖有绳索的浮体，再根据一定时间里拉出的绳索长度来计船速。那时候，计时使用的还是流沙计时器。为了较准确地计算船速，有时放出的绳索很长，便在绳索上等距离打了许多结，如此整根计速绳上又分成若干节，只要测出相同的单位时间里，绳索被拉曳的节数，自然也就测得了相应的航速。于是，"节"成了海船速度的计量单位。相应地，海水流速、海上风速、鱼雷等水中兵器的速度计量单位，国际上也通用"节"。现代海船的测速仪已非常先进，有的随时可以数字显示,"抛绳计节"早已成为历史,但"节"作为海船航速单位仍被沿用。

航海上计量短距离的单位是"链",1 链等于 1/10 海里。此外,舰船上锚链分段制造和使用标志长度单位也用"节"。通常规定锚链长度 27.5 米为 1 节;中国舰艇的使用标志以 20 米为 1 节。

二、古代计程设备

船舶在航行中,驾驶员不仅要确定船舶所在的位置,还需要清晰地了解船舶在海上运动的连续轨迹,并且以此推算出船舶在继续航行的前方是否存在航海危险,这就是航迹推算或推位导航。在推算航迹过程中,一项必备的要素就是要知道自上次确定的位置起所经历的航行时间,使用所经历的时间、船舶航行的速度和航向,估算当前时刻船舶在海上的位置。这种确定船舶位置的方法在没有参照物的茫茫大海上极为重要。因此,航海需要准确的计时设备。

古代通过计算时间的方法估算航程,以确定船所在的位置,计时单位为"更"。最早"更"仅是一夜中的计时单位,一夜分为五更。《左传·昭公五年》①中有一天"十时"之说,进而成为一天分为十分制的计时单位。清初梅文鼎②说,舟师计时"不分昼夜,夜五更,昼五更,合一十二辰为十更",并加按语说,按此十更记程,而百刻之分,不论冬夏长短,与记里鼓之意略同。但海上环境瞬息万变,同样的速度不可能达到相同的航程。为求得协调,我国的舟师发明了"校更"的办法,以协调时间与里程的关系。明朝的《顺风相送》③中记载:"凡行船先看风汛急慢,流水顺逆。可明其法,则将片柴从船头去下与人齐到船尾,可准更数。"《指南正法》④中也有相似的记载。

中国古代一般是采用焚烧更香或观测太阳、月亮的方法来估算时间的。1974 年,在泉州后渚发掘的宋朝海船上出土了一个沉碗型水时计。在船第十三舱出土 1 颗完整的椰子壳,椰子壳顶部开一小孔,直径约 4.7 厘米。这个小孔之下,约 2.8 厘米处,又有一小孔,直径仅 0.8 厘米,高度为 10.5 厘米。椰子壳腹部外面直径约为 16.5 厘米,内面直径约 15.6 厘米。使用时,将椰子壳放在一只

① 《左传》,相传为左丘明著,是中国古代一部叙事完备的编年体史书,更是先秦散文著作的代表。作品原名为《左氏春秋》,汉朝改称《春秋左氏传》《春秋内传》《左氏》,汉朝以后多称《左传》,是儒家重要经典之一,与《公羊传》《谷梁传》合称"春秋三传",在史学中的地位被评论为继《尚书》与《春秋》之后,开《史记》《汉书》之先河的重要作品。

② 梅文鼎,1633—1721 年,字定九,号勿庵,汉族,宣州(今安徽省宣城市宣州区)人,清初天文学家、数学家,为清代"历算第一名家"和"开山之祖",被世界科技史界誉为与英国牛顿和日本关孝和齐名的"三大世界科学巨擘"。

③ 《顺风相送》,一部航海科普类的手抄孤本书,记载中国人航海线路及沿途山川地形的史地类书籍,成书于明朝中后期的 16 世纪晚期,据说是郑和下西洋的水师所著,其后广为航海商旅手抄备用,手抄孤本珍藏于英国牛津大学博德利图书馆。

④ 《指南正法》,成书于明末清初,内容与《顺风相送》相似,手抄孤本珍藏于英国牛津大学博德利图书馆。

盛水桶内。椰子壳的面上，有一小孔，所以放于水桶浮着时，有细丝一般的水，注入椰子壳里面。小孔的大小和椰子壳的容量有一定的配置，使椰子壳在一小时末尾，猝然下沉。一天24小时，下沉24次，每小时误差不到一分钟。椰子壳另开一孔，相当于增大其容量，要1.5小时才下沉，一天24小时下沉16次。除椰子壳外，宋船中还发现另一种沉碗型水时计——铜钵（盆），其每半小时沉一次。清朝施鸿保[①]在《闽杂记》[②]中写到一种"更漏筒"，其做法是以两个同样大小的瓷器（如酒壶状）或竹筒，一个装沙，悬在上面，一个对口放置下面。沙从筒眼中漏出，漏到下一筒，漏尽一筒为"一更"，再上下对换。以此计时，并计算行程。

　　沙漏（见图3-16）原是西方航海者惯用的海上计时仪。明朝万历年间（1573—1620年）意大利传教士利玛窦[③]来中国传教，在其贡物中即有沙刻漏两具。关于玻璃沙漏，清康熙五十八年（1719年）徐葆光[④]在《中山传信录》[⑤]中介绍："今西洋舶用玻璃漏定更，简而易晓。细口大腹玻璃瓶两枚，一枚盛沙满之，两口上下对合，通一线以过沙，悬针盘上，沙过尽为一漏，即倒转悬之，计一昼夜约二十四漏。"据此记载，中国海船当时似尚未使用沙漏，但应可推测，最晚到了雍正初期，中国海员已开始使用沙漏了，因为雍正八年（1730年），陈伦炯[⑥]在其《海国闻见录》[⑦]的《南洋记》中提道："中国用罗经、刻漏沙，以风大小顺逆较更准确，每更约水程六十里。"

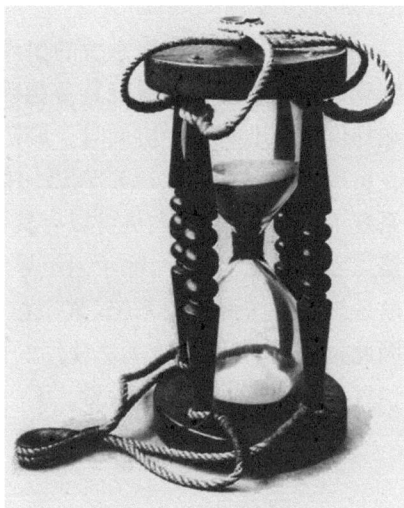

图3-16　航海沙漏

①　施鸿保，? —1871年，浙江钱塘人，字可斋，嘉庆廿五年（1820年），林则徐任杭嘉道观察，命为"童生第一"，赐对联"是故君子诚之为贵，夫惟大雅卓尔不群"。
②　《闽杂记》，定稿于咸丰八年（1858年），记录清朝福建（福州为主）丰富的风俗民情和稗官野史的相关文字资料。
③　利玛窦（Matteo Ricci），1552—1610年，字西泰，意大利人，天主教耶稣会传教士、学者。明万历十年（1582年）被派往中国传教，直至1610年在北京逝世，在华传教28年，是天主教在中国传教的最早传教士之一。
④　徐葆光，1671—1740年，榜姓潘，字亮直，号澄斋，江南苏州府长洲（今江苏吴县）人，清康熙五十一年（1712年）壬辰科探花。
⑤　《中山传信录》，琉球国史书，共六卷，附《中山赠送诗文》一卷。
⑥　陈伦炯，1687—1751年，字次安，号资斋，福建同安县安仁里高浦村（今属厦门集美区杏林街道）人，少从其父出入东西洋风涛之中，熟知海上形势，乾隆七年（1742年）升浙江宁波水师提督。
⑦　《海国闻见录》，清朝陈伦炯作于雍正八年（1730年），是中外海洋文化史上影响甚远的一部综合性海洋地理名著，收入四库全书。该书分上下二卷，上卷记8篇，包括天下沿海形势录、东洋记、东南洋记、南洋记、小西洋记、大西洋记、昆仑记、南澳气记；下卷地图6幅，包括四海总图、沿海全图、台湾图、台湾后山图、澎湖图、琼州图。

三、现代计时设备

随着导航定位技术的发展,现代船舶获取准确时间的手段简单多样。最为基本的设备为船舶天文钟。天文钟是一艘船舶上记录时间的基本设备,天文钟的时间由专门人员维护。在海上,维护人员需每天通过收听位于全球各地不同天文台的授时信号对天文钟加以校正,保证时间与世界协调时的精确同步。这一工作特别重要,这是因为,在船舶测量天体如太阳方位和高度时,需要使用测量时刻的时间作为索引,在天文历中查找太阳等天体在天球上的位置,以此为参考,确定测量方位或计算本船的位置。因此,天文钟的时间精度对船舶定位精度的影响很大。

随着现代卫星导航系统的出现,船舶获取精准时间的方式发生了革命性的变化。现代卫星导航系统具备精确定位、测速、测向和授时功能,可以即时为船舶提供高精度的世界协调时。最初的现代航海高度依靠 GPS 作为导航设备,现在出现了俄罗斯的 GLONASS、中国北斗系统、欧洲伽利略系统,使得当某一套系统不可用时,航海人员可以有其他的选择,大大提升了船舶获取时间和位置的能力和可靠性。另外,除了卫星导航系统外,也有国家在积极发展地基定位和导航系统——增强罗兰系统,其定位精度在 10~20 米范围,同时具备授时功能。因此,在卫星导航系统无法使用的情况下,船舶依然可以使用地基导航系统获取位置和时间等重要导航参量。

四、船用计程设备

(一) 计程仪简介

计程仪是用于测量航程的仪器,可测量船舶航速、累计航程,与罗经同为航迹推算的基本仪器,在海图上作业就是根据计程仪读数在航线上量取航行距离。

航海计程古代使用流木法。我国三国时代东吴万震①的《南州异物志》②记载:在船头把木块投入海中,然后向船尾跑去,其速度要与木块同时从船头到达船尾,以测算航速和航程。16 世纪初荷兰的流木法是用计量流木通过一个船长的时间来核算航速和航程。稍后,在一个较长的时期内使用沙漏计程法。此法是利用一个 14 秒或 28 秒的沙漏计计时,另以木板一块连接一根绳索,在绳索上等距打结,两结之间称为一节。如用 14 秒沙漏计,两结之间距离为 23 英尺 7.5 英寸。观测每 14 秒内放出的节数,即表示船舶每小时航行的海里数。因此,至今船舶航速单位仍称为节(1 节=1 海里/时)。

---

① 万震,三国地理学家,官至丹阳太守。
② 《南州异物志》,岭南最早的珍稀的广东史料,原著已经散佚,但多见各种史籍征引,清朝有辑本。

19 世纪出现近代计程仪,后来得到广泛使用的有梅西式和沃克式拖曳计程仪。20 世纪 30 年代出现萨尔式水压计程仪和契尔尼克夫式转轮计程仪,20 世纪 50 年代出现电磁计程仪。以上各种计程仪均为测量船舶相对于水的航速和航程,只有根据水的流速和流向加以修正,方能求得船舶相对于水底的航速和航程。20 世纪 50 年代出现的多普勒计程仪和 70 年代制成的声相关计程仪,在一定水深内可以直接测量船舶相对于水底的航速和航程,使计程仪发展到一个新的水平。

(二) 计程仪种类

1. 拖曳计程仪

拖曳计程仪是利用相对于船舶航行的水流,使船尾拖带的转子做旋转运动,通过计程仪绳、连接锤、平衡轮,在指示器上显示船舶累计航程。这种计程仪线性差、高速误差大、受风流影响大、操作不便但性能可靠,有的船舶将其作为备用计程仪。

2. 转轮计程仪

转轮计程仪是利用相对于船舶航行的水流,推动转轮旋转,产生电脉冲或机械断续信号,经电子线路处理后,由指示器给出航速和航程。这种计程仪线性好,低速灵敏度较高,但机械部分容易磨损,除小船应用外,已逐渐被淘汰。

3. 水压计程仪

水压计程仪是利用相对于船舶航行水流的动压力,作用于压力传导室的隔膜上,转换为机械力,借助于补偿测量装置,将机械力转换为速度量,再通过速度解算装置给出航程。这种计程仪工作性能较可靠,但线性差,低速误差大,不能测后退速度,机械结构复杂,使用不便,渐被淘汰。

4. 电磁计程仪

电磁计程仪是通过水流(相当于导体)切割装在船底的电磁传感器的磁场,将船舶航行相对于水的运动速度转换为感应电势,再转换为航速和航程。其优点是线性好,灵敏度较高,可测后退速度,目前使用较为广泛。

5. 多普勒计程仪

多普勒计程仪利用发射的声波和接收的水底反射波之间的多普勒频移测量船舶相对于水底的航速和累计航程。这种计程仪准确性好,灵敏度高,可测纵向和横向速度[7]。多普勒计程仪主要用于巨型船舶在狭水道航行、进出港、靠离码头时提供船舶纵向和横向运动的精确数据,目前在船舶上使用最为广泛。多普勒计程仪受作用深度限制,超过数百米时,只能利用水层中的水团质点作反射层,变成对水计程仪。

6. 声相关计程仪

声相关计程仪是利用声相关原理测量来自水底同一散射源的回声信息到达

两接收器的时移,以解算得相对于水底的航速和航程。这种计程仪可测后退速度,兼用于测深。水深超过数百米时也变成相对于水的计程仪。

(三) 我国计程设备的研制

20 世纪 50 年代末,上海航海仪器厂开始研制水压式、水银水压式和拖曳式计程仪。20 世纪 70 年代初,上海船舶运输科学研究所研制成功我国首台 CDJ - 1 型电磁计程仪和平面传感器。其后不久,国内生产的电磁计程仪和多普勒计程仪品种有 14 种以上,并开始进一步研制声相计程仪。1982 年,上海船舶运输科学研究所研制的 CDJ - 5 型电磁计程仪曾获得当年交通部科技研究成果的表彰。

第四节　神秘的海上测深技术

一、海上深度单位

我国古代的深度单位是"托"。"托"是方言,是指人两手臂张开的长度,现在有的地方日常生活中仍有使用。

我国清朝末期出版的海图,水深除了以托为单位外,有的是以丈、尺为单位的。这里的丈、尺都是旧制,1 尺为 0.32 米,1 丈为 3.2 米。

国民政府时期及解放初期,我国出版的海图还曾采用过英制水深单位"拓"及"呎",其英文原文是"fathom"和"foot",译成汉字是"英寻"①和"英尺",在海图及航海资料上译成"拓",这可能是沿用我国古代水深单位"托"之音而又加以区别而形成的。按照我国 1977 年的规定,"英寻""英尺"是正确的用字,其他用字废除。

英制与公制的换算关系:1 英寸为 6 英尺合 1.829 米;1 英尺等于 0.305米。1950 年以后我国出版的海图水深单位一般都采用公制(米)。国际上海图的水深单位主要有公制和英制两种,近年来采用英制(英寻、英尺)的国家也都逐渐改用公制(米)。米是国际通用的基本长度单位,按照国际规定,一米是地球子午线长度的四千万分之一。

二、古代测深技术

古代中国的航海者已经掌握了深水测量技术,可以测水深七十丈以上。测深方法主要有两种,一种是下钩测深,一种是"以绳结铁"测深,即重锤测深。测深所用的设备不但可以测量水的深度,而且可以从深海捞起的泥沙中测知海底

---

①　1 英寻＝6 英尺≈1.829 米。

的情况,以确定船舶所处场所能否下碇停泊,并辨别船舶所处的海域。

测深主要是要防止船舶搁浅,徐兢在其《宣和奉使高丽图经》中认为:"海行不畏深惟惧浅搁,以舟不平,若落潮,则倾覆不可救,故常以绳垂铅以试之。"他在描述宋船经过黄河入海口附近浅滩时写道:"舟人每以过沙尾为难,当数用铅锤,测其深浅。"即船在航行中,随时用重铅锤,系上长绳,坠入海底,探测水位深度。若深度不足,就须防止搁浅。量其入水部分的长绳,按操作习惯,一般由舵工横伸两臂量之,每横伸两臂其长度略近 5 尺,所以称 5 尺为 1 托(亦称水托)。图 3-17 为测量水深所用的水砣绳。

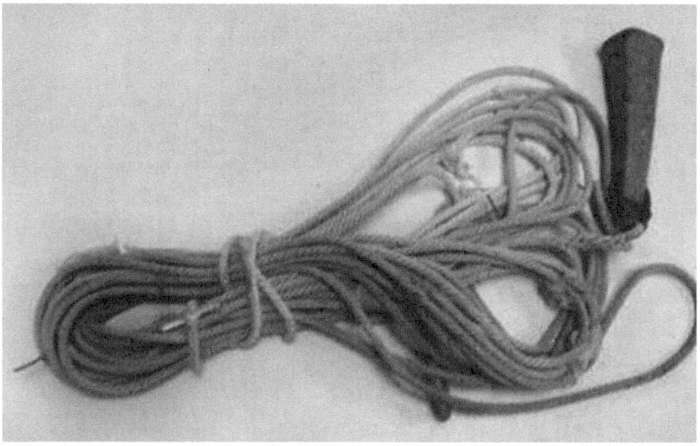

图 3-17 水砣绳

重锤测深法较早见于宋神宗元丰(1078—1085 年)时做过主客郎中的庞元英[1]所著《文昌杂录》[2]。其中有这样一段记载:"鸿胪陈大卿言:昔使高丽,行大海中,水深碧色,常以镴(锡和铅的合金)碢长绳沉水中为候,深及三十托已上,舟方可行。"

测水深浅,除用铅锤外,还有用竹篙的记载。如元朝海船由黑水洋驶入浙江沿岸的白水洋后,由于该处水浅礁险,因此在航行中边测深边前进。《海道经》中记载:"点竿累戳二丈,渐渐减作一丈五尺,水下有乱泥一二尺深,便是长滩,渐渐挑西,收洪""如水竿戳着硬沙,不是长沙地面,即便复回,望大东行驶。"

在古代,测深还可以协助船舶辨别其所处的位置。如船在航途中,遇风或晦明不辨所处时,舟师则以 10 丈长的绳钩,取海底泥沙来判断本船所在位置,或附近有无港口。如《萍洲可谈》中提道:"或以十丈绳钩取海底泥嗅之。"这是中国古

---

① 庞元英,北宋单州成武(今属山东菏泽市成武县)人,字懋(mào)贤,庞籍之子,欧阳修次女婿。至和二年(1055 年)赐同进士出身,为光禄寺丞。

② 《文昌杂录》,北宋庞元英撰,六卷,补遗一卷,所记多一时闻见、朝章典故,其中于朝廷礼仪、百官除拜,尤为详悉,为考宋代典制者所依据。

代重锤测深法的另一重要用途,即铅锤或铅硬、掏、鈎(táo)、绳砣底涂以腊油或牛油,可以黏着海底的沙泥探知其土色。因海洋各处的底质是不同的,而不同的底质则可区别不同的海区,从而认定船舶之所在,以指导航线。同时了解底质还可知道能否放碇(抛锚)停泊。如《梦粱录》中记载:"凡测水之时,必视其底,知是何等泥沙,所以知近山有港。"从这些文献的记载中也可以看出重锤测深法在探知海下地貌时的重要作用。

三、现代测深技术

随着技术的进步,海上测深出现了专用的设备,回声测深仪、声呐等设备逐渐应用于海上,大大提高了测深的方便性和准确性。

(一) 回声测深仪

回声测深仪是最早使用于船上的水下声学仪器,它利用声波反射的信息测量水深。其工作原理是利用换能器在水中发出声波,当声波遇到障碍物而反射回换能器时,根据声波往返的时间和所测水域中声波传播的速度,就可以求得障碍物与换能器之间的距离。

在陌生水域或浅水航行时,回声测深仪可用于导航,以确保船舶航行。在航道及港口测量方面,它可提供准确可靠的水深资料。

回声测深仪的发明为广大海洋工作者提供了一个强有力的水深测量手段,由于它可以在船舶航行时快速而准确地测得水深的连续数据,所以很快便成为水深测量的主要仪器,已广泛应用于航道勘测、水底地形调查、海道测量、船舶导航定位等方面。

对大洋地形地貌的全部了解和认识是回声测深仪的另一个重要功劳。过去人们根据数量很少的一些海上锤测资料,曾经认为世界大洋底是一片平坦的大地,回声测深仪的出现才使人们眼界大开。因为测量结果显示,洋底和陆地一样崎岖不平,既有崇山峻岭,也有深沟峡谷;既有恢宏高原,起伏的丘陵,也有辽阔的平原、阶地,形态万千,蔚为壮观。

(二) 我国测深设备的研制

1955 年,上海航海仪器厂生产了 753 型超声波测深仪。国内其他一些部门也进行了测深仪的研制和生产,使得装备到船舶的测深仪已有十多个品种。20世纪 70 年代末,国内研制的测深仪开始采用集成元件,并逐步发展到采用数字显示水深的测深仪,这种测深仪有标准化数字输入\输出接口,并且具有报警等功能。设备的可靠性高、准确度好,使用也方便。

第五节　准确的目标识别技术

一、古代船舶识别技术

船舶识别技术主要解决船舶的身份辨认、船舶航行状态确认以及船舶存在的警示作用。在无线电技术出现之前，船舶识别的主要方式包括视觉识别和听觉识别。视觉识别所用的设备包括信号旗、烟火号、号灯、号型设备等；听觉识别主要使用号钟、号锣、雾炮等发声设备传递信息。这两类船舶识别方式共同的特点是信息传递需遵循共同的规则，信息传递的距离受视觉和听觉距离限制。这类识别技术详见通信技术章节。

二、现代船舶识别技术

（一）航海雷达

雷达是英文 radio detection and ranging 缩写 RADAR 的音译，意为无线电探测与测距，雷达的功能是测量周围物标的距离和方位。雷达被人们誉为"千里眼"，是 20 世纪人类在电子工程领域的一项重大发明。雷达发明于第二次世界大战前夕，借助战争，雷达技术得到了迅速发展。第二次世界大战末期研制成功的圆周扫描雷达，可以显示目标本身和周围区域的完整图像。第二次世界大战期间，雷达主要采用 10 厘米波段，后来发展到 3 厘米波段，战后采用的波段逐渐缩小，最短已至 8 毫米。通过不断减小雷达的工作波长，改进雷达天线结构，使雷达发射波束更细，提高了圆周扫描雷达的分辨力和精度。

第二次世界大战之后，雷达技术在多个领域转为民用，应用于船舶导航的雷达称为船舶导航雷达亦称民用航海雷达，也称为航海雷达或船用雷达。雷达应用于船上，由于具有操作简单、受能见度影响小、探测距离远和测量精度高等优点，立即成了驾驶员赖以瞭望、观测、定位、导航和避碰的重要航海仪器，称为"船长的眼睛"。

（二）船舶自动识别系统

船舶自动识别系统（AIS）是工作于无线电甚高频（VHF）频段的一种船舶数字通信系统。航海上设置 AIS 的目的是自动船舶识别、协助目标跟踪、减少话音报告、简化信息交换并提供附加信息，以帮助了解船舶交通状况。

装载在船舶上的 AIS 设备可自动提供本船和获取他船的静态信息、动态信息和与航行相关的信息。从技术角度讲，AIS 系统是一种通信系统；从功能角度讲，是一种新型的助航系统；从使用角度讲，是一种船舶交通安全信息服务系统。

除了用于船舶之间避碰以外,它还能为船岸之间搭建一个信息交互的平台。设置在岸基的 AIS 设备,可自动接收船舶信息,经分析处理,为船舶提供辅助决策信息,为船舶交通管理和搜寻救助提供帮助。

第六节　畅通的水上通信技术

一、传统航海通信方式

在无线电通信技术出现之前,船舶使用原始的声响和灯光等视觉和听觉信号传递和交换信息。这种通信方式是在人的视觉、听觉范围内进行的,通信距离近,传输信息有限。

视觉声响通信是一种古老的通信方式。视觉声响通信的信号可以采用烟火、灯光、旗帜、锣鼓、号型等方式,其主要特点是简单、快速、明确、不受语言障碍的限制。由于视觉声响信号的通信距离近,不能传达比较复杂的信息,并且受气象等条件的限制,所以在船舶通信中的使用受到很大限制。

古代视觉声响信号一般用于同一船队船舶之间的联系或作为船舶的信号,如郑和航海船队之间的通信联系。视声响信号还可用于船舶航行避碰,如在公元前几个世纪以前就形成的包含解决碰撞损害纠纷的规定中就有:"如果是在夜间,则锚泊或松帆的船舶必须点火以示警告;如果它无法点火,则应大声喊叫。"

船舶视觉通信主要是展示事先约定的、具有特定含义的视觉媒介,向信息接收方传递信息。灯光通信是灯光通信器材以各种不同长短闪光表示字母、数字、勤务符号来进行通信。其中莫尔斯码常被灯光设备用来传递特定的信息。

手旗通信是用两面手旗以各种不同角度、部位表示字母和符号进行通信。旗号通信是以各种不同式样和颜色的挂旗表示字母、数字和某种特定意义的通信,如图 3 – 18 所示。烟火通信是用燃烧发光或发烟进行通信联络。形体通信以圆形、锥形、圆桶、布板、旗子等表示特殊意义的信号进行通信。声响通信主要使用发声设备,在特定的场合或条件下,向周围发射信号的方式。

二、现代航海通信技术

19 世纪中后期,有线电报通信这种新的通信手段已成为世界的重要信息传输工具,在欧美国家的政治、军事、经济中发挥着重要作用。这一发展现实很快被清政府中的洋务派接受。自建电报线路、争取通信经营主权成为当时通信发展的首要任务。

1870 年,英国的海底电缆即将铺设至中国香港,因此在中国近海铺设通线,

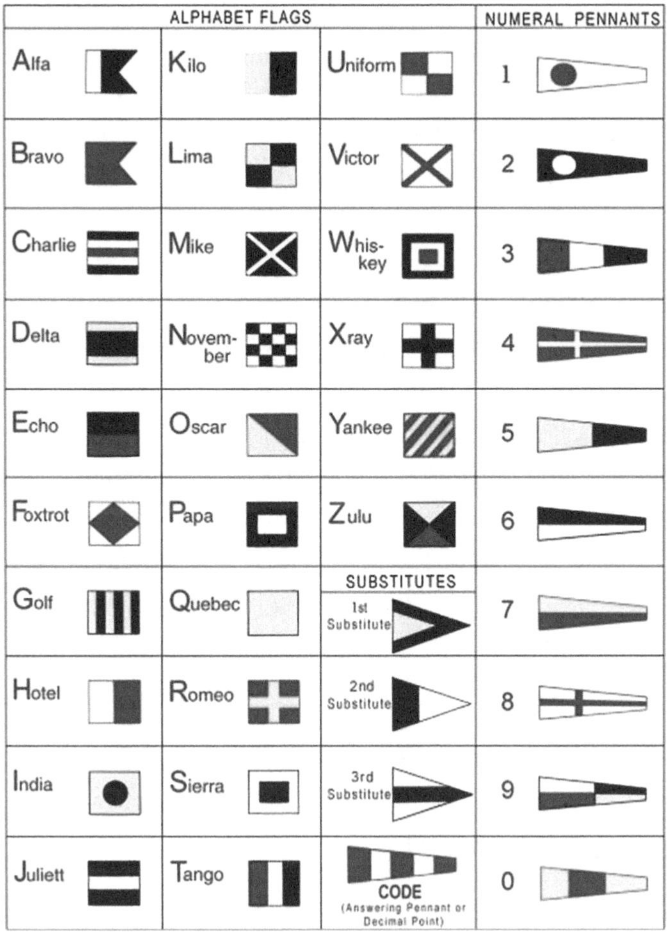

ALPHABET FLAGS | NUMERAL PENNANTS

Alfa	Kilo	Uniform	1
Bravo	Lima	Victor	2
Charlie	Mike	Whiskey	3
Delta	November	Xray	4
Echo	Oscar	Yankee	5
Foxtrot	Papa	Zulu	6
Golf	Quebec	SUBSTITUTES 1st Substitute	7
Hotel	Romeo	2nd Substitute	8
India	Sierra	3rd Substitute	9
Juliett	Tango	CODE (Answering Pennant or Decimal Point)	0

图 3-18 现代国际船舶所使用的信号旗

经由广州、汕头、厦门、福州、宁波各口通至上海的建议被提出。1871年8月,由于海底电缆的完工,在上海北可经日本长崎至符拉迪沃斯托克(海参崴)与俄国通报,南可经中国香港与欧美通报。其后,上海租界内的陆线也相继兴建。上海工部局、公董局与各巡捕房、救火会、自来水塔之间以及大企业内部也都纷纷设立了专用电报线,并通过口岸码头与水线相通。

19世纪70年代的海疆危机使清政府充分认识到迅速信息传递的重要性。从维护国家主权这一角度出发,越来越多的人开始赞成架设电线创办电报,这不仅可以维护国家主权,而且还可以作为"国富"的基础。

同治十三年十一月初二日(1874年12月10日),直隶总督李鸿章在《筹议海防折》中已提到电报的作用,他说:"轮船电报之速,瞬息千里。"沈葆桢在巡台时就主张"欲消息畅通,断不可无电线"。当时英国人在闽江口已设有大东电报公司,丹麦人在福州马尾川石岛上也设立了大北电线公司。因此,自办电报在当时成了当务之急。

如果说 19 世纪 70 年代电报技术在中国的传播与应用只是处于初始阶段的话,那么 19 世纪 80 年代则是蓬勃发展时期。以 1880 年轮船招商局领导者郑观应[①]和盛宣怀[②]先后参与策划创办的中国第一家电报局——天津电报总局设立为起点,中国的通信事业进入了一个新的历史发展阶段。

1963 年 5 月,周恩来总理通过电台对我国第一艘万吨轮"跃进"号的遇险搜救工作做出指示。"跃进"号是我国第一艘国产的远洋货轮。根据中日民间贸易的规定,"跃进"号装载着玉米近万吨、矿产品和其他杂货 3 600 多吨,于 1963 年 4 月 30 日 15 时 58 分从青岛港外锚地启航,首航日本的门司和名古屋西港,开辟中日航线。1963 年 5 月 1 日,我国第一艘远洋货轮"跃进"号在前往日本的途中沉没。当日下午两点许,周恩来总理接交通部报告,"跃进"号于下午 1 点 55 分发出的"我轮受击,损伤严重"的求救紧急密电。而这份密电正是上海海岸电台电报员张吉发在 500 千赫兹上抄收的。在接下来的遇险通信中,电台报务员认真守听,翔实记录,及时汇报,为开展救助和分析事故原因提供了有价值的第一手资料。

第七节　复杂的船舶操纵技术

一、先秦大型船舶操驾方法

春秋战国时期,随着社会生产力的发展以及造船水平的提高,我国古代的航海事业逐渐形成,远洋探险及贸易活动也比此前更为频繁。海员在角色固化的基础上逐渐有了职务分工,海员技术职务名称开始出现。

春秋战国时期造船水平极大提高,表现在以下几点:一是造船规模扩大,船舶数量激增;二是船舶类型各异,用途不一;三是工艺先进,结构坚固;四是载重量增加,船体趋于大型化。

船舶数量的增加需要大批操驾人员。这一时期,地处长江中下游的吴国和

---

① 郑观应,1842—1922 年,本名官应,字正翔,号陶斋,别号杞忧生,晚年自号罗浮偫鹤山人,广东省广州府香山县(今广东省中山市)三乡镇雍陌村人,中国近代最早具有完整维新思想体系的理论家、启蒙思想家,也是实业家、教育家、文学家、慈善家和热忱的爱国者,与和唐廷枢、徐润、席正甫并称为晚清"四大买办"。

② 盛宣怀,1844—1916 年,字杏荪,又字幼勖、荇生、杏生、号次沂、又号补楼、别署愚斋,晚年自号止叟,汉族,江苏省常州府武进县(今常州市)人,官办商人、买办,洋务派代表人物,著名的政治家、企业家和慈善家,创办了许多开时代先河的事业,涉及轮船、电报、铁路、钢铁、银行、纺织、教育诸多领域,影响巨大,中外著名,被誉为"中国实业之父""中国商父""中国高等教育之父"。

东南沿海的越国设置了专门的造船工场——船宫,表明船舶制造与驾驶开始角色分离。越国称造船工匠为"木客",称操船者为"船卒",由此出现了专门从事船舶驾驶的人员。而船舶种类的多样化和船体的大型化使操驾技术更趋复杂,协作要求更高,分工更细。

据《太平御览》①引《越绝书》载,春秋时期吴国的战船有"三翼",其"大翼一艘,广丈六尺,长十二丈",可"容战士二十六人,棹(zhào)五十人,舳(zhú)舻三人,操长钩矛斧者四,吏、仆、射、长各一人,凡九十一人"。"棹"为桨手,"舳舻"为船首尾的驾驶人员,"操长钩矛斧者"负责控制与他船的距离。这样算来,在一艘以作战为目的"大翼"战船上,专门负责操驾的士卒就有 57 人,几近全船人员的三分之二。"大翼"战船应该是这样在水上行进的:船首船尾 3 人负责指挥,以控制航向和航速;50 个桨手分列船侧奋力划桨,为战船提供推进力;首、尾、两侧各一人持长钩、矛、斧等,根据需要在两船距离过近或过远时用钩、推等手段进行控制。在复杂的水文状况下和激烈的水战中,这几十人必须协调一致才能使如此大型船舶正常行进,对操驾技术要求很高。吴国还有一种战船名曰"馀艎",作为旗舰专供吴王乘坐,体势更加硕大,操驾更为繁难,"棹手"与"舳舻"等分工也更为细致。"棹手"与"舳舻"为我国古代船员技术职务名称最早的明确描述,表明当时的船员已有明确的技术分工。

二、秦汉时期船舶操纵方法

秦汉时期,由于航海事业大发展的需要,造船业空前兴盛,出现了很多造船中心,造船水平明显提高。汉武帝时,"治楼船,高十余丈,旗帜加其上,甚壮"。另有记载,汉武帝"作豫章大船,可载万人,船上起宫室"。虽不足完全凭信,但也足见汉船体势之大。这样的大船,需要众多的船员一起操驾才能行进。汉船的另一个特点是操纵与推进设备齐备,操纵方法更加复杂,因而船员分工进一步明确。

(一)划桨

桨是最原始、最古老的船舶推进设备,随着船舶形制的发展而变化,形态也不断改进和变化。最早的桨为短桨,即"楫"。由于短桨入水较浅,难以产生足够的推进力,人们就不断地将之加长加宽,使短桨变为长桨,而划桨的姿势也由坐姿变成站姿。由于长桨较短桨重,提在手里不方便,于是又在船舷设置了桨柄孔

---

① 《太平御览》,宋朝著名的类书,由李昉、李穆、徐铉等学者奉敕编纂。该书编写始于北宋太平兴国二年(977 年)三月,成书于太平兴国八年(983 年)十月。全书以天、地、人、事、物为序,分成五十五部,共引用古书一千多种,保存了大量宋朝以前的文献资料,但其中十之七八已经亡佚,更使本书显得弥足珍贵。

或支架作为支撑点,使长桨具备了杠杆的性质,划动时更加省力且高效。长桨可以推进大型船舶,在秦汉时期应用十分普遍,从出土的西汉船模可以看得很清楚。在出土江陵西汉船模的墓葬中,还发现了一些竹简,其中一片上有"大舟皆口二十三桨"的字句。一艘船桨手就有 20 余人,可见当时船员需求之盛。

(二)摇橹

橹是汉代船舶推进工具中的一项重大发明,比桨具有更高的效率。橹可以连续工作,避免了桨出水所做的虚功。东汉刘熙在《释名》中说:"在旁曰橹。橹,膂(lǚ)也。用膂力然后舟行。"橹和长桨都须有一个支点,但使用上却不同。用桨时要"划",用橹时要"摇"。这是因为两者的力学原理不同,操作手法大相径庭,所谓"纵曰橹,横曰棹"。摇橹比划桨提高功效的同时,还能控制船舶驶向。从文献记载可以推断,橹在秦汉以前就已出现,至汉代,摇橹更成为一种成熟且普遍运用的驾船术。

(三)驶帆

中国最古老的风帆始于殷商时期,经过春秋战国时期的发展演进,到秦汉时期已经十分成熟。可以想见,秦皇汉武的海上巡游、徐福东渡日本以及海上丝绸之路的开辟,如果不利用风帆获取巨大的自然界动力是不可能完成的。《释名》对"帆"做了定义:"帆,泛也。随风张幔曰帆,使舟疾,泛泛然也。"有学者明确指出:"最晚从汉代起,在中国就有相当成熟的驶帆技术,从而使中国的帆船能够跨越海洋,领先于全世界。"风帆操纵技术复杂,需要专人负责。

(四)操舵

舵是控制和操纵航向的属具。在小船阶段,划桨手可以同时较为轻易地控制航向。但发展到多桨的大船阶段,众多桨手兼顾控制方向需协调完成,促使船舶推进和掌握航向出现分工,尤其是位于船尾专事操纵航向的桨手。长沙、广州和湖北江陵出土的 3 艘汉朝船模,船尾都设有一名桨手,其作用就是控制和操纵船的航向。这种设于船尾用以控制航向的桨通常称为操纵桨。操纵桨不断演化,增加桨叶的面积便于控制航向,又逐渐产生了船尾舵。《释名》中对舵的位置和作用做了明确的说明:"其尾曰柂。柂,拖也,在后见拖曳也。且言弼正船使顺流不使他戾(lì)也。"舵手职责重大,往往在舟师的指示下工作。

(五)用锚

船有行即有止,止则需用锚具。最早的锚为石锚,称为碇,以藤索之类绑缚石块,利用石块重量驻泊船舶。秦汉时期,原始的石锚有所改进,木石锚在航海实践中逐渐产生。这种新型锚具以石块为锚体,缚以木棍为爪,入水后石块加速锚具沉底,木爪抓牢海底,能更好地稳住船舶。1976年广西贵县罗伯湾一号汉墓出土两件铜鼓,其中大鼓上有一船图纹饰,船下即有一长柄物体,头部菱形,首柄结合处有4根短棍状物并列两侧,向外张开,据专家考证为西汉初年的木石锚。此外,广州东汉陶船模船头下悬挂的也是木石锚,只是形制有所不同。这种木石锚在后世长期应用,直至明清。下锚与起锚技术要求较高,也是这一时期船员必须掌握的船艺。

(六) 季风航海技术的应用

汉代驶帆技术广泛应用于远洋航行,进而懂得利用随季节而变化的季风作为取之不尽用之不竭的动力。季风应季而至,风向亦应季而变,但又很恒定,对航海极为有利。西汉元鼎五年(公元前112年)和六年(公元前111年)武帝两次派兵远征闽粤,以及著名的汉使远航印度洋,据专家考证就是利用季风航海的例子。可以确信,至迟至西汉时期,中国人对西太平洋及北印度洋上的季风规律已有所掌握,并将之应用于航海活动了。季风又称为信风或舶棹风,到东汉年间已见诸文献记载。东汉应劭①在《风俗通义》②中说:"五月有落梅风,江淮以为信风。"后东汉崔实③在《农家谚》④中直接称之为"舶棹风",即为驱动船舶的定期横向风。这种简易、直接名称的出现,从一个侧面反映了季风航海术在当时普遍应用的事实。

三、宋元时期船舶操纵技术

宋元时期船舶体势高大,结构复杂,属具齐备,操驾时需要各类海员分工协作。经过在航海实践中的不断磨炼,宋元时期海员的驶帆、操舵、用锚等船艺技术已达到很高的水平。

(一) 驶帆技术

据载,这时期海员常"立竿以鸟羽候风所向,谓之五两"⑤。这种测定风向的仪器简易灵巧,稍有微风,即飘舞指向。在测得风向后,海员即可选用不同帆篷,施以不同的技巧驾驶之。如遇正顺风,"则张布弧(帆)五十幅",广采风力以进;

---

① 应劭,约153—196年,字仲瑗,汝南郡南顿县(今河南项城市南顿镇)人,东汉学者、法学家。
② 《风俗通义》,汉唐人多引作《风俗通》,原书三十卷,附录一卷,今仅存十卷,记录了大量的神话异闻,但作者加上了自己的评议,从而成为研究汉以前风俗和鬼神崇拜的重要文献。
③ 崔实,又名崔寔(shí),约103—约170年,字子真,小字元始,冀州安平县(今河北省安平县)人,东汉大臣、农学家、文学家,文学家崔骃的孙子,书法家崔瑗的儿子。
④ 《农家谚》,世界上最早的谚语集。
⑤ 出自徐兢的《宣和奉使高丽图经》卷34《客舟》。

若"稍偏,则用利篷,左右翼张,以便风势"。利篷是以竹子为横桁或斜桁,以箴席为帆面的纵帆,操纵灵便,故徐兢说:"大抵难得正风,故布帆之用,不若利篷翕张之能顺人意。"由于能巧驶利篷,因此,"风有八面,唯当头而不可行"。对于正顺风、后左侧风、后右侧风、左右横风、前左侧风和前右侧风等七面风,舟师都能取风以进。利用这一驶帆技术,即遇顶风,也仍能采用走"之"字形的航法驶向既定目标;此外,还有一种上宽下窄的三角帆——竹篷,行驶时悬挂在桅上,锚泊时则收寄于甲板。这些都表明,当时已能利用垂直空间的不同风力梯度,操纵不同的风帆来驱动船舶。

此外,使帆能因风浪态势及时调整各种风帆,确保航行安全。如北宋时徐兢在过半洋礁水域(今舟山群岛嵊泗海域)时写道:"是日午后,南风益急,加野狐驭。制帆之意以浪来迎角,恐不能胜其势,故加小帆于大帆之上,使之提契而行。"在元代海运中,也屡有类似记录。

(二) 操舵技术

中国在东汉时已经出现舵。1955 年,广州一座东汉墓中出土一艘陶船模型,船尾中央有一只拖舵,其特点是舵杆位置在舵面中部,舵面呈不规则的四方形,但还不能沿垂直的舵杆轴线转动,这是一种原始形态的舵。唐朝开元年间(713—741 年),郑虔[1]的一幅山水画中展现了转轴舵的形象,它的特点是舵柱垂直入水,舵叶面垂直于水面,可以绕轴转动,这才是真正意义上的船尾舵。这说明最晚到此时,或者在唐之前,中国已经出现舵叶面绕轴转动的船尾舵。

北宋时期,转轴舵得到普遍应用。张择端[2]《清明上河图》[3]中描绘的船舶尾部全部使用了转轴舵,并且已经发展成为平衡舵。平衡舵的特点是在舵杆朝向船头的方向上也有一部分舵叶,舵力的作用点离转动轴更近,从而使转舵时更为省力。中国古代还有一种开孔舵,其特点是舵面上有许多小孔,也可以起到转舵更省力的效果,并且由于水的表面张力作用,也不会对舵的性能造成影响。

中国古代的船尾舵安装在船尾封板上,因此称为尾板舵,大船的尾部还可以修建舵楼,专门用来操纵舵。西方的船尾舵安装在尾柱上,称为尾柱舵,从 13 世纪时开始使用,比中国晚 5 个世纪。船尾舵是中国古代造船技术的最重要发明

---

① 郑虔,691—759 年,字趋庭,又作若齐、弱齐、若斋,郑州荥泽县人,唐朝文学家、书法家、画家,其诗、书、画被唐玄宗称为"郑虔三绝",著有兵书《天宝军防录》、医书《胡本草》、杂录《荟萃》等。

② 张择端,约 1085—1145 年,字正道,汉族,琅琊东武(今山东诸城)人,居住于东京(今河南开封),北宋绘画大师,存世作品有《清明上河图》《金明池争标图》等,皆为我国古代的艺术珍品。

③ 《清明上河图》,北宋风俗画,中国十大传世名画之一,属国宝级文物,现藏于北京故宫博物院。图宽 24.8 厘米、长 528.7 厘米,绢本设色,以长卷形式,采用散点透视构图法,生动记录了中国 12 世纪北宋都城东京(又称汴京,今河南开封)的城市面貌和当时社会各阶层人民的生活状况,是北宋时期都城汴京当年繁荣的见证,也是北宋城市经济情况的写照。

之一,它的发展历程和技术形态表明了古代航海技术的高超成就,对世界造船业产生了重大影响。

(三)用锚技术

宋朝用锚,主要有三个作用。一是为了抛泊,固定船身,如在"船未入洋,近山抛泊"时,则"放矿(锚)著水底,如维缆之属,舟乃不还"。这里"近山抛泊"四字值得注意,它说明对于锚地的选择已颇为讲究。近山抛泊,一来既可避风,以防风涛不测,又可抓牢底质,免去走锚之虞。二来是为了镇浪,稳定船身。"若风涛紧急,则加游矿,其用如大矿"。这种游矿技术,即为当代漂锚镇浪法的先声,可增强船体在波浪中的阻尼效能,改善船体的摇摆性,有利于航行安全。

元朝航海者的用锚技术比宋朝又进了一步,这主要体现在:第一,能注意抛锚与风向的关系,如遇"急猝暴风,奔港滩不及之时",就必须先"急抢上风,多抛铁锚,牢系绳",然后再视船舶大小进而采取对策,"如重载船,则频频查看水仓,怕客人侵入,随处搭捻""如小船,再看风危如何,别寻泊处"。第二,能注意抛锚与水流的关系,如在"金山寺西首十余里,水紧不可抛锚",因为水流过紧,或则走锚或则断缆,都是很危险的。第三,能注意到抛锚与锚地底质的关系,如是"滩山一般"的大洪硬泥,则连铁质船锚也难以抛抓;如是"海中泥泞",底质较软,则"须抛木矿(锚)",以便增加附着抓力,稳住船身。

综上所述,宋元的航海技术是中国古代航海技术中最主要、最先进的部分,是古代航海者长期的航行实践、科学观察、经验积累和大胆创新的历史产物的代表,而且对此后的中外航海活动产生了深远的影响。

四、现代船舶操纵技术演变

随着船舶工业和科学技术的飞速发展,船舶越来越大型化、综合化。目前,世界上最大的集装箱船已达 24 000 多标准箱,总长 400 多米,宽 50 多米,最大的油船可达 50 多万吨。古代依靠人力或风力操纵船舶的方式已根本无法控制船舶的运动,只能依靠机械设备实现船舶的操纵。

船舶操纵人员是通过船舶操纵设备对船舶运动状态进行控制的。这些操纵设备主要包括舵、推进器和锚。改变或保持船舶的运动方向主要用舵来完成;变化船舶运动速度主要用推进器来完成;船舶锚设备主要用来锚泊,即运用锚和锚链的合抓力大于外力总和,使船舶不因外力作用而移动地安全停泊。当船舶在等候靠泊、潮水、引航员、检疫和锚地装卸作业及避风等,均需抛锚停泊。

(一)船舶推进——螺旋桨

螺旋桨船靠螺旋桨产生动力推动。螺旋桨又分定距桨和调距桨,其原理都是靠螺旋桨的旋转来使船舶获得一个反冲力。源动力可以是柴油机、汽轮机、燃气轮机、核动力，也可以是混合动力。螺旋桨只是船舶推进器的一种，此外还有喷水推进器、明轮等。

（二）船舶转向——舵

绝大多数船舶的转向运动是靠舵来完成的。舵是承受水动力产生转船力矩的构件，一般安装在船尾螺旋桨后部。螺旋桨旋转推进船舶前进，螺旋桨排出的快速水流作用在舵叶上，舵叶的转动就会产生转船力矩，从而使船舶改变运动方向。船舶操纵过程中，舵的作用主要包括小角度保持航向、中角度改变航向、大角度紧急避让。

在舵角一定的情况下，一般来说，船速越高，舵控制航向的能力越强。但一旦螺旋桨停止转动，流经舵叶的流速主要成为船速，在船速较低的情况下可能失去舵效，使船舶航向无法控制。在港内实际操纵中，驾引人员最关心的是船舶在低速状态下能否在有限的水域内有效地控制船舶方向，一旦船舶方向无法控制，受风流等环境因素的影响，船舶可能发生搁浅、碰撞等事故。为了能够在低速下更好地控制船舶，一般船舶会用侧推器或拖轮协助操纵船舶，也有一些船舶装有特种推进器，可以实现船舶低速或静止状态下原地掉头，可以有效地保证船舶操纵的安全。

拖轮协助船舶港内靠离泊是现今船舶操纵的一种通常做法，拖轮协助既能加快船舶靠离泊速度，更能保证船舶安全。对于大型船舶，世界绝大多数港口都要求有拖轮协助靠离泊，使用拖轮的数量视船舶大小、种类、天气状况、风流大小而定。

（三）船舶自泊——锚

锚泊作为一种停泊方式是每位船舶驾驶员必须掌握的操船基本功，一旦操纵不当会出现断链、丢锚、损坏锚机，甚至走锚、搁浅、碰撞浮筒或碰撞其他船舶等事故。正确选择锚位、接近锚地的减速标准、适当的锚泊方式、正确的锚泊操纵方法是船舶锚泊安全必须考虑的问题。在实际运用中，船舶一般采用单锚泊方式，单锚泊有退抛法和进抛法两种。在没有拖轮协助或只有一艘拖轮协助的情况下，抛锚驶靠是最常用也是最实用的靠泊方法。

第八节　综合气象导航技术

一、古代航海气象的起源与发展

海洋和天气属于同一个公域，两者之间无时无刻不在进行着对话。可以说，海洋是地球气候系统最直接的调节器。航海帮人类征服了海洋，同时也促进了气象学的发展。勒内·笛卡尔在《气象学》中提道：大航海时代，风暴理论、风压定律以及最初的气象观测都从海上而来。气象由气压、气温、大气湿度、风、云、降水、蒸发、辐射、日照、能见度、气湿以及各种天气现象等气象要素组成。气象学是人类在与自然和谐发展过程中最需要掌握的一种基本知识。气象要素与人们的生产、生活息息相关，对整个人类活动产生巨大的影响。各种气象要素的多年观测记录按不同方式进行统计所得的结果，是分析和描述气候特征及其变化规律的基本资料。

中国的先民十分注重通过气象要素的统计来分析预测天气变化，远在 3 000 年以前，殷墟甲骨文中许多卜辞都为要知道阴晴雨雪而留传下来。积了多年的经验，到周朝前半期，我们的祖先已经搜集了许多气象学的经验，播为诗歌，使妇孺统可以传诵。如《诗经》①里"相彼雨雪，先集维霰"，就是说冬天下雪以前，必要先飞雪珠。又如"朝于西，崇朝其雨"，意思是说早晨太阳东升时看见西方有虹，不久就要下雨了。

到了春秋战国时期，铁渐渐普遍应用，生产技术和交通工具大有改进，我国天文学和气象学的知识也大大提高。如二十四节气的确定，分至启闭、定期风云的记录，桃李开花、候鸟来往的观察，都在这个时期开始了。《吕氏春秋》②《夏小正》③《礼记·月令》④是秦汉时代的作品，但仍不失为世界上最早涉及物候的书籍。从西汉以来气候知识逐渐累积，逐渐增多，丰富的经验留传下来，在民间成为天气歌词，如"朝霞不出门，暮霞行千里"⑤这类谣谚。到了文人手中，便引入诗章，出现了诸如"东边日出西边雨，道是无晴却有晴""羌笛何须怨杨柳，春风不度玉门关""三时已断黄梅雨，万里初来舶棹风"等传世佳句。

---

① 《诗经》，我国古代诗歌的开端，最早的一部诗歌总集，收集了西周初年至春秋中叶（公元前 11 世纪至公元前 6 世纪）的诗歌，共 311 篇，反映了周初至周晚期约五百年间的社会面貌。

② 《吕氏春秋》，又称《吕览》，是在秦国相邦吕不韦的主持下，集合门客们编撰的一部杂家名著。成书于秦始皇统一中国前夕，以道家学说为主干，以名家、法家、儒家、墨家、农家、兵家、阴阳家思想学说为素材，熔诸子百家学说于一炉，闪烁着博大精深的智慧之光。

③ 《夏小正》，我国现存最早的一部记录农事的历书，收录于西汉戴德汇编《大戴礼记》第 47 篇，在《隋书·经籍志》首次出现《夏小正》单行本。本历书可窥见先秦中原农业发展水平，保存了古代中国的天文历法知识。撰者无考，一般认为成书时间为战国时期、两汉之间。

④ 《礼记·月令》，全名为《礼记·月令第六》，是两汉人杂凑撰集的一部儒家书。内容分为"孟春之月""仲春之月""季春之月""孟夏之月""仲夏之月""季夏之月""年中祭祀""孟秋之月""仲秋之月""季秋之月""孟冬之月""仲冬之月""季冬之月"共 13 篇，是现存最早、最完整记载有关一年十二个月昏旦中星观测记录的历史文献。

⑤ 出自宋朝孔平仲《孔氏谈苑》，大理寺少卿杜纯云："京东人言'朝霞不出门，暮霞行千里'。言雨后朝晴，尚有雨也。须晚晴，乃真晴耳。"

航海拾遗：藏在古诗词里的航海气象知识

我国古诗词字字珠玑、句句传情，亦不乏描述气候现象、揭示气候规律的诗句。如唐朝刘禹锡《竹枝词》中的"东边日出西边雨，道是无晴却有晴"，反映了对流雨降水强度大、范围小、历时短的特点。对流雨是世界四大降水形式（对流雨、地形雨、锋面雨、台风雨）之一，因是冷暖气流呈上下对流运动而成云致雨而得名。唐朝王之涣《凉州词》中的"羌笛何须怨杨柳，春风不度玉门关"描述了我国夏季风不能到达西北地区。我国东部沿海地区属于季风气候，夏季盛行东南风，风从海上而来，携带水汽丰沛，容易引起降雨，但是玉门关以西地区（玉门关位于甘肃省西北部，河西走廊的西端）深居内陆，夏季风难以到达，降水较少。北宋苏轼《舶棹风》中的"三时已断黄梅雨，万里初来舶棹风"反映了长江中下游地区梅雨天气的出梅日期，"三时"指夏至后半月，"舶棹风"指东南季风，意指七月上旬后半期东南季风盛行时，梅雨期结束。南宋赵师秀《有约》中的"黄梅时节家家雨，青草池塘处处蛙"反映了我国江淮地区春末夏初时节（约4月下旬至5月上旬）来自北方的冷空气与从南方北上的暖空气的汇合于华南地区，形成华南准静止锋。大约到了5月下旬，暖空气势力增强，准静止锋北移至江淮地区，成江淮准静止锋（又称为梅雨锋）。

中国各地方天气谣谚是从了解自然现象得来，其数量之多可以说是世界无双的。一般来说，从西汉以来，我们的气象知识从三方面得到了发展：一是观测范围的推广和深入，二是气象仪器的创造和应用，三是天气中各项现象的理论解释。在这三方面，我们祖先就有了显著的成就。到明初，即公元15世纪，我们在许多气象学认识方面都是超越西洋各国的。

（一）殷商至晋朝的航海气象技术

殷商与西周时期，人们除了会制造船舶之外，已能制成帆而利用风力航行。同时，人们在航海过程中，逐渐认识了风，并利用风和帆航行。

先秦时期，人们在认识风的同时，也对一些云雨气象有所了解，如《尚书·洪范》①中的"月之从星，则以风雨"等都是人们在航行中注意天气变化而总结出的经验规律。

---

① 《尚书》，我国古代的历史文献，记录从尧、舜开始，到夏、商、周三代的资料，展示了古人（尤其是统治阶级）的基本观念与实际作为。《洪范》阐发了一种天授大法、天授君权的神权行政思想，这对形成中国古代占统治地位的政治哲学理论，以及以王权和神权为核心的中央集权的理论，具有决定性的影响。

秦汉时代的远洋航海,人们已开始自觉使用季风航海。中国人已掌握了西太平洋与北印度洋的季风规律,并已应用于航海活动。实际上,东汉应劭在《风俗通义》已经提道:"五月有落梅风,江淮以为信风。""落梅风"意即梅雨季节以后出现的东南季风。两汉时期人们只有利用季风,才能远洋航行。

晋朝沈怀远《南越志》记载:"熙安间多飓风。飓者,其四方之风也,一曰惧风,言怖惧也,常以六七月兴。未至时,三日鸡犬为之不鸣,大者或至七日,小者一二日,外国以为黑风。"此时人们对飓风兴起的时间和前兆已经有了初步了解。而这段记载,也与现代所总结的飓风现象不谋而合,通常是在七八月份,海洋上的飓风活动会变得异常活跃。

(二)隋唐至清朝的航海气象技术

隋唐五代时期航海技术趋于成熟,人们已能熟练运用季风航行,天文、地理导航水平都有明显提高,对潮汐也能进一步正确解释。在各家著述中,都有若干条有关海上气象观测的记载。

唐朝人们已能认识到北起日本海,南至南海的风有规律地到来和结束,这种与航行有关的季风称为信风。在利用这些信风航行的同时,人们已能正确地归纳和总结出这些信风的来去规律。如译经僧人义净①正是借着对南海季风、北印度洋及孟加拉湾的季风和洋流规律的认识和利用而乘船到达东南亚室利佛逝国②。同时人们对海洋气象有了进一步认识,已能利用赤云、晕虹等来预测台风。

北宋徐兢随使高丽(始于浙江宁波—韩国仁川—朝鲜开城),宋徽宗专门安排人为这个使团建造了两艘"神舟",用以"震慑夷狄",沿路之中,徐兢处处留心各地的山川形胜、风俗习惯等,使团回国后,著成《宣和奉使高丽图经》一书。徐兢在《宣和奉使高丽图经·梅岭》里就说过:"至洋中卒尔风回,则茫然不知所向矣,故审视风云天时,而后进也。"意思就是船舶在大洋之中忽然遇到风而回转,就会茫然不知航向,所以要察看风云和天气以后再航行。在这条航线上,从中国开往日本,需要利用西南季节风航行,而从日本驶往中国,则要利用东北季节风航行。在顺风条件下,只需一周左右的时间便能横渡东海,驶抵彼岸。例如,熙宁五年(1072年),日本僧人成寻③赴宋时搭乘的便船,同年3月19日从肥前松

---

① 义净,635—713年,唐齐州(今山东济南)人,另一说是范阳(今北京城西南)人,俗姓张,字文明。于咸亨二年(671年)经由海道(今广州),取道海路,经室利佛逝(苏门答腊巴邻旁)至天竺(今印度),著有《南海寄归内法传》四卷、《大唐西域求法高僧传》二卷,与鸠摩罗什、真谛、玄奘等共称四大译经家,南沙群岛有义净礁以示纪念。

② 室利佛逝国(音译自梵文 Sri Vijaya),东南亚古代最强大的王国之一,是第一个势力范围遍及整个马来群岛的王国,8—10世纪曾是大乘佛教的主要传播中心。宋朝后,中国史籍改称三佛齐王国(Samboja kingdom)。

③ 成寻,1011—1081年,日本平安时代中期天台宗僧人,人称善慧大师。1072年,携带圆仁慈觉大师的《入唐求法巡礼记》和奝然法济大师的《入宋日记》,搭乘宋商孙忠船入宋,留宋九年。

浦郡壁岛(今加部岛)出发,得到顺风,同月 25 日就到了苏州。这反映出,宋时中日间的海上航路,在利用季风横渡东海方面有一定的进步。

在北宋沈括的《梦溪笔谈》中记载有一条成功的天气预报经验:江湖间唯畏大风。冬月风作有渐,船行可以为备。唯盛夏风起于顾盼间,往往罹难。曾闻江国贾人有一术,可免此患。大凡夏月风景,须作于午后。欲行船者,五鼓初起,视星月明洁,四际至地,皆无云气,便可行;至于已时即止。如此,无复与暴风遇矣。国子博士①李元规云:"平生游江湖,未尝遇风,用此术。"意思就是在江湖上行船,就怕大风。冬季的风是渐渐刮起来的,要行船可以早做防备;盛夏的风则转瞬间就会刮起,行船的人往往会遇难。曾听说长江岸边的商人有一种办法可以避免此种祸患。但凡夏天的风如果暴烈,必起于午后。要行船的人,夜间五更初刻就可以起来看天,见天上星月明亮皎洁,四周天际直到地面都无云气,便可出行,行到中午以前(已时)就停下来,这样就不会再遇上暴风了。国子博士李元规说,平生游历江湖,行船未尝过大风,用的就是这办法。这段记载表明,人们很重视行船时候的天气变化,因此分析了风暴出现的年变化和日变化的规律,得出预报的经验,避免遇到风暴。

宋代吴自牧所著《梦粱录》中记载:"舟师观海洋中出日入,则知阴阳;验云气则知风色顺逆,毫发无差。远见浪花,则知风自彼来;见巨浪拍岸,则知次日当起南风。见电光,则云夏风对闪。如此之类,略无少差。"这表明南宋时期,海洋航行经验和技术有了很大提高,已经可以根据日出、云气、浪花、电光等预测天气情况,合理规避潜在的气候风险。

宋朝以后,随着航海事业的发展,天气预测的经验也更加丰富。元朝建都于大都,当时经济上最发达的地区是在南方,特别是在长江下游及东南沿海一带。京城所需的大批粮食以及元初不断对外进行战争所需的大量军粮,大多要靠南方供给,所以,元朝政府十分重视南粮北运,开辟了海上漕运线,这一航线成为元朝沿海海运的主要航路。为了更好地利用黑潮暖流、风向等气象要素,海运漕粮的航路先后变更了 3 次航线。元朝在进行海上交通时已能熟悉地掌握与利用季风规律。元朝航海家在长期的海上实践中总结经验,编成有关潮汛、风信、气象的口诀。

至明朝,开始有人将沿海船夫、渔民预测天气变化的经验歌谣汇集起来,编成《海道经》一书,此书天气歌谣部分大致循着海上天气变化的规律,分成占天、占云、占风、占日、占虹、占雾、占电、占潮、占海等九种门类。例如:"海燕忽成群而来,主风雨";"朝看东南黑,势急午前雨,暮看西北黑,半夜看风雨";"天顶早无

---

① 国子博士,学官名。晋武帝咸宁四年(278 年)立国子学,始立国子博士,始置一员,限取履行清淳,通明经义者担任,如散骑常侍、中书侍郎、太子中庶子以上,乃得召试。

云。日出将渐明;西北暮无云,明日晴朗";"汛头风不长,过后风雨愈毒也";"乌云接日,必雨";"雨下虹垂,晴朗可期";"晓雾即收,晴天可求;雾收不起,细雨不止"……这许许多多由长期经验凝聚而成的谚语,成为航海者必备的基本知识[8]。

清朝,《四库全书》①中编纂有《海上占候》一卷,详细记录了海上潮汐风雨晴晦日月虹雾的资料,供航海人员参考。由于实施海禁,海上气象方面的发展较为缓慢。清初并不禁海,后来为了防止沿海民众通过海上活动接济反清、抗清势力,顺治十二年(1655年)六月,清政府下令沿海省份"无许片帆入海,违者立置重典",实行较明代更为严厉的海禁。此后闭关政策更加严厉,直到鸦片战争的爆发,外国列强以武力逼迫清政府实行开放政策,海禁才被迫终结。

至近代,中国饱受西方列强侵略和战火的摧残,民族航海技术和船舶工业发展迟缓,海上气象导航技术发展更是几乎处于停滞状态。

二、现代海上气象导航技术应用

现代海上气象导航技术是辅助船舶安全、高效地横渡海洋的导航技术中重要组成部分。根据被导船舶所具有的各种条件及性能、特定的航行任务、给定的货物、吃水情况以及航速和船期计划,由一组气象学、航海学、造船学、海洋经济学和计算机分析专家等专业人士组成的综合指挥系统,向船舶公司推荐一条符合船舶安全限度且用时最少的最佳航线[9]。气象导航公司的服务内容包括航行计划和航线选择,航路上的天气报告和航向指导以及航行结束后的情况分析。

(一) 20世纪的海上气象导航技术的发展

20世纪70年代末,随着国外气象导航技术引进我国航运界,国家气象中心、国家海洋预报总台、航海界以及有关院校的科技人员对气象导航技术进行了系统性研究,并逐步开展了实验性实船导航服务。我国使用气象导航技术是从1975年开始的。1975年5月我国第一艘航行温哥华的"玫瑰"轮接受美国气象导航试验,结果证明比通常的航行时间缩短4天左右[10]。此后,我国部分远洋船舶开始使用导航公司的服务,在保障安全、节省航时和减少货损等方面取得了很大的经济效益。当时,我国国外贸易90%的货物由船舶运输,使得我国成为世界十大海运大国之一[11]。为适应新形势,我国于20世纪80年代初期开始自主研制海上气象导航技术。1981年我国开始开展气象导航试验研究,1983年底和1984年底进行了两次气象导航实船对比试验,1985年该气象导航技术成果

---

① 《四库全书》,全称《钦定四库全书》,是在清高宗乾隆帝的主持下,由纪昀等360多位高官、学者编撰,3 800多人抄写,耗时十三年编成,分经、史、子、集四部,故名"四库"。

通过鉴定,弥补了我国气象导航技术的空白。

1985年起,中央气象台(中国气象局国家气象中心)的海洋气象导航中心开始开展海洋气象导航业务,研制了全球气象导航业务系统,大连、上海、天津、广州、青岛等5个气象导航分中心也相继建立。1987年6月,中央气象台首次为我国远洋轮"安平5"号横渡太平洋实施气象导航保障服务,我国气象导航迈出了坚实的第一步,改变了我国长期依赖国外商业气象导航的局面。1990年,中央气象台海洋气象导航中心与中国远洋运输总公司成立联合公司,开展对三大洋气象导航船岸通信联络试验并取得成功。从初创阶段1987—1988年,我国导航的船数每年不足10艘,到1992年导航船数增加到126艘,1995年增至250艘。中央气象台海洋气象导航中心研发了气象航海新技术,开发了全球船舶气象导航业务系统、全球气象船位监控系统、全球航线计算、跟踪导航和航次评估自动化技术,建立了全球海事卫星通信链路,服务范围遍及全球海域。

(二) 21 世纪海上气象导航技术的发展

进入21世纪后,因为体制改革等原因,原有的导航业务体量渐渐萎缩,技术研发和软件支持均未得到进一步发展。近些年在国家"一带一路"的指导下,我国沿海的一些气象部门和高校成立的气象公司基本具备航路规划和气象服务的能力。然而由于起步较晚,整体业务体量规模不大[12]。2017年,中央气象台从国家安全角度出发,重新开展气象导航业务。2019年7月11日中国航海日上,中央气象台正式发布了船舶气象导航系统,这是一个完全具有自主知识产权的导航系统。

目前,我国海上气象导航已经具备了现代化的导航业务能力,可以承担起海运气象服务、海洋生产与经济气象保障、国防安全气象保障等专业服务的重要职责,已经进行规模化业务发展和商业船舶服务,船舶数量稳定增长。船舶气象导航系统服务范围已经涵盖太平洋、印度洋、大西洋,最北可到北极圈的摩尔曼斯克,最南可到南极海域。但相比国外发达国家,我国气象导航的发展历程较短,技术力量稍显薄弱,业务量相对较少。国内的气象导航服务正努力开拓创新,在信息化背景下逐步开展多样化的平台建设和产品研发。未来,气象导航团队将不断完善系统,为远洋船舶提供更安全、更经济的导航解决方案,服务范围也将遍布全球海域的各个角落。

三、常用海上气象知识介绍

(一) 蒲氏风级

第二次世界大战以前,船舶海洋气象导航处于气候气象导航阶段,主要在气候学方面不断积累资料,航线的拟定也主要根据气候资料。1806年,水道测量专家弗朗西斯·蒲福海军少将通过观察海面现象进行主观测量风速并发明了蒲福风级表,后来蒲福风级表也成为目前世界上通用的风级划分标准。该风级表根据风对地面(或海面)物体影响程度拟定 0~12 级,共 13 个等级,又称"蒲氏风级"。其最开始用于海面上,是以航行的船舶状态及海浪为参照,后来也适用在陆上,是以烟、树叶及树枝或旗帜的摇动为参照。蒲福根据风力对海面状况、船舶航行及对陆地上各种物体的影响程度而将风的强度从弱到强划分为 0~12 级。后来在我国,中国气象局于 2001 年下发《台风业务和服务规定》,以蒲福风力等级将 12 级以上台风补充到 17 级。13~17 级分别对应的是台风的风级:13 级为 37.0~41.4 米/秒;14 级为 41.5~46.1 米/秒;15 级为 46.2~50.9 米/秒,16 级为 51.0~56.0 米/秒,17 级为 56.1~61.2 米/秒。1974 年琼海 7314 号台风,中心附近最大风力为 73 米/秒,已超过 17 级的最高标准,称之为 18 级,这也是国际航海界关于特大台风的普遍说法。蒲福风级表(见表 3-1)是航海人员判断气象海况的重要依据,也是记录航海日志的重要参考,至今航海上仍然普遍使用蒲福氏风级描述不同风速。

表 3-1 蒲 氏 风 级 表

风力等级	风的名称	风 速		海 面 征 象	海面状态
		米/秒	千米/时		
0	无风	0~0.2	小于 1	海面像镜子一样平静(无浪)	平静如镜
1	软风	0.3~1.5	1~5	海面有波纹,但还没有白色波顶	微浪
2	软风	1.6~3.3	6~11	波浪纹虽小,但已明显,波顶透明像玻璃,但不碎	小浪
3	微风	3.4~5.4	12~19	波较大,波顶开始分裂,泡沫有光,间或见到白色波浪	小浪
4	和风	5.5~7.9	20~28	小浪,波长较大,往前卷的白碎浪较多,有间或呼啸声	轻浪
5	清劲风	8.0~10.7	29~38	中浪,波浪相当大,白碎浪很多,呼啸声不断,间或有浪花溅起	中浪
6	强风	10.8~13.8	39~49	开始成大浪,波浪白沫飞布海面,呼啸声大作(可能有少浪花溅起)	大浪
7	疾风	13.9~17.1	50~61	海面像由波浪堆积而成,碎浪的白泡沫开始成纤维状,随风吹散,飞过几个波顶	巨浪
8	大风	17.2~20.7	62~74	中高浪,波长更大,随风吹起的纤维更明显,呼啸声更大	猛浪

风力等级	风的名称	风 速		海 面 征 象	海面状态
		米/秒	千米/时		
9	烈风	20.8～24.4	75～88	高浪,泡沫纤维更为浓缩,海浪卷翻,泡沫可能影响能见度	狂涛
10	狂风	24.5～28.4	89～102	大高浪,波浪成长形突出,纤维状泡沫更为浓厚,并呈片状,海浪颠簸好像锤击,浪花飞起带白色,能见度受影响	狂涛
11	暴风	28.5～32.6	103～117	特高浪,中小型的船在海上有时可能被浪所蔽,波顶为缘被风吹成泡沫,能见度受影响	非凡现象
12	飓风	32.7～36.9	118～133	空气中充满泡沫和浪花,海面因浪花的飞起呈白色状态,能见度剧烈降低	非凡现象
13	飓风	37.0～41.4	134～149	空气中充满泡沫和浪花,海面因浪花的飞起呈白色状态,能见度剧烈降低	非凡现象
14	飓风	41.5～46.1	150～166	空气中充满泡沫和浪花,海面因浪花的飞起呈白色状态,能见度剧烈降低	非凡现象
15	飓风	46.2～50.9	167～183	空气中充满泡沫和浪花,海面因浪花的飞起呈白色状态,能见度剧烈降低	非凡现象
16	飓风	51.0～56.0	184～201	空气中充满泡沫和浪花,海面因浪花的飞起呈白色状态,能见度剧烈降低	非凡现象
17	飓风	56.1～61.2	202～220	空气中充满泡沫和浪花,海面因浪花的飞起呈白色状态,能见度剧烈降低	非凡现象

（二）台风的命名

20 世纪初,人们开始关注灾害性天气,比如大洋上发生在热带或副热带洋面上的低压涡旋是一种强大而深厚的热带天气系统,即热带气旋。按世界气象组织定义,热带气旋中心持续风力达到 12 级(即 64 节或以上,32.7 米/秒或以上,又或者 118 千米/时或以上)称为飓风(hurricane)。但是在西北太平洋地区(赤道以北、日界线以西,亚洲太平洋国家或地区)则称之为台风。关于"台风"一词的由来,可谓众说纷纭,大体分为两种,即外来说和源自汉语说。其一,在中国古代,人们把台风叫飓风,到了明末清初才开始使用台风这一名称。可见该词是外来词。并考证说,希腊单词typhoon既是风神的姓名,又是意为"旋风、台风"的普通名词,被借入到阿拉伯语,再传入印度,并被英语借用,再传入中国。其二,据《福建省志》记载:"风大而烈者为飓,又甚者为台。飓常骤发,台则有渐。飓或瞬发倏止,台则连日夜或数日而止。大约正二三月发者为飓,五六七八月发者为台。"当时台湾及东南亚就已经有西方殖民生活,将外文词typhoon带到了台湾,加上大陆人看到登陆的台风都来自台湾方向,于是就称台风。

台风(见图3-19)是一种破坏力很强的灾害性天气,台风过境时常常带来狂风暴雨天气,引起海面巨浪,对船舶航行和锚泊构成极大威胁,严重威胁航海安全。越靠近台风中心的位置,风力越大,破坏力越强,平均直径约为45千米的台风的破坏性是巨大的,常常是暴雨如注,狂风肆虐。但有趣的是,在台风中有一处地方却风平浪静甚至可见蓝天,那就是台风中心区域,也称为台风眼。另外对于台风的命名,也颇有意思,澳大利亚预报员克里门兰格首次给台风命名,他把热带气旋取名为他不喜欢的政治人物,借此,气象员就可以公开地戏称它。为了避免名称混乱,1997年11月25日至12月1日,在香港举行的世界气象组织台风委员会第30次会议决定,西北太平洋和南海的热带气旋采用具有亚洲风格的名字命名,并决定从2000年1月1日起开始使用新的命名方法。台风的命名,多用"温柔"的名字,大多具有文雅、和平之意,如"妮妲",为泰国的女士的名字,也有如茉莉、玫瑰等花名。一方面是期待台风带来的伤害能小些,另一方面因为台风的到来,会带来充沛的雨水,很大程度上缓解当地的旱情,改变当地的高温现象,并非彻底的"大凶大恶"。一旦某个台风到来给当地人们造成巨大的

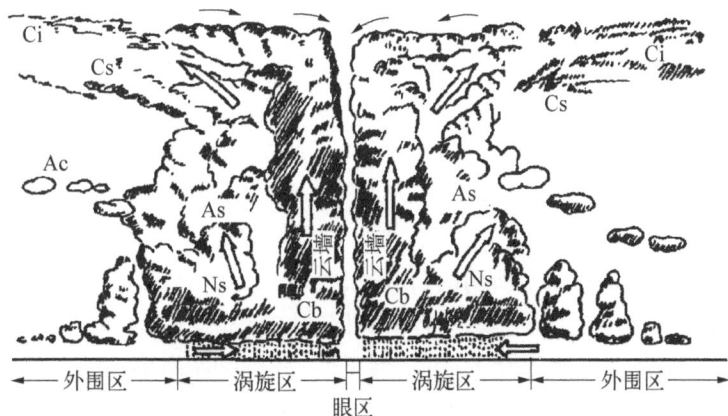

图3-19 台风示意图[13]

生命财产损失,成为公众知名的台风,声名狼藉后,那么受灾地所属的成员国就可以申请将该名字从命名表中删去,换言之,它就会永久占有这个名字,后面再也不会出现相同的,而空缺的名称则由原提供国或地区再重新推荐。

(三)海浪等级标准

我国海浪报告始于 1966 年,涉及的海浪观测遵循的是国际标准。海浪等级是以海面肉眼所见状况而分的。2020 年我国参考国外海浪波级划分和国内使用现状制订了海浪等级标准。国际海浪分为 0~9 级(见表 3-2),分别为无浪、微浪、小浪、轻浪、中浪、大浪、巨浪、狂浪、狂涛、怒涛,浪高超过 20 米为暴涛。

表 3-2 浪级表

等　级	浪　名	波　高　范　围
0	无浪	0 m
1	微浪	<0.1 m
2	小浪	0.1~0.5 m
3	轻浪	0.5~1.25 m
4	中浪	1.25~2.5 m
5	大浪	2.5~4 m
6	巨浪	4~6 m
7	狂浪	6~9 m
8	狂涛	9~14 m
9	怒涛	>14 m

19 世纪最著名的气象航海学家马修·方丹·莫里于 1840 年首次整理出逐月地球各大洋的气候风向图。迄今为止,航海者们所使用的分月、分海区的"航海图"就是从莫里的第一幅海图发展起来的。1853 年,在布鲁塞尔召开的国际会议确定了气象在航海中的地位,莫里的"航海指南"被译成多国文字,促使航海气象有了飞速发展。19 世纪后半叶进入蒸汽动力船时期,随着气候资料的不断积累,已经逐步统计分析出各种气候图,以莫里的海图资料为基础,逐步发展成为季节性推荐航线,这就是所谓的"气候航线"[14]。19 世纪末,随着传真技术的发展,气象传真开始应用于气象广播。我国在这方面起步较晚,新中国成立以后我国加大了在科技方面的投入,1965 年前后,我国试制出第一代 117 型气象传真机。1974 年 10 月,中国第一个无线气象传真广台开播。气象传真把绘制好的天气图及照片通过扫描基于公共交换电话网络线路进行点对点传输,并在目

标传真机上以记录的形式复制出来，以便用于各项业务当中。传真气象图是指采用传真技术传输的气象图。

参考文献

［1］ 孙靖国. 清代册封琉球航路地图：《封舟出洋顺风针路图》[J]. 地图,2013(01)：130-131.

［2］ 罗伯特·温斯顿. 科学历史百科全书[M]. 北京：中国大百科全书出版社,2018.

［3］ 郭晔旻. 从司南到罗盘指南针的发明之路[J]. 国家人文历史,2020(19)：120-127.

［4］ 王振铎. 司南指南针与罗经盘：中国古代有关静磁学知识之发现与发明(中)[J]. 考古学报,1949(04)：185-223.

［5］ 荣亮. 浮针辨四维——航海罗盘演进史[J]. 大众考古,2019(05)：29-35.

［6］ 王振铎. 中国古代磁针的发明和航海罗经的创造[J]. 文物,1978(03)：53-61.

［7］ 陈宇里. 航海仪器[M]. 上海：上海浦江教育出版社,2018.

［8］ 杨熺.《海道经》天气歌谣校注释理[J]. 海交史研究,1999(02)：34-45.

［9］ 史振芳. 气象导航与船舶经济效益[J]. 天津航海,1982(02)：6-8.

［10］ 杨良华. 船舶气象导航简介[J]. 气象,1982(07)：19-20.

［11］ 余鹤书,刘有奇. 全球海洋气象导航业务技术[J]. 气象科技,1993(02)：6-9.

［12］ 张增海,刘涛,曹越男,等. 船舶海洋气象导航的业务概况与发展现状[J]. 海洋气象学报,2020,40(03)：11-16.

［13］ 中国海事局. 航海学(航海气象与海洋学)[M]. 北京：人民交通出版社,2016.

［14］ 王长爱,姚洪秀. 船舶海洋气象导航[M]. 上海：中国纺织大学出版社,1993.

第四章

航海保障，笼海揽洋的保驾护航

　　航海保障是陆基为船舶海上安全航行提供的一种技术支撑。航海保障技术的发展是人类航海事业快速有效发展的重要推动力。航海保障领域的技术发展成为国家海洋战略的关键一环。本章将介绍我国航海保障事业、海上助导航设施、航海图及海上搜救等内容。

第一节　中国航海保障事业

一、古代航海保障事业的萌芽

　　纵观中国航海事业的发展历程，漕运或可认为是中国航海管理重要起源之一，漕粮海运亦孕育了中国古代航海保障事业的萌芽。

　　漕运是我国历史上一项重要的经济措施，就是利用水道（河道和海道）调运粮食（主要是公粮）的一种专业运输。漕运始于秦代，初时，"随事立名，沿革不一"①。三国时期，曹魏政权设置监运谏议大夫，漕运管理首次出现专职官员。晋初，设大司农护漕掾（yuàn）、督水使者督理漕运。唐朝杜佑②的《通典·职官》③记载："晋武帝省水衡。置都水台，有使者一人，掌舟航及运部，而河堤为都水官属。"④由此，"都水台"应是中国历史记载最早的航海管理机构。

　　唐初，唐玄宗为加强漕运管理，任命陕州刺史李杰⑤为陕州水路发运使，督理漕运，"漕运之有使，自此始也"⑥。宋朝，漕运体系日趋成熟，职业化漕卒队伍渐成漕运主力。

　　元朝，丞相伯颜⑦首开中国漕粮海运先河。至元二十年（1283年），设海道

---

　　① 出自《食货上·旧唐书·卷二十八》。
　　② 杜佑，735—812年，字君卿，京兆万年（今陕西省西安市）人，唐朝政治家、史学家，诗人杜牧的祖父。曾用三十六年撰成《通典》二百卷，创立史书编纂的新体裁，开创中国史学史的先河。
　　③ 《通典》，"十通"之一，唐德宗贞元十七年（801年）编成，我国历史上第一部体例完备的政书，专叙历代典章制度的沿革变迁。
　　④ 出自唐代杜佑的《通典·卷二十七·职官九》。
　　⑤ 李杰，？—718年，本名务光，相州滏阳县（今河北省邯郸市磁县）人，祖籍陇西郡狄道县（今甘肃省定西市临洮县），北魏并州刺史李宝的后裔。先天年间，升任陕州刺史、水陆发运使，设置水陆发运使这一职务就是从李杰开始的，后改任河南尹。
　　⑥ 出自宋代王钦若的《册府元龟·卷四百八十三·邦计部·总序选任》。
　　⑦ 伯颜，1236—1295年，蒙古八邻部人，大蒙古国至元朝初年名臣，受元世祖忽必烈赏识，拜中书左丞相，是蒙古族中较早学习运用汉文创作的诗人。

府,负责接纳海道粮、点阅粮船、监督起航,其下所属各所千户轮番下海督运。海道府为克服海道运输困难,接受船民建议,在长江口西暗沙嘴以及江阴州界内巫子门等多处浅滩,设置指浅船舶,其上竖立旗缨,指引粮船避浅通航长江口;接受监察御史建议,在天津直沽海口处高筑土台,"竖立标望于龙山庙前"[1],春夏两季运粮时节,昼则悬幡,夜则挂灯,作为引导粮船入河的"车望",以防其被沙涌淤泥所损,此为中国历史官方机构履行航海保障职责的最早记载。

明永乐元年(1403 年),明成祖任命武官陈瑄[2]为漕运总兵,统领官军督查海运,兼理航海保障职责。为降低海运风险,陈瑄在沿海地区修建防海卫所,增设航行标志,白天用标旗,晚上用灯光,指挥粮船安全航行。此外,他还专门为粮船建立避风场所,并多次探测海运航路。永乐十年(1412 年),陈瑄奏请"嘉定濒海地江流冲会,海舟停泊于此,无高山大陵可依,请于青浦筑土山,方百丈高三十余丈,立堠表识","既成,赐名宝山,帝亲为文记之"[3]。"昼则举烟,夜则明火",引导船舶进出长江口。永乐十三年(1415 年),陈瑄听闻运河中漕船常有搁浅,于是"自淮至通州置舍五百六十八,舍置卒,导舟避浅",设立浅铺浅夫,指引牵挽漕舟驶出搁浅地带。

清道光年间,清廷决定重启漕粮海运。乃由两江、山东、直隶督抚转饬沿海水师提镇,各按讯地,多拨哨船,分派武官士兵巡防护送,夜间于岛屿处多挂号灯,日间多树号旗,指引航向[1]。轮船招商局成立后,漕粮改用轮船承运。

二、近代航海保障事业的衰弱

清道光二十年(1840 年)第一次鸦片战争后,清政府向西方列强开放广州、福州、厦门、宁波、上海等 5 个通商口岸,外国舰船开始航行于中国领海及内河。西方船舶速度快、吃水深,对航道及助航设施要求高。外国领事及商人遂要求清政府在沿海沿江设置助航标识,以利船舶航行,清政府被迫开启中国近代航标建设历程。与此同时,西方各国海军开始测量、绘制和销售中国沿海及内河航道图。

清咸丰十年(1860 年)第二次鸦片战争后,清政府与西方列强签订《天津条约》《通商章程善后条约》等,将助航设施建设职责及其经费来源纳入关税条款,中国近代助航设施建设自此与海关及船舶吨税紧密联系在一起。此后,侵华列

---

① 出自《永乐大典》卷一万五千九百五十。
② 陈瑄,1365—1433 年,字彦纯,合肥(今属安徽)人,明代军事将领、水利专家,明清漕运制度的确立者。历仕洪武、建文、永乐、洪熙、宣德五朝,自永乐元年(1403 年)起担任漕运总兵官,督理漕运三十年,改革漕运制度,修治京杭运河,功绩显赫。
③ 出自《明史·陈瑄传》。

强竞相扩展在华航运势力,促使中国航运业快速发展,助航设施建设随之逐步受到国人重视。

清同治七年(1868年),海关总税务司署设立船钞部,专门负责中国沿海内河助航标识测量设备的维护、沿海内河航道测绘疏浚、航道及助航标识巡检、碇泊事务管理、警航示(航行警告)发布、遇险船舶搜救、气象观测等,此为中国近代首次设置航海保障管理机构。

清光绪二十一年(1895年)无线电通信技术问世,为海上遇险船舶及时呼救提供了远程通信手段。清光绪三十二年(1906年),清政府成立邮传部,其下设电政司,职掌全国电政事务。清宣统元年(1909年),邮传部在上海吴淞首次设置无线电台,开办船岸通信业务,此为中国水上无线电通信之始,水上通信由此迅速发展成为船舶航行安全的基础性保障措施。同年,两广总督张人骏①向清政府建议自测海图,得到外务部赞同。清宣统二年(1910年),清政府外务部以日本等国觊觎中国海权为由,拟令海军部测绘中国领海内岛屿,以保主权。清宣统三年(1911年),海军部"请旨设立局所,专司侦测事宜"②。随后,海军部设立侦测科,拟定主要港湾测绘计划,此为中国设立中央测海机构之始。但计划尚未实施,清政府统治即宣告结束[2]。

1912年中华民国成立后,北洋政府设立交通部,其下设电政司,统辖全国电政事务。随后,上海、天津、烟台、青岛、营口等全国重要海港商埠架设无线电台,设立海岸局,开办船岸公众通信业务,中国水上通信体系渐成规模,水上通信设施及其机构成为中国航海保障事业的重要组成部分。此后,中国各轮船运输公司业务发展迅速,船队规模不断扩大,亦纷纷在沿海沿江各重要港口自设航务专用电台,为本公司船舶提供通信服务。同年,"泰坦尼克"号邮轮倾覆惨案引起世界各国政府及航运界对船舶航行安全的极大关注,直接促成世界首部《国际海上人命安全公约》的签署。尽管该公约因第一次世界大战爆发未能生效实施,但它开创了国际船舶航行安全保障协作交流的新时代。

民国初年,北洋政府内务部与海军部负有测绘职责。其中,海军部下设军务司,专司海道测量,其职责包括测绘江海航路、港口、领海界线等,以及航海保安、颁布航路警告等事项。但实际海军部军务司既无专业人员,也无测绘技术,根本无法落实测量职责。

1921年,随着世界各国对领海主权重视程度普遍提高,北洋国民政府决定设立海界委员会,专门讨论领海界线问题。1921年7月20日,海界委员会在海

---

① 张人骏,1846—1927年,原字健庵,号安圃,晚号湛存居士,直隶丰润县(今河北丰润)大齐坨村人。清末政治家,中国近代史上一个有影响的人物,在担任两广总督时曾乘坐兵舰巡视南海诸岛,故南海诸岛中有一块岛礁被命名为"人骏滩",以做纪念。

② 海军部会奏遵拟海军部暂行官制折(宣统三年三月二十四日,1911年4月22日)。

军部召开第一次会议,决定成立海道测量局,并收回海关测量制图主权。会后,北洋国民政府在北京海军部成立海道测量局,隶属海军部领导,此为中国自主开展水道测绘之始。此后,海军部海道测量局迁址上海,并逐步接管海关测务,中国领水测量权得到统一。

南京国民政府成立后,交通部统一全国电政管理,电政司首次设置无线电管理局,专门负责全国无线电通信管理事务。但数年后该局即被裁撤,无线电管理职责划归各电政区电政管理局承担。

1929年,南京国民政府海军部正式成立,其下设置海政司等7司和经理部。原北洋政府海军部海道测量局归附国民革命军,隶属海政司领导。

1937年7月,日本侵华战争全面爆发,华北、华东、华南等地相继沦陷,日占区电信设施及沿海助航设施多被日军侵占,海军部海道测量局人员被调作他用,测量舰艇多数沉在江阴和马当封锁线上。日占当局设立港政部门管理中国沿海沿江助航设施。伪满洲国电报电话株式会社亦派员在各占领区设立区域电信管理机构——电信电话株式会社,并将各地电报局和电话局合并,改组为电报电话局,后改称通信局,直至日本战败投降前未变。

抗战初期,沦陷区海道测量业务由日本海军派驻上海的航路部控制。1939年6月,汪伪政府组建绥靖部水路局,职掌中国沦陷区海道测绘事务。1940年3月30日,汪伪政府设立海军部,同年4月,水路局改隶海军部,并更名为水路测量局。

1945年,日本宣布无条件投降,国民政府海军部接管汪伪水路测量局,在上海重建海道测量局;国民党政府电信总局接管日伪电信机构及设施。

解放战争后期,中国人民解放军节节胜利,国民党电信局所属各海岸电台、各轮运公司所属航务无线电台、海关总税务司署以及所属海务管理部门相继由中国人民解放军接管。1949年5月,中国人民解放军华东区海军接管国民党海军海道测量局,组建华东军区海军海道测量局。

三、现代航海保障事业的发展

1949年10月1日,中华人民共和国宣告成立,国家政务院下设交通部、邮电部等30个部委(院、署、行)。交通部接管全国各轮运公司所属航务专用电台,邮电部接管旧电信局所属海岸电台,中国水上通信由交通部和邮电部分别管理。交通部办公厅下设电讯处,管理中国交通通信工作(包括水上通信)。

与此同时,中央人民政府废除外籍税务司制度,全面收回国家海关及海务管理权。1950年,交通部航务总局正式接管中国沿海沿江助航设施,设置海务处管理中国海务建设工作,设置青岛、上海、厦门、广州等4个区海务办事处按区域具体管理航标业务,结束了长达80余年海关管理航标的历史。

1951 年,华东区海军海道测量局划归中国人民解放军海军司令部领导,更名为海军司令部海道测量局。

1951 年 8 月,交通部撤销航务总局,分设航道工程总局、海运总局、河运总局,青岛、上海、厦门、广州等 4 个区海务办事处随之改称航道工程总局青岛、上海、厦门、广州区航标处,原航务总局所属海务处划归航道工程总局领导,改称航标处。1952 年 11 月,海运总局改称海运管理总局,河运总局改称河运管理总局。1953 年 1 月,航道工程总局改称航务工程总局,下设疏浚公司、筑港工程公司等,青岛、上海、厦门、广州区航标处等隶属关系未变,中国水运工程系统初步形成。朝鲜战争爆发使中国沿海军事态势日趋复杂,中央人民政府政务院遂于1953 年决定将交通部所辖沿海航标及相关管理机构全部移交海军司令部管理。同年 7 月,海军司令部海道测量局与交通部航务工程总局航标处合并,组建海军司令部海道测量部。交通部航务工程总局所辖青岛、上海、厦门、广州等 4 个区航标处随之裁撤,分别并入海军青岛基地司令部海道测量处、华东军区海军司令部海道测量处、中南军区海军司令部海道测量处。

1953 年,经政务院财经委批准,交通部成为中国水上通信唯一管理机关,全国各海岸电台划归所在地港务管理局建制,以突出和加强水上通信服务于航运事业和船舶航行安全的保障属性及公益属性。此后,中国水上通信管理机关历经多次变更,全国水上通信业务先后由交通部电讯局、海河总局、运输总局、水运总局、机要电讯局、水运局、通信导航局统一领导;交通部所属各港务局历经港航分家、下放地方、收归中央等重大变革,机构名称和领导体制亦随之变更,但各海岸电台的隶属关系及管理格局基本未变。

1955 年,为满足民用水道测绘需要,交通部在海军司令部协助下,组建中国第一支海港测量队,直属交通部海运管理总局领导。自此,交通部开始肩负国家民用水道测绘职责。

1956 年 8 月 10 日,交通部撤销航务工程总局,新建航道管理局,并分别在长江、珠江、黑龙江、上海、天津 5 地规划设立地方航道局,负责各区域江河及沿海港湾航道工作。同时,撤销海运管理总局和河运管理总局,新建海河运输局,海港测量队划归交通部航道管理局领导。

1956 年底,交通部撤销疏浚公司,将该公司所属天津疏浚队和上海疏浚队,分别与天津港务局和上海港务局所属航道科及航标管理人员、引水信号科(航标部分)合并,组建天津航道局和上海航道局。天津航道局由交通部直接领导,其管理范围包括天津港、大连港、秦皇岛港、青岛港及各港所属的小港。上海航道局由上海海运局领导,其管区范围包括上海海运局所领导各港及上海港港区范围内的黄浦江及苏州河航道。广州海运局成立航道管理处,由广州海运局领导。

1958 年 3 月 31 日,交通部撤销航道管理局和海河运输局,新建航务工程总局和海河总局。同年 10 月 16 日,交通部撤销航务工程总局,业务职责并入海河总局,其所属海港测量队也一分为二,分别划归天津航道局和上海河道工程局管理。同年,随着中国沿海军事形势好转,国务院、中央军委调整中国沿海航标管理体制,中国沿海航标由此形成海军、交通、水产三部门分管格局。

1960 年,交通部撤销公路总局和海河总局,新建运输总局,管理中国水路、公路交通运输及其基础设施建设。

1963 年,交通部撤销运输总局,恢复设置全能型水运总局和公路总局。

1964 年,交通部实施"统一领导,分级管理"体制,将中央直属水运干线划分为北方沿海、南方沿海和长江 3 个航区,各航区分设管理机构,实行交通部统一领导下的区域管理制。

1967 年 6 月 2 日,交通部实行军事管制。同年 6 月 24 日,遵照中央决定成立"中国人民解放军交通部军事管制委员会生产指挥部",下设水运、陆运、综合、行政 4 个业务口。

1980 年 4 月 24 日,国务院、中央军委批准交通部和海军司令部联合呈报的《关于调整海上干线公用航标管理体制,加强管理力量的请示》,决定将海军所辖沿海干线公用航标设施设备及相关人员全部划归交通部统一管理。同年 10 月 30 日,交通部印发《关于同意天津、上海、广州航道局成立航标测量处的批复》,分别在各航道局下组建航标测量处,分工管理中国沿海航标及港口航道测量工作,中国航海保障事业三大业务首次统一于交通部领导之下。1982 年,交通部将通讯导航局缩编为通信导航处,划归新组建的海洋运输管理局建制。此后,又将通信导航处成建制划出,将其与北京船舶通信导航公司、交通部直属通信站合并,组建中国交通通信中心(后改称中国交通通信信息中心),承担全国交通通信管理职责。

1987 年,交通部遵照国务院确定的原则以及青岛港口管理体制改革会议精神,实施交通部直属港口体制改革,根据海上交通管制和安全监督需要,按照政企分开原则,将港口安全、秩序监督和行政管理等方面职责从各港务局划出,组建海上安全监督局,以加强海上交通安全管理。随后,交通部先后将隶属于各港务局的 17 个港务监督和 15 个海岸电台成建制划出,与 3 个隶属于天津、上海、广州航道局的航标测量处合并,组建大连、天津、秦皇岛、青岛、上海、广州、海南等 14 个海上安全监督局,实行交通部与所在城市双重领导、以交通部为主的管理体制,中国水上安全监督管理体制初步建立,航海保障三大业务自此进入国家行政事业序列。

1998 年,交通部遵循国务院关于行政管理体制改革和政府机构改革要求,按照"政事分开"原则和水上安全监督管理体制改革总体目标,与中编办共同拟定《交通部直属海事机构设置方案》,对中华人民共和国船检局(交通部船舶检验局)与中国船级社实行"局社、政事分开"改革,并与中华人民共和国港务监督局(交通部安全监督局)合并组建中华人民共和国海事局(交通部海事局)。

1999年始,天津、大连、秦皇岛、青岛、上海、广州等各海监局分别改组为天津、辽宁、河北、山东、上海、广州等20个直属海事局,实行垂直管理体制,承担国家水上安全监督及航海保障等管理职能。

2010年5月,中央机构编制委员会为巩固水监体制改革成果,规范直属海事系统机构编制管理,提出《交通运输部直属海事系统人员和机构设置方案》,要求交通运输部整合现有航标、测绘和通信等公益性保障业务,跨区域设置北海、东海、南海3个航海保障中心,航海保障中心下设航标处、海事测绘中心、通信中心等机构,全面履行海事航标建设养护、港口航道测量绘图、水上安全通信等技术支持和服务保障职责。

2012年,交通运输部按照中央机构编制委员会方案原则,将直属海事系统所辖航标、测绘、通信等各航海保障管理机构成建制划出,分别在天津、上海、广州设立北海、东海、南海航海保障中心,分别委托天津、上海、广州海事局管理。其中,北海航海保障中心下设大连、营口、秦皇岛、天津、烟台、青岛6个航标处,大连、营口、秦皇岛、天津、烟台、青岛、哈尔滨7个通信中心,以及天津海事测绘中心和天津航测科技中心等机构;东海航海保障中心下设连云港、上海、宁波、温州、福州、厦门6个航标处,连云港、南京、上海、杭州、宁波、福州、厦门7个通信中心,以及上海海事测绘中心和上海海图中心等机构;南海航海保障中心下设汕头、广州、湛江、北海、海口、西沙、南沙7个航标处,汕头、深圳、广州、湛江、南宁、海口6个通信中心,以及广州海事测绘中心等机构。

2017年,交通运输部海事局为进一步深化海事管理体制改革,更好地发挥航海保障工作对水上交通安全的支持保障作用,依据《交通运输部关于深化直属海事系统管理体制改革的意见》,印发《关于调整北海、东海、南海航海保障中心管理关系的通知》,决定自2018年7月1日起,北海、东海、南海航海保障中心由原来分别委托天津、上海、广东海事局管理,调整为由交通运输部海事局直接管理。调整后,航海保障机构实行交通运输部海事局、航海保障中心、航海保障中心所属单位三级管理模式,中国航海保障事业自此进入新的历史发展阶段。

2018年5月,交通运输部海事局印发《深化航海保障管理体制改革实施方案》,全面启动深化航海保障管理体制改革各项工作,切实做大做强航海保障事业。该方案要求,到2018年底,初步建立管理层级分明、权责清晰统一、资源配置科学、运转协调高效的航海保障管理体制机制;到2020年,初步建立航海保障三大业务基础设施资源共建共享机制,完善规范内部管理,基本建成综合航海保障体系;到 2035 年全面建成综合航海保障体系,航海保障管理与服务达到国际先进水平,部分领域主导国际标准的制定,为社会提供优质高效的航海保障公益性技术支持和服务保障。

2019 年 7 月,交通运输部海事局为理顺政事间的协作和保障,构建高效工作机制,进一步提高中国海上交通治理能力和现代化水平,印发《关于海事监管和航海保障一体化融合发展的意见》,明确航海保障中心主要职责是为海事监管提供技术支撑和服务。

第二节　中国海上助航设施

一、古代助航设施的始现

(一) 自然航标

自然航标是在航海活动中,以定位和助航保障船舶航行安全的天然目标。在远古时期,生活在沿海与内河、湖泊边的先民们,为保证舟船航行安全,起初总是沿岸边行驶,借助或观测自然岸线、山峰、岛屿、古树等识别航线,引导舟船航行。他们往往把熟悉的地形地物保持在自己视线内及记忆中,或循此以进,或避之以退,以保证在回家或遇到恶劣天气需要躲避时不迷航,及时地将舟筏驶回安全水域或岸边、港湾,并回避水下暗礁浅滩。这些地形地物就是最早的自然航标。这类被作为航标的天然目标在全国各地都有,如位于黄河渤海入海河口处的碣(jié)石(见图 4-1)(位于今河北昌黎县城北)[3]。

图 4-1　秦皇岛碣石

战国时期的《尚书·禹贡》这样记载:"岛夹皮服,夹右碣石,入于河。"北魏郦道元①

---

① 郦道元,466—527 年,字善长,范阳涿州(今河北省涿州市)人,北魏时期官员、地理学家、青州刺史郦范的儿子。

的《水经注》①则这样形容："濡水又东南至絫县(今河北昌黎县)碣石山……今枕海有石如甬道数十里,当山顶有大石如柱形,往往而见。立于巨海之中,潮水大至则隐。……世名之天桥柱也。"这说明古代先人们在乘舟进海、入河转航时,已将碣石作为导航标识。所谓"夹右,经行其西",意思是说当碣石出现在右腋方位时,转航西行,即进入黄河河口,由海入河逆流而上,就能到达帝都。碣石作为中国有文字记载的自然航标已被确认无疑。

位于福州的乌山与于山,均屹立于利涉门(古时福州城门之一)外江海中。明朝黄仲昭的《八闽通志》云:"两山东西对峙,瞩目海上。"两山作为海舶到港岸际标志也是自然航标。春秋战国时的芝罘(fú)港(今山东烟台)是南北洋海上运输必经之地。港外有崆峒、芝罘等岛屿,成为天然导航标志。在大连老铁山一带,以郭家村遗址最为重要。该遗址西傍渤海东岸,西北角处有一小海湾,叫羊头湾。湾口排列着3座小山,分别称大羊头、二羊头、三羊头。湾内除西风外避风条件良好,湾东南方向的老铁山是原始航海天然航标。在广西壮族自治区宁明县花山崖船画中,船尾立有两根小木棒似的东西,这可能是一种用于航行避碰的船上工具。

综上所述,先民们在漫长的生产与航行实践中,积累了一定的海上航行知识和经验,能够利用自然物体进行导航,保障涉水航渡安全,为以后中国海上保障事业开拓与发展奠定了重要的基础。

(二) 人工航标

自然航标受到自然条件的限制,不能完全适应航运发展要求,于是按照人的主观意志而建设的人工航标出现了。

据史料记载,东汉时连云港云台山淹没于海中,朐(qú)山港(今连云港)的繁荣使周边村落逐渐兴盛。人们在今花果山乡小村北小山上树立一个旗杆石,石上有3个孔,可将旌旗绑缚在杆子上,插入石孔中,供海中舟船识别航线、辨别口岸和码头。作为引导舟船出海归港的标志,该旗杆石是目前能见到的中国最早的人工航标。

隋朝,人们在利用自然航标为船舶导航的基础上,更加注重对人工航标的设置。一些建在沿海岛屿、岛礁岬角、滩头海边或海岸口门的宝塔,既是人们祈求航行平安所在,又兼作船舶进出海口的引领标志。

1. 宝塔耸立

宝塔一般是由民间集资或僧人募化建造的,也有的是由官吏出资建造的。

---

① 《水经注》,我国古代地理名著,共四十卷,约一万余字,详细记载了一千多条大小河流及有关的历史遗迹、人物掌故、神话传说等,是我国古代最全面、最系统的综合性地理著作,对研究我国古代的历史、地理有很大参考价值。

隋以后,中国所建的"人工航标"多为陆标,主要是宝塔。宝塔源于佛教,西汉末年从印度传入中国,后来为供奉神灵而建,又称佛塔,通常为寺庙建筑的一部分。

隋唐时期是佛教兴盛期,兴建、重建的庙宇不胜枚举。建于江湖河海岸边、海湾港埠以及长桥古渡等地方的宝塔高高耸立,成为指引船舶安全通过或顺利靠岸的导航标志。为方便船舶夜间导航,塔上还通常装有灯笼,故其又有灯塔之称。在文献中,早有"海船夜泊者,以塔灯为指南"之说;在文学作品中,更有塔上"点燃八百灯龛火,指引千帆夜竞航"的诗句。

唐贞观年间(627—649年),在初次来到中国的阿拉伯著名传教士阿布·宛葛素的主持下,由当时侨居广州的阿拉伯穆斯林商人捐资在怀圣寺内建成"光塔",又名"番塔",该塔高165尺,矗立在珠江岸边。每晚塔顶高竖导航明灯,指引船舶进出广州。"光塔"是广州乃至中国建成的最早的起导航作用的灯塔。

唐天宝二年(743年),位于长江入海口处与吴淞江入海口南岸的青龙镇北报德寺内兴建了青龙塔(见图4-2),该塔高七层,邻近港口,也起到为船舶航行指引方向的作用。乾符年间(874—879年),高僧如海在泖(mǎo)岛(今上海市青浦区泖河)筑台建泖塔,后增殿阁,名澄照禅院。据《青浦县志》记载:"其时泖河广阔,来往船舶都以泖塔为标志,夜间塔顶燃灯,指示航道。"泖塔如图4-3所示。咸通十年(869年),温州江心屿建成东峰象岩塔,后宋开宝二年(969年),又在江心屿西峰建成狮岩塔,此东西两塔为船舶进出温州港的航标。

图4-2 青龙塔[4]   图4-3 泖塔[5]

宋开宝二年（969年），杭州钱塘江畔建成六和塔，该塔高九层，塔上装灯，江上夜航船赖以导航。嘉祐六年（1061年），在海神庙原址兴建蓬莱阁，其一侧重建海神庙，该庙仍起着为舟船导航的作用。政和年间（1111—1117年），福建长乐县西南山建圣寿寺塔，塔高274米，该塔成为船舶进出大平港（俗称河下港，又称河阳港、马港、下港）的海岸标志。绍兴年间（公元1131—1162年），泉州港建成万寿塔，又称姑嫂塔，该塔矗立山巅，视野辽阔，至今仍为泉州港湾重要的航行标志。景定年间（1260—1264年），此禅院改名为福田寺，又称长水塔院。碑记有"标灯为往来之望"。此外，山东蓬莱丹崖山上建成的海神庙既用来祈祭龙王，又可作为舟船导航之用。

明初郑和船队多次停泊于长乐太平港，船舶进出港口时以圣寿寺塔为航标。同时，该塔还是郑和登高俯视船队的瞭望塔，塔原在寺庙之内，郑和曾两次修葺佛寺，并以塔定寺名，称为三峰塔寺（见图4-4）[1]。明初，广州地方官府又沿珠江航道建成莲花塔、琶洲塔、赤岗塔，名为"镇海"，实际起航标作用，为当时进出广州的外国船舶引路。

图4-4　三峰寺塔[5]

此类灯塔大多由社会捐助建成，也不乏民间集资建设并管理的。据史料记载，福建惠安县崇武半岛东端的崇武古城是明代大陆和台湾通航的一个重要港口。明洪武二十年（1387年），渔民集资在崇武南城门楼西侧建成崇武灯塔。珠江此时也开始出现了人工建设的航标。嘉靖五年（1526年），巡海通判蔡潮[2]在福建东山岛东南的东门屿建成文公塔，此塔成为进出台湾海峡南口的重要航标。万历二十六年（1598年），又在黄埔琵琶洲上建海鳌塔（又名琶洲塔），该塔成为到达黄埔港的"海望标志"[3]。万历四十年（1612年），又在珠江南岸的莲花山上建筑了莲花塔（今黄埔港新港对岸），在"山巅，以为海舶

---

①　出自民国《长乐县志》卷七《名胜志》。

②　蔡潮，1467—1549年，字巨源，号霞山，临海县城（今临海市）人，官至刑部尚书，著有《霞山集》10卷、《湖湘学政录》1卷、《判义》6卷、《编次名言》2卷、《对偶菁华》1卷。

③　出自乾隆的《番禺县志》卷十九，清乾隆三十九年刻本。

表望"。莲花塔从虎门外也可望见,至今仍然是一个重要的航行标志。海鳌塔和莲花塔是珠江水道上最早的人工航标建筑,是不发光的航标。天启五年(公元1625年),建于广东惠州大亚湾花洲岛上的霞涌宝塔建成,该塔也成了船舶的航行标志,还有以宝塔作航标的谚语:"水浸宝塔脚,下舟休要错,水淹宝塔顶,十船九个损"[6],人们将它作为行舟的准则。

清乾隆四十三年(1778年),澎湖通判谢维祺奉台湾府知府蒋元枢①之命募款兴建澎湖渔翁岛西屿灯塔(又名渔翁岛灯塔)。石塔有7级,高约5丈,灯光射程为1海里,是沿海最早由地方官吏与民间集资共建的一座灯塔。此渔翁岛外坡高地上的灯塔是台湾、厦门之间的航标。

纵贯南北的大运河沿岸也有许多宝塔,如临清舍利宝塔、通州灯塔、杭州六和塔、镇江文峰塔等四大名塔,此外还有江苏东台西郊的西溪古镇上建成的海春轩塔等。珠江水系上也建有许多宝塔,如西江边建的横县承露塔、邕江边建的南宁龙象塔、左江边建的崇左归龙斜塔,以及1896年在右江边建的隆安榜山文塔。各内河水系上建成的宝塔不胜枚举,这些宝塔既供人们祈求佛法,又可作引导船舶进出海口或港口的人工航标。

2. 刻石示警

明万历年间(1573—1620年),巡按御史李时华②鉴于长江丰都县境内的观音滩在江水泛滥时上下水行船极易遇险,便在该滩突出的巨石处凿刻"险冠全蜀"几个大字,以警舟人。清乾隆四十年(1775年)忠州地方官甘隆滨在今重庆忠县东南约7.5公里的折桅子滩南岸的崖壁上刻写了"对我来"。此后,船工们驾船行到此地,只需把船朝向刻有"对我来"崖石,然后轻点竹篙,便能避开礁石正常航行。这既是川江船家千百年来以险制险,巧航此滩经验的总结,也是利用川江两岸自然地貌导航的实物记录。乾隆五十六年(1791年),三峡沿江州县奉乾隆谕诏,在对峡江险滩进行普查的同时,在各自境内沿江两岸"插立标记",为舟船导航,"俾免冒险行走,以昭慎重"。这是古代川江上一次规模最大的设置简易航标的活动。自此,川江行船过滩,以标志导航,循标前进。这些航标虽然简陋,但在川江航道上却起到了不可低估的助航渡险作用,又为近代川江航标设置提供了一定的建设经验③。现在,尽管三峡大坝已建成,川江水急流湍现象不见了,但瞿塘峡口滟滪堆、忠州县的折桅子滩和西陵峡中的崆岭滩的崖石上刻的"对我来"仍可见,据有关人士调查考证,散布于长江干支流"凿石作塔,以为舟

---

① 蒋元枢,1738—1781年,字仲升,号香岩,中国江苏常熟人,历泉州厦门同知,身兼台湾道,建多处炮台、书院、灯塔,并编修《台郡各建筑图说》。

② 李时华,字芳麓,明朝贵州贵阳人,明神宗万历十年(1582年)举人,官至监察御史,奉朝廷命,巡行四川、河南、广东及漕运等地。

③ 出自咸丰《云阳县志》卷一《古迹》,清咸丰四年刻本。

中国航海史话

130

标"的题刻总计约千处,这些都是舟船航行的标识。

3. 灯船标识

随着海运漕粮活动的发展,元朝长江下游入海口附近的刘家港(今江苏省苏州太仓市东浏河镇)成为海运始发港和重要贸易港口,每年有大量粮船在此聚齐起发。而从刘家港出发的运粮漕船所必经海道的甘草等水域,浅滩暗沙,水情复杂,不知水脉之人多会搁浅、翻船。特别"海舟停泊,或值风涛"时,船舶经常搁浅坐滩,以至船毁粮损。该港口虽在南宋"势日深广",但潮沙不通,元初才"不浚自深,潮汐两汛,可容万斛之舟"。至元二十四年(1287年),朱清①、张瑄疏导娄江入海,使娄江"水阔有二里许"②。此后,海运日益发展。元至大四年(1311年)十二月,富有航行经验的常熟船户苏显在经历多次舟船经过此地遇险惊吓后,对刘家港甘草(指入长江口处)"沙浅水暗,素于粮船为害"等地方,提出竖标导航,设置"指浅号船"的建议③。随后征召经验丰富、驾船技术过硬、熟悉这片水域的船户担任此职。经朝廷海道府会集海运千户殷忠显、黄宗翊等人认可,"晓谕运粮船户,起发粮船,务要于暗沙东、苏显渔船偏南正西行驶,于所立号船西边经过,往北转东,落水行驶,至黄连沙嘴抛泊",还规定"如是潮水退,号上桅上,不立旗缨,粮船舫许抛住,不许行驶"。苏显还自备两艘私船于刘家港"抛泊西暗沙嘴浅处,竖立旗缨,指领粮船出浅",称之"记标指浅"④。这种"指浅号船"虽较为简易,但却是中国江海交汇处的第一艘航标船。延祐元年(1314年)七月,江阴船户袁源、汤玙等人,又在江阴洲夏港、需沟等以下一百余里之内,凡有浅沙之处皆立标识,共标明江阴洲浅沙暗礁9处⑤,这是海船进入长江的导航标志。为加强管理,朝廷还先后委任苏显、袁源为指浅提领,负责引航事宜,依法施行,此系长江航道最早的专职管理人员。

明宣德年间(1426—1435年),在山东胶州湾运粮航线上出现"海道弯泊,舟行停泊,宜在旧式墩上存设旗帜,夜悬灯笼,以便趋集"的航路标志。清乾隆五年(1740年),针对山东青岛港的淮子口海域礁石险峭,水师营把总廖际遇在胶州湾"立石柱于郭五、郭六礁前,出水面丈余,舟人望而备知",使进出淮子口的舟船有所标识。这些固定与浮动航标是古代航海者船舶航行中实践经验与血的教训的总结,有效地保障了船舶安全航行。它们的出现又说明人们已由单纯地利用天然物体作为航标指引船舶航行的被动状态,发展到人工制造航标引导船舶前

---

① 朱清,1236—1306年,字澄叔,崇明姚沙人。元十九年,朝廷寻求南粮北调的运输路线时,朱清、张瑄建议海运,被采纳。由于朱清、张瑄开发海运,太仓发展成为东南沿海的大港,富庶繁华,与东南亚诸国通商,使太仓成为盛极一时的"六国码头"。

② 出自弘治《太仓州志》卷九《杂志》;陆文葆:《新浏河志 附集》。

③ 出自弘治《太仓州志》卷八《杂志》。

④ 出自《大元海运记》卷下《记标指浅》,广文书局1972年版。

⑤ 出自《大元海运记》卷下《记标指浅》,广文书局1972年版。

行,同时这也是山东胶州湾海域最早的航标[7]。

航海拾遗：上海"宝山"之名源于航海堠表助航

明初,位于长江入海口的刘家港是漕运船舶出海入江的第一大港。但江海茫茫,舟船行经于此往往迷航漂失。永乐年间,海禁重开,刘家港船舶云集,水上交通盛况空前。当时长江口船舶航行采取外洋(铜沙以下)观山、内洋(铜沙以上)观岸的办法。观岸是指观察地形、地物,但由于船舶自海上入浏河时没有明显的目标可依,遇黑夜风雨,驾船不知所泊,往往搁浅覆溺。于是,由江南官员陈瑄上奏:"苏州府嘉定县濒海之墟,正当江流冲会,海舟停泊之所,其地平迤,无大山高屿,漕舟于此,或值风涛触坚胶浅,辄至倾覆。乞于县之青浦筑土为山,立堠表识,使舟人所知避,而海险不为患。"为便利商船往来,朱棣采纳了这个建议,命陈瑄役夫督造,"乃命海运将士,相地之宜筑土山焉,以为往来之望"。永乐十三年(1415年)九月,建成"方百丈,高三十余丈"的堠表(土墩),其上"昼则举烟,夜则明火",数十里外可见,此处成为出入附近海域船舶的参照物和浏河的入口航标,引导船舶进出长江。此堠表至今犹屹立在上海市黄浦江进出长江处。堠表筑成后,中外船舶"咸欣其便",遂称刘家港为"天下第一码头",各国奇珍异宝无不毕集,因名曰"宝山"。后明成祖下令树碑,并亲自撰写碑文,名为《永乐宝山烽堠御碑》(现存于高桥镇高桥中学内)。这一土墩被船民誉为"宝山",据传今上海宝山即因此而得名。"宝山"旧址在今上海市浦东新区高桥镇北约5公里的江海汇合处。

4. 灯标标识

明朝后期,浏河淤阻渐剧。而浏河之南的东江自明永乐年初开浚范家浜、上接黄浦达海后,江海交通发展顺利。到了清朝,浏河航道恶化到舟楫往来必待潮的情形,于是长江出海通道由大黄浦(今黄浦江)取代了浏河的地位。当时大黄浦进出吴淞口,因地势平坦,无高山大阜,堠表可作为瞭望标识,这是中国历史上最早由官方建设的航标。自此,黄浦江渐渐成为江海水运的重要航道,上海成为中国东南地区的商贸大港。雍正十三年(1735年),吴淞口南北两座炮台上"设立高竿,悬挂明瓦号灯二盏,为港南北标识",这是上海港出现得最早的航标。从此往来船舶可依照标灯行驶,就是黑夜亦可经行驶入,避免停泊外港,遇到风浪也可及时逃避,较明朝的烽火台又进了一步[8]。

纵观以上多样化的助航标记,表明这一时期已由过去以自然地物作为助航标记发展到人工刻石、建塔、"立标指浅"指引航路,航海人对自然的利用和开发能力有了质的飞跃。

二、近代助航设施的建设

(一) 近代助航设施的设置和建设

中国近代,列强入侵,海权旁落。鸦片战争前,侵入中国的外国船舰便在沿海私行窥测,绘制海图,并在某些险峻之处私自设置航标,以保障其商船的航行安全[9]。五口开埠后,进入我国的外国商船因吃水深、航速较快,加之不熟悉航道,时常导致触礁搁浅事故的发生。为此,外国领事和商人于1846年公然撇开中国政府,私自设置助航标志。起初,这些航标主要集中在沿海航道、通商港口的重要水道,设置的助航标志包括灯塔、灯船、浮桩、浮标及其他信号和标志等。1858年第二次鸦片战争后,外国商船进入中国港口、航道的数量猛增,原有一些简陋的助航设施已不能适应需要。于是,列强就加快了助航设施的建设,主要建设地点为外国船舶到达的水域。

除个别地区外,助航设施的建设和管理一律由海关总税务司负责。1868年设立海务处后,总税务司开始引进西方先进技术设备和管理方法在沿海通商各口险要地点设置灯塔、灯船、浮桩、浮筒、雾角等助航设施,并逐步构成连锁体系。长江、珠江的重要航道也相继建设助航设施,由航政部门负责巡视、保养与修葺。助航设施的建设和维护具体由海务处负责,海关支付费用,外籍税务司控制预算,外国海军与工程人员组织施工。

至1908年,全国沿海、内河共有灯塔182座、灯船5艘、灯艇44艘、浮标171个、望楼798座。这些助航设置主要为外国船服务,也起到为中国木轮船导航的作用,有效地减少了水上碰撞或搁浅事故的发生[10]。

中国近代助航设施建设主要集中在沿海水域和港口重要航道。其中,上海及长江口附近海域航标配布如下。

1846年,外国领事和商人不经清廷批准,公然在长江口私自设置航标。其中,在长江口铜沙浅滩处设置木质灯船1艘,在吴淞口外布设灯标和石桩等标志。

1847年,在长江口北岸及南岸浅滩外沿各设置1座灯桩,标示进入长江口的南北界限。这是近代中国第一次设立的新式助航标志[11]。

1855年,从国外购置灯船"柯普登爵士"号,置于长江口铜沙浅滩,引导船舶进入长江,称"铜沙灯船",这是长江第一艘新式灯船,也是中国的第一艘新式灯船。"铜沙灯船"如图4-5所示[12]。

1856年至1857年上半年,长江口外大戢山至吴淞之间设置8个铁制菱形浮筒。吴淞内沙设两个浮筒,标志深水航道。

1858年3月,吴淞内沙又设置了两艘航标船,分别用油漆涂为红、白二色,

图 4-5　"铜沙灯船"

并各悬挂红、白二色旗帜用以指示进港船舶绕开浅滩航行。

1862 年，吴淞口内拦江沙设标桩 3 座，以便船舶出入上海黄浦江。

1864 年，长江开始建造灯塔。同年 12 月，在长江口南岸原建砖塔的基础上，改建成长江第一座灯塔——九段灯塔。

1865 年，上海道在吴淞口左岸教场尖嘴沙建一座洋式矮屋，内燃油灯，使西式概念的灯塔登陆中国。1872 年改建新灯塔，称"吴淞灯塔"。

1869—1871 年，长江口南侧的大戢山，舟山群岛北部的花鸟山、西鹤嘴，长江口北侧的余山，厦门港外的东碇岛等处各建灯塔一座。其中，"花鸟山灯塔"（见图 4-6）为远东第一水晶透镜灯塔。

图 4-6　花鸟山灯塔[5]

另外,为加强对中国水域的控制,列强还在中国其他水域设置助导航设施,其中最具历史意义的如下。

1867年,烟台蛇桐岛建1座灯塔;营口的辽河口设牛庄灯船1艘;英国在香港建1座灯塔;葡萄牙在澳门建2座灯塔;烟台港建第一座灯塔,称烟台灯塔。

1878年,天津海关将招商局一艘旧趸船"伊顿"号改装成灯船,即大沽口灯船,泊于海河拦江沙外水深24英尺处。该船上悬由狼山水道旧灯船移来的六等定光灯,烛力350支,这是天津港第一个助航设施。次年,灯船因破坏负重偏斜沉没,死亡40人,此事成为当时轰动全国的海难事故[13]。

1888年,大连海区第一座近代助航设施——老虎尾灯塔建成。老虎尾灯塔位于旅顺港老虎尾东角,东经121°15′02″、北纬38°47′32″。塔的结构为钢筋混凝土圆形塔,塔内装有电气设备,灯高32米,射程20海里。

1893年,辽东半岛最南端的老铁山灯塔(见图4-7)建成。该灯塔位于黄、渤两海交汇处,东经121°08′02″、北纬38°43′37″,其设备由法国引进,采用水银浮槽重锤旋转镜。塔的结构为白色圆形铸铁塔,高14.8米,灯高1米,射程25海里。老虎尾灯塔和老铁山灯塔的建设为舰船安全进出旅顺港提供了可靠保障。此后,在中日甲午战争、日俄战争及两次世界大战中,该灯塔七易其主,被中、日、俄三国轮番管理,命运坎坷,在世界灯塔中实属罕见[14]。

图4-7 老铁山灯塔[5]

(二)近代助航设施的管理与制式更新

1. 设立助航机构,实施分区管理

第二次鸦片战争后,由于外国来华船舶日益增多,各国轮运业对助航设施需求日益迫切,因此将其列入《天津条约》,条约明确邀请洋人帮办设置助航设施、管理船舶及征税等规定。这样一来,就以条约形式把助航设施建设纳入航政管理的范畴。这时,中国沿海、内河航道、助航设施管理既无系统,又无规章制度,更谈不上有效的建设及管理。

1860年以后,中国北洋航线和长江相继开放,轮船航运业逐渐兴起,而助航设施发展却极为缓慢,除沿海口岸增设极少数助航设施以外,大部分航线上均未设任何标志,引起各国航商的强烈不满。后来,在解决"经费在船钞项内拨用"的问题后,助航设施的建设开始加快,并建立起养护与管理制度。1868年,隶属总税务司的海务部成立,专门负责助航设施的建设、管理与维护。其职责"约分为港务之管理,灯塔、浮标及一切便利航行设备之装置与维持,沿海及内河水道之测量,河道图表之绘制与天气气象报告之记录等"。同时,中国沿海划分为南、中、北三个区段,实行分段管理。19世纪80年代后,总税务司拟订一个在中国沿海有系统地修建航标的计划,按先北后南的顺序,建立北自牛庄(今营口),南迄海南琼州的一个沿海大型灯塔体系。

随着轮船进出港越来越多,各沿海海关也派员到现场监护助航设施。1861年,闽海关(洋关)设立后,即着手勘测闽江水道,并在航道设立、迁移、改造、维修助航设施。海关理船厅下设1~3名巡江吏,负责巡查闽江下游入海航道,及时将沙滩移迁、浮标漂移等危及航道安全的变化报告理船厅。税务司在接到理船厅禀报后,即调遣海关船艇,在巡江吏指挥下,对有关航道进行勘测,并规定引航人员如发现航道异常也应立即报明理船厅。海关税务司与南段巡工司相互配合,负责辖区内沿海灯塔、浮标等助航设施的建造和维修保养。1880年,驻福州的南段巡工司调到上海,上列灯塔管理转由厦门税务司代管,后又改派南段巡视员1人驻厦门,专理南段灯塔事务。灯塔建成后,理船厅派灯塔值事人分赴各岛管理,海关补给船定期前往补充燃料、食物等。当时,海关对沿海的海务管辖有明确的分工界限。如浙江沿海区域,自杭州湾起往北沿海,归江海关管辖;自杭州湾往南沿海至台州海域,归浙海关管辖;自台州起往南沿海至福建霞浦县属的南关澳(也称南镇澳)止的海域,属瓯海关管辖。灯塔等航标的设置、建筑、管理也是按照这个范围分工进行的。尤其宁波至上海航线上的灯塔,自成体系,对甬沪航道及在杭州湾、舟山海域航行的船舶几乎成为航行中不可缺少的指南。1907年唐脑山灯塔建成后,甬沪航道的灯塔基本已经完善配套,剩下来的只是进一步改善和提高的问题。

2. 引进先进技术,更新助航制式

海关设置的近代航标标志以作用的不同分为水上标志、岸上标志、信号标志和水位标志,各种航标的样式、颜色、灯光等都有统一规定。自1847年上海设立第一座近代航标后,西方近代航道技术设施逐步输入,并有相应的改进。

早期所设的助航标志有标桩、灯桩、灯塔、灯船、灯浮等。这些标志的形状、颜色、灯光皆参照当时的英、美航标制式,以方便各国船舶识别。为对早期助航设施进行较大的改进,后又引进英、美等国的先进航标技术。19世纪70年代,由于要对早期助航设施进行较大改进,中国对英、美等国家先进航标技术的引进达到高峰。1880—1890年除少数地方增设航标外,航标设置整体步入低谷时期,究其原因:一是自 19 世纪 50 年代后英国控制中国航标设置权后,中国民间、官方自行减少设标;二是列强忙于瓜分中国,亦无暇顾及助航设施的建设。到 20 世纪初,随着中外轮船运输业的发展,尤其外国轮船势力大量进入沿海各地,并向长江与内河腹地延伸,辅助航行安全的助航设施建设再度兴起。其主要表现在以下几点。

（1）航标制式划一,布设较前合理。1872 年,船钞部总营造司编纂《通商各关沿海沿江建置灯塔灯船灯杆警船浮桩总册》,开列当时各关所设航标形状、颜色、灯光,并在凡例中对航标制式做出统一的说明。1882 年 8 月 4 日,总税务司正式通令各关,要求将各地所设航标按统一规定改饰标准的色样,并就各种航道、浅滩、礁石等标志的图样和颜色做统一规定。次年,沿海、沿江各通商口岸的警船、浮桩等都改饰标准式样,航标的规范化管理得到加强[15]。

（2）引用新技术,革新灯塔设施。早期的岸标多以土、石相垒,费工费时;近代岸标取木杆替代,可随时移动,具有轻便、机动的优点。19 世纪 80 年代,灯塔大都使用定光灯,且燃用植物油,光亮度低,天气不好时难以发挥导航作用。从 1890 年开始,新的灯塔改用明灭相间闪光灯机,燃用矿物油,光亮较高。灯光设备也从固定式改为遮隐式,并添置新的报警雾炮。到 1895 年时,沿海、沿江较大灯塔燃用植物油的不下 12 处,而设置定光灯的也有 12 处。1899 年以后,对灯塔的改建、革新和新建工作进一步开展,将原先燃植物油改为燃煤油,并配以压油灯头,以增加光的强度,灯塔性能有了较大提高。从 1900 年开始,各灯塔相继改装明灭相间灯、煤油蒸汽灯头,甚至"阿格式"电石瓦斯灯头,燃用平楚瓦斯,安装新式镜机,灯火烛力大为增进。长江以外的花鸟山灯塔设置新发明的指示机械——无线电桩。1911 年落成的遮浪角灯塔是当时世界最大的灯塔之一。南澎岛灯塔所设的气压雾笛,为世界最强的雾角之一[16]。

（3）灯塔雾号设备不断改进。灯塔多有雾号设备,当浓雾天气,船舶不能见到灯塔的灯光时,或鸣雾笛或放雾炮。由于空气流动的变幻,凭雾号的声响以示方向不易听得准确,但其作为防险信号还是有效的。雾号也有不同的制式,1882 年各海关对所管辖的水上助航标志曾做过统一规定,用以标示航道以及处于水道中的礁、滩、障碍物和沉船处等,但仅以颜色表示,比较简单,也无江海之分。如青岛港的灯标、雾警笛等港航设施均完备,甚至有电话配线箱,可供船舶靠岸时和陆地通话。这在当时远东各海港也处于先进行列[17]。

三、现代助航设施的发展

（一）改革开放前航标的整顿和建设

1949 年前,中国漫长的海岸线上总共有 323 座航标,且大都分布在 30 余处港湾及其附近,而广阔的沿海交通线上则是航标残缺不全或空白区。

新中国成立后，航标的整顿和建设受到极大重视。初期，为突破敌人封锁开通航运与配合解放沿海岛屿的军事作战，首先恢复和补充被国民党军队撤退时所破坏的航标设施。1950年冬，交通部航务工程总局的"流星"号航标船，首次出发检查、修复、重建和补给了长江口以北的7座灯塔，20余座灯桩，十多个浮标。1952年起，集中建设了当时作为海军舰艇基地的舟山海区的航标。经过3年努力，先后在定海、沈家门、岑港、宁波、穿山、长塗、牛轭、石浦等港，新建多种航标72座，修复了一些主要灯塔，为开辟上海至舟山群岛航线以及保障海军舰艇训练和作战创造了极为有利的条件。

为加强统一管理，1953年7月，交通部航务工程总局航标处与海军海道测量局合并，成立海军司令部海道测量部航标处，全面负责全国沿海航标的整顿和建设工作。

1954年，浙东沿海诸岛虽基本解放，但其近岸航线以及福州、厦门两港仍受到占据着金门、马祖等岛的国民党军队的直接威胁，南北海上交通受到了阻挠，坚持此线运输的船舶只能在夜间隐蔽航行。为保证近岸夜航安全，航标人员先后在黄岐半岛近岸航道和厦门港外的大嶝水道等区域设置了200余座航标。这在当时的形势下为打通南北小船航路起了积极作用。

继此之后，1954年下半年，我国开始海南岛的环岛建标工作。该岛在1949年前没有设过标，二次世界大战时在琼州海峡东口布过水雷，此处属水雷危险区，经过紧张工作，终于在短期内完成了国家要求的建标任务，设立了40座灯桩，并在琼州海峡敷设大型浮标，标明了一条安全航路。截至1958年，我国又在水道东口两侧硇（náo）州岛和抱虎角增建了两处指向标，从而使琼州海峡水道成为安全可靠的主要航道。

1956年，完成了新建湛江港的布标任务。新建、改建各种灯桩、导标、灯浮和立标等50余处。

此后，又对全国沿海干线和部分港口航标布局进行了调整配套，充实密度，填补空白，并对原有部分航标进行重建、改建，加强光源强度，增加灯光射程，以进一步提高航标质量。

进入20世纪70年代，全国沿海航标灯器和光源得到进一步改善。新设备、新技术，如透镜闪光仪、日光阀等不断得到应用。在光源方面，逐步实现了电气化，由锌空电池取代了乙炔气瓶。白炽钨丝灯、霓虹灯、溴钨灯和氙灯等的使用大大增加了灯标的照距，保证了夜间航行的安全。

海上暗礁历来是船舶安全航行的最大威胁，在沿海干线和部分港湾事故多发地段布标就成为航标工作的一项重要任务。为此，先后在闽江口的"七星礁"和"日庄礁"、宁波港的"夏老太婆礁"、青岛港的"中沙礁"、秦皇岛港附近的全山咀、长江口的"海礁"、珠江口的"蚊尾洲"、南洋航线上的"鼻头礁"和"野猪礁"等地区设置了航标。其中工程最艰巨而在航海中至关紧要的要数西沙群岛的浪花礁和北礁灯塔。

位于西沙群岛东南端的浪花礁和北礁地处南海海上交通要冲,礁盘高潮时被淹没,历来是航海的多事地区。据统计,1972—1979年,共有10艘中外万吨巨轮在此触礁遇难。1978年航标部门先在该处建立临时灯塔,1980年两座坚固的、高20米、采用硅太阳能做电池能自行换泡的永久性灯塔在浪花礁与北礁建成。从此,来往船舶再也没有在该处发生海难事故。

(二)改革开放后航标由传统走向现代化

1. 现代航标的相关变革

1978年,改革开放的春风吹开了中国的大门,伴随着我国蒸蒸日上的前进脚步,航标技术也迎来了发展的春天。

(1)航标结构:在继承基础上发展。

改革开放后,航标的管理部门淘汰了一些残旧和射程小的灯塔(桩),对可以利用的,在表面饰以瓷砖或反光材料,既美观又显眼。现在,新建的灯塔(桩)几乎都是钢筋混凝土结构,造型美观,艺术性强。灯笼则采用了透镜罩或凹镜透射罩,由三角体玻璃多块联结而成,使之发出集成光束,能见距离远,最高可达40海里之遥。

浮标的变化更加引人注目,首先是全部浮标都装上了灯器,标体由多样化、中小型向统一的大型浮标发展。现在,在杭州湾大桥和广东的湛江已经出现了直径5米以上的灯浮。浮标的顶标被望板代替,标识更明显。灯器也由普通白炽灯改成具有低压电源、耗能少、适用性强、稳定性高的高亮LED灯源,射程提高到四海里以上。能源采用太阳能,供电时间长,对环境无污染。另外,在关键位置的航标还安装了雷达反射器,航标助航效果全面提高。

(2)航标技术:由传统向数字化进军。

改革开放40多年来,最能体现航标技术成果的是无线电航标的重大突破。从传统航标改革到无线电航标系统的建成,航标技术日新月异。

近代航标出现以前,中国航标技术以一步数百年的缓慢进程艰难推进。新中国成立后,航标技术虽然有了进步,但相比国外仍然是在落后中徘徊。其中最明显的变化是灯器光源,其由燃灯式变成了电器化。

1927年我国在花鸟山建立了第一座无线电指向标站,从此开始了我国的船舶无线电导航服务。但到了1949年,这种航标仅有4座,之后,中国又开通了无线电双曲线定位系统罗兰A,这两种作用距离小、定位精度低的无线电测向仪在我国无线电航标史上占据了多半个世纪,明显落后于国际航标技术。

改革开放以后,无线电航标建设步伐大大加快。1987年以后,我国陆续建成了港口和重要水域的船舶交管系统(VTS),至 2000 年,在全国建成了 20 座 RBN/DGPS 差分台站。随后,雷达应答器、船舶自动识别系统(AIS)近远程无线电导航、监控设施建设风起云涌,形成了从鸭绿江口到西沙群岛,覆盖沿海港口、重要水域和窄小航道的综合一体化航标助导航系统。

今天,目视航标和雷达应答器为在港口和航道近距离的船舶指引航向,提供航路的标示和安全信息;定位系统作用范围为距岸 160 海里,其提供精度为 0.5 米至 20 米的定位服务;AIS 能够在覆盖范围内提供船舶动态和交通信息服务,使船舶由远海到近岸,由近岸到港口码头的全过程能够得到航标的有效助航服务。

(3)航标管理:由保证正常到应急反应。

改革开放以后,航标施工、维护的设备和手段日趋成熟和完善。先进的设备提高了航标队伍的服务能力,航标维护目标由保证正常率转变为提供航标快速应急反应。

过去航标维护目标按沿海航标要求,在气候、路程和交通等综合条件下,按维护正常率公式计算的时间内恢复即可。但是,随着船舶数量的增加和港口物流对时间"快、准、短"的需要,对航标维护目标提出了更高的要求。为此,海事局各航标管理机构都制订了应急反应预案。一般情况下,气候、路程的困难已经被先进的航标船所征服,如遇航标失常,立即启动应急反应预案,航标恢复时间大大提前,为船舶提供了更完美的航海服务。

目前,全国沿海拥有 20 多个航标维护基地,80 多艘航标维护船艇,3 000 多名航标管理队伍,负责沿海 5 000 多座各种航标的管理和维护,提高了航标应急反应能力。

2. 知名航标介绍

新中国成立后,我国航运事业迅速发展,尤其是改革开放以来,为了适应新时期航运事业的进一步发展,我国独立自主地修建、改造了一批现代化灯塔。

(1)"夜海明珠":大沽灯塔。

大沽灯塔(见图 4-8)矗立在天津港大沽口外的海面上,始建于 1971 年 10 月,

图 4-8　大沽灯塔

1978年5月1日建成并发光,塔高38米,灯高36米,射程为17海里,是我国目前自行设计、自行建造的第一座海上灯塔。灯塔呈圆形,外表是红白相间的横纹,其主要作用是为进出天津港的船舶提供助航服务,已成为天津港的象征。

大沽灯塔塔顶部分有6面红色的壁板,其间有金黄色的花格窗,庄重朴实,兼具民族特色。塔顶上装有灯具,无论阴、晴、雨、雾都能发光导航。尤其在夜间,大沽灯塔可以发出旋转着的光束。从1978年使用到现在,大沽灯塔一直正常运转,发光率始终是100%。特殊的地理位置、重要的助航功能为大沽灯塔赢得了"夜海明珠"的美誉。

(2) 河塘灯桩的华丽转身:吴淞口灯塔。

吴淞口灯塔(见图4-9)早期曾叫河塘灯桩,地处黄浦江与长江口的交汇处,是船舶进出上海港、长江流域的必经之地,地理位置十分重要。由于过往船舶频繁,吴淞口灯塔成为该地区的重要助航标志。

图4-9 吴淞口灯塔

吴淞东临大海,是长江三角洲的水路门户,黄浦江与长江的交汇处称为吴淞口,黄浦江由吴淞口注入长江,长江由此入东海,具有得天独厚的水运便利。因此,吴淞历史上素有"重洋门户""七省锁钥"之称。

1988年,上海海事局对河塘灯桩进行改造。1997年12月,吴淞岛堤修复工程竣工。1998年8月河塘灯桩退役,上海海事局对灯桩进行重建,改为圆锥形铁筒,易名"吴淞口灯塔"。

（3）校园灯塔：中国海事•南汇嘴灯塔。

2012 年 5 月 16 日，矗立于东海之滨、上海海事大学校园内的中国海事•南汇嘴灯塔（见图 4 - 10）正式亮灯。这是全国首座也是目前唯一一座建造在高校里的固定航标，2008 年由中国海事局和上海海事大学合作建造，定名为中国海事•南汇嘴灯塔。

图 4 - 10　中国海事•南汇嘴灯塔

南汇嘴灯塔发挥着指引船舶航行、定位、标示危险区和航行障碍物等作用，为进出洋山深水港的船舶指明方向。南汇嘴灯塔为白色圆柱形，高 31.35 米，由塔基、塔身和灯笼组成，六层以下为钢筋混凝土结构，七层为钢结构。灯塔采用目前国内最先进的聚焦灯笼和国际一流的灯器，射程远、能耗少，具备双保险机制，能自动调节电压，如发生断电可用蓄电池、太阳能为其供电。

作为上海海事大学标志性建筑之一，中国海事•南汇嘴灯塔不仅发挥了其作为航标的作用，还对全校师生进行传承海洋文明、弘扬海洋文化的教育。它指引的不仅仅是前方的道路，也是照亮上海海事大学师生心灵的光芒。

（4）南海航行安全的守护者：南海灯塔。

南海是连接太平洋和印度洋的重要海上通道，也是十分重要的渔场，船舶密度大，通航环境复杂，气象海况多变。长期以来，南海海域船舶航行安全保障设施、海上应急救助力量以及船舶溢油反应力量的不足，已经较大地制约了南海海域通航安全和该地区社会经济发展。为改善这一局面，交通运输部自 2015 年 5 月起在南海海域开工建设大型多功能灯塔，不断加大南海民用导航助航、应急搜救设施的建设力度。目前，华阳、赤瓜、渚碧、永暑、美济 5 座灯塔已先后建成发光，极大地提高了该海域船舶航行安全保障能力。

① 华阳、赤瓜灯塔。

华阳灯塔[见图 4 - 11(a)]位于南海华阳礁,赤瓜灯塔[见图 4 - 11(b)]位于南海赤瓜礁。两座灯塔均于 2015 年 5 月 26 日开工建设。采用圆柱形钢筋混凝土塔体结构,塔身高 50 米,夜间发白光,设计灯光射程为 22 海里,周期为 8 秒。两座灯塔配置了 4.5 米灯笼,根据不同部件需求,采用铜、钢、合金钢等多种材质制作,并采用镀锌和喷涂防腐油漆等工艺,提高了灯塔灯笼防腐蚀性能。

(a) (b)

图 4 - 11 (a) 华阳灯塔;(b) 赤瓜灯塔

灯塔安装了船舶自动识别系统(AIS)基站和甚高频(VHF)基站,可为船舶提供定位参考、航路指引、航海安全信息等高效的导航助航服务,有利于提升周边水域助航、通航管理以及应急搜救能力。

② 渚碧灯塔。

渚碧灯塔(见图 4 - 12)位于南沙渚碧礁,于 2015 年 10 月开工建设,塔身为圆柱形钢筋混凝土结构,采用蓝白条纹间隔外观设计;塔基为两层八角形结构,取"际天及地、取道自然、刚柔并济"的理念设计造型,塔身高 55 米,配置 4.5 米直径灯笼,装配大型旋转灯器,采用北斗遥测遥控终端进行远程监控。灯塔夜间发白光,灯光射程为 22 海里,周期为 5 秒。为提升灯塔导航性能,灯塔配套建设船舶自动识别系统(AIS)基站和甚高频(VHF)基站,可为过往船舶提供定位参

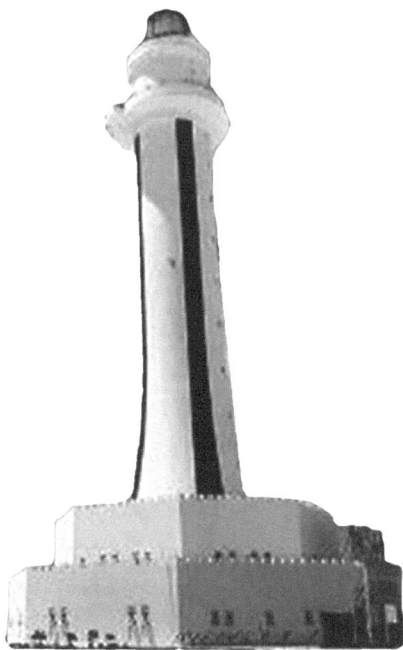

图 4 - 12　渚碧灯塔

考、航路指引、航海安全信息等导航助航服务。渚碧灯塔的投入使用将有效提升周边水域助航、通航管理及应急搜救能力。

③ 永暑灯塔。

永暑灯塔(见图 4 - 13)位于南沙群岛永暑礁北岛,于 2016 年 5 月 26 日首次投入使用,取名"鼎盛中华",设计立意取自中国传统文化中的鼎,象征中华民族永远吉祥、国家鼎盛千秋。永暑灯塔高 55 米,装配现代化大型旋转灯器,配备直径为 4.5 米的灯笼,夜间发白光,灯光射程为 22 海里,此外,还配备了船舶自动识别系统(AIS)和甚高频(VHF)通信基站。也就是说,船舶可利用船载设备与灯塔基站进行通信,一方面起到与传统灯塔目视助航类似的功能,另一方面还可接收灯塔基站播发的航海安全及预警信息。

图 4 - 13　"鼎盛中华"永暑灯塔

图 4 - 14　美济灯塔

④ 美济灯塔。

美济灯塔（见图 4 - 14）是第五座南海灯塔，处于南沙群岛的美济礁，取名"海上明烛"，寓意为矗立在海边的烛台，为人们指引方向、照亮航程，为航海者点亮一盏永不熄灭的烛光。美济的灯塔有 60 多米高，是南沙诸多岛礁上最高的建筑。这是座大型多功能灯塔，装配大型旋转灯器，采用北斗遥测遥控终端进行远程监控。灯塔夜间发白光，灯光射程 20 多海里。灯塔配套建设有船舶自动识别系统和甚高频基站，可以为过往船舶提供定位参考、航路指引、航行安全信息等导航助航服务。

四、国际的海上浮标制度

(一) 现代助导航标志的种类

在海上专门用来提供给船舶确定船位、航向以及避开危险，使得船舶沿航道或预定航线安全航行的助航标志简称为航标。航标的种类有很多，在航海中比较常用的有灯塔、灯桩、立标、灯船、浮标和灯浮标等。

（1）灯塔是一种固定的航标，通常设置在显著的海岸、重要的航道附近或者岛屿上，以及港湾入口处。塔的上部装有能发出特定灯光并且光力较强、射程较远的发光器。灯塔一般都有专人看管，工作比较可靠，在海图上的位置也比较准确，是一种主要的航标。

（2）灯桩（见图 4 - 15）设置在航道附近的岸边，是一种柱状或铁架结构的建筑物，顶部装有发光器，但灯光强度不及灯塔，一般无人看管。

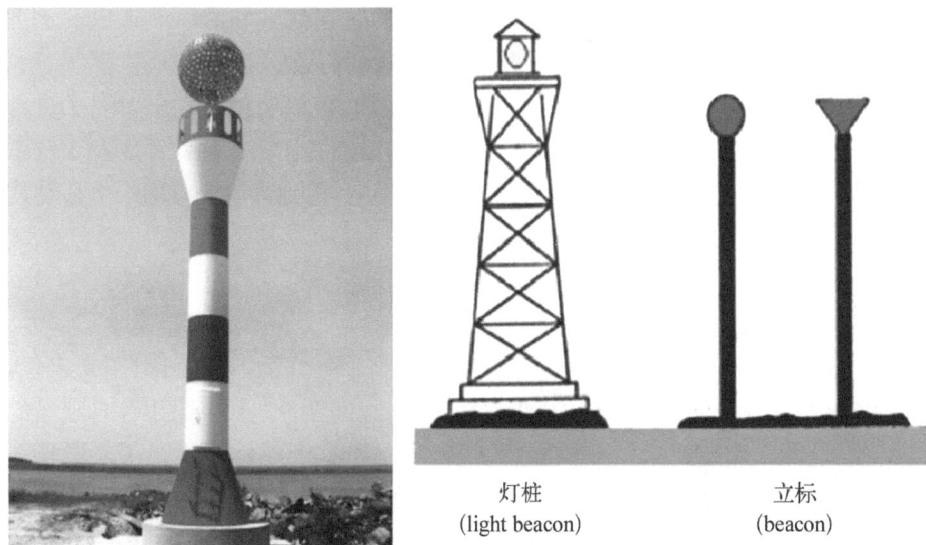

灯桩
(light beacon)

立标
(beacon)

图 4 - 15 灯桩和立标

（3）立标（见图 4-15）通常设置在浅水区的水中礁石上，是一种普通的杆状标，顶端有球形或三角形等标志，用以标示浅滩及危险礁石的两端、水中礁石及航道中较小的障碍物；也有的设在岸上作为叠标或导标，用以引导船舶进出港口或者测定船舶运动性能和罗经差。

（4）灯船一般设置在周围无显著陆标又不便建造灯塔的重要航道附近，以引导船舶进出港口、避险等。灯船的船身一般涂红色，如图 4-16 所示[12]。

图 4-16　灯船

（5）灯浮是装有发光器的浮标，浮标一般设置在海港和沿海航道以及水下危险物附近，用来标示沉船、暗礁、浅滩等危险物的位置。

灯塔、灯桩和立标是固定航标，位置是不变的，可以利用它们来对船舶进行定位。而灯船、灯浮是水上浮动航标，它们是用锚或者比较重的铁锤以及锚链系固在水下的海床上，但是如果受海流和潮汐的影响，遇到大风浪可能产生移动或者漂失，所以通常是不能用来定位的。

（二）国际海上浮标制度

不同颜色、形状、类型、灯质的航标的作用是不一样的，有的可以用来定位，有的用来指示浅滩暗礁，还有的是用作特殊需要，世界各地如果采用各自独立的浮标制度，那么船舶到达一个地方后，就很难判断这个浮标具体是用来做什么的，这给航海人员带来了很大不便，甚至造成航行事故。因此，国际航标协会成立以后，对航标进行研究，最终形成了 A、B 两个航标系统，并制定了国际海上浮标制度（IALA maritime buoyage system）。

欧洲、非洲、大洋洲和亚洲的一些国家采用 A 系统（见图 4 - 17）；美洲、日本、韩国、菲律宾等国家和地区使用 B 系统（见图 4 - 18），并确定了 A、B 系统浮标制度区域的界限划分。

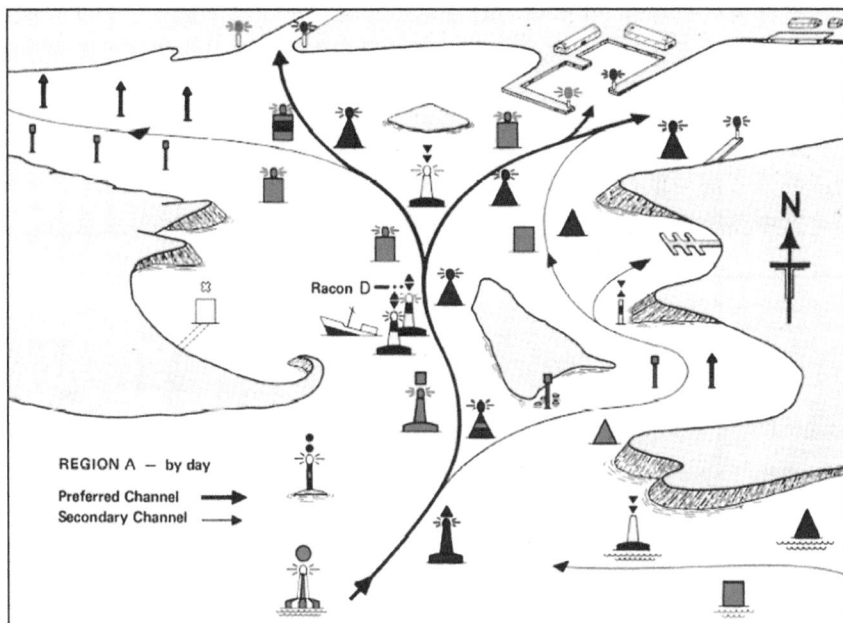

图 4 - 17　国际海上航标系统——A 系统航标配布示意图

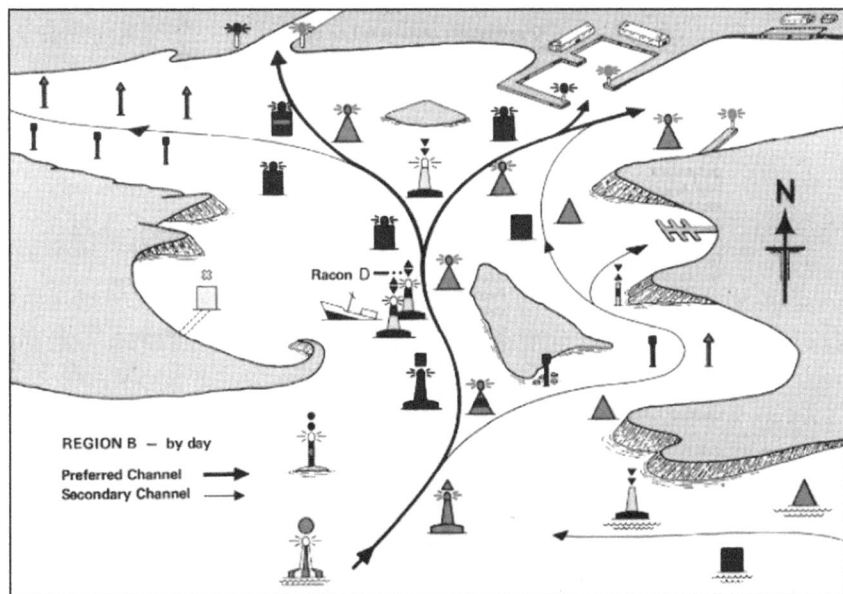

图 4 - 18　国际海上航标系统——B 系统航标配布示意图

我国采用的是 A 系统,浮标的类型主要有侧向标志、方位标志、孤立危险标志、安全水域标志,这些标志可以结合使用。

（1）A 系统的侧向标。

左侧标为红色罐形、柱形或者杆形,顶标是单个红色圆罐,上面的发光器光色为红光。白天是看浮标的颜色,晚上是看浮标发光器发出的光色、灯光节奏和闪光周期。右侧标的颜色是绿色的,形状可以是圆锥形、柱形或者杆形,顶标是单个绿色圆锥,锥尖向上,装有发光器的时候,光色是绿色的。船舶在我国由外海向港湾或者港口航行的时候,如果看到左侧红浮标、右侧绿浮标,那么船舶应该沿着这中间航行。图 4－19 为我国海域水上航标系统（A 系统）示意图。

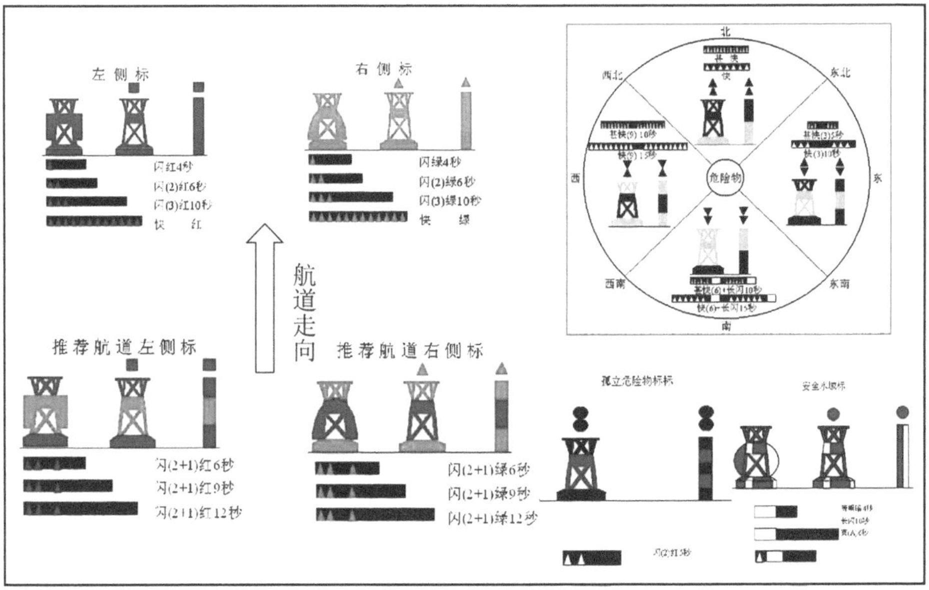

图 4－19 中国海域水上航标系统（A 系统）

（2）推荐航道侧向标。

航道的分叉处可能会有推荐航道,推荐航道的浮标、形状和顶标跟普通航道的侧标是一样的,只是浮标的颜色有所不同,左侧标是红色,中间有一条宽阔的绿色横纹;右侧标是绿色加上中间一条宽阔的红色横纹。A 系统的测向标规律是左红右绿、左罐右锥。

（3）方位标志。

方位标志用来指明某个区域内最深的水域在该标名称的同名一侧,其相对的一侧为危险物区域,通常在弯道、河流汇合处、分支点或者浅滩的两端会设置方位标志。比如说北方位标,那么表示浮标的北侧是可航行区域,而浮标的南侧是危险物区域。方位标的形状都是柱状或者杆状,并且发光器的发光都是白色光。而颜色搭配顺序和顶标是不一样的,如图 4-19 所示。为了便于记忆,方位标的顶标特征可以根据"上北下南,西酒杯东底对"的口诀进行记忆。

(4) 孤立危险物标志。

孤立危险物标志是竖立或者系泊在周围有可航水域、范围有限的孤立危险物上面的标志,船舶应该避开该标航行。孤立危险物标志的顶标是上下两个黑球,浮标的颜色是黑色,中间有一条或多条宽阔的红色横纹。晚上发光器发白光。

(5) 安全水域标志。

安全水域标志设立在安全水域的中心,用于指明在该标的四周均有可航水域,可用作航道中央标志、航道入口标志,或指明固定桥下最好的通过点。浮标的颜色是红白相间竖纹,形状是球形或者带有球形顶标的柱形或者杆形浮标。顶标是单个红球晚上发白光。

B 系统除侧面标志的颜色、顶标的颜色、灯光的光色与 A 区域的相反外,其余的都跟 A 区域标志相同。船舶如果从外海进入韩国、日本、菲律宾等 B 系统区域的时候,应该遵循侧标为左绿右红的规律。

第三节　中国航海地图应用

一、明朝以前的航海图

航海图的产生与发展是和航海活动紧密联系在一起的,我国航海事业的发展历史悠久,在两千多年前,就已经有航海活动被记载了。如《诗经·小雅》的"大东"篇有"舟人之子,熊罴(pí)是裘"的诗句,孔子也说过:"道不行,乘桴浮于海。"西汉刘向[①]的《说苑》[②]中记载:齐景公(公元前 547—前 490 年在位)游于海上而乐之,六月不归。意思是诸侯在海上游乐六个月还不返回,可见航行时间之长,航程之远。《史记》还记载了秦始皇时期徐福东渡的事件。

两汉、三国时期详细记载航海活动的文字逐渐变多。《汉书·地理志》详细记录了从徐闻、合浦到已程不国(今斯里兰卡)的航行路线及日期,是现存史料中最早的远洋航线。《法显传》记载了法显本人于东晋义熙五年(409 年)冬天从印度乘船,经狮子国(今斯里兰卡)、苏门答腊、广州至青州长广郡牢山南岸(今山东崂山以南)的经历等。这是由于随着海上交通的发展,海上航线逐渐形成,人们也积累了一定的海洋地理和航海活动的相关知识与经验,为航海图的产生创造

---

①　刘向,公元前 77—公元前 6 年,沛郡丰邑(今江苏省徐州市)人,汉朝宗室大臣、文学家,中国目录学鼻祖。

②　《说苑》,又名《新苑》,我国古代杂史小说集,原 20 卷,成书于鸿嘉四年(公元前 17 年),按各类记述春秋战国至汉朝的逸闻轶事。

了条件。

另据史料记载，大概在北宋咸平六年（1003 年），中国就有海图绘制，"舟所经岛洲苫屿百而为之图"，徐兢的《宣和奉使高丽图经》和刘豫①献于金主完颜亶(dǎn)②的海道图等都是当时所绘的海图，南宋时也曾有"阅诸蕃图"之说，可惜这些海图早已流失。

元朝，海图应用较为普遍。"元军……入临安（今杭州），得其（指南宋）书及图，乃命以宋库藏及图籍、仪器由海道运燕京，其后，朱清、张瑄献海漕之策，所由海道，视履祥图书咫尺无异"③。由此可见，元朝时，航海图已广泛应用于航海。

（一）"新月"南海，最早表现中国南海的汉朝地形图

1973 年，湖南马王堆出土的 3 幅汉朝帛地图为我们探寻中国古代航海图和探究中国海陆关系提供了线索。这 3 幅帛地图的原图都没有名字，为了更方便地进行研究，专家们根据图中所绘主要内容进行了命名，其中与海相关的便是那幅最为有名的地形图（见图 4 - 20）。

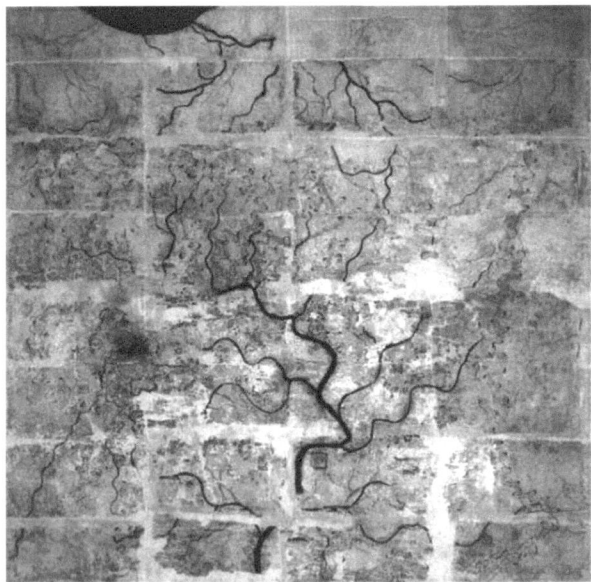

图 4 - 20　地形图[18]

地形图又称西汉初长沙国深平防区图，绘制时间约为汉文帝十二年（公元前168 年）墓主入葬之前。《地形图》是边长为 96 厘米的正方形，采用上南下北的

---

① 刘豫，1073—1146 年，字彦游，永静军阜城县（今河北省阜城县）人，金朝扶植的傀儡皇帝。
② 完颜亶，1119—1150 年，本名完颜合剌，会宁府会宁县（今黑龙江省哈尔滨市）人，金朝第三位皇帝。
③ 出自《新元史》卷二百三十四《儒林一》，见《元史二种》。

方位,与现代地图刚好相反。图的主区描述的是汉初长沙国桂阳郡的中部地区,相当于今湖南深水(今潇水)中上游流域,邻区描述的是南越王赵佗割据的岭南地区。此图包含了现代地形图的 4 大基本要素,即水系、山脉、道路和居民点,运用闭合的山形线表示山脉的起落、走向以及山体轮廓范围,这种方法已经类似于近代正形投影的绘图法。

地形图主邻有别,详近略远。邻区几条进入珠江三角洲的江河及其入海口都画得很粗略,水道全无注记,只能大体看出珠江三角洲的基本面貌。珠江与长江、黄河不同,它没有统一的入海口,人们常常用"三江汇合,八口分流"来概括珠江入海口的特色。目前可辨认出的约有四五条河流汇入海湾,海岸线没有如实画成曲线,而是绘成一个简约的半月形。虽然此处没有地名标注,但从地理位置上我们仍能判断出那个"新月"无疑就是南海郡所依偎的中国南海了。

不论站在海洋文化的立场上,还是站在地图史的立场上,地形图上的海湾部分是长久以来被专家们忽视的地形图中最可宝贵的另一个"身份"——它是中国现存地图中最早的海域描述,堪称中国海图的"祖母"。

(二) 石刻拓本,南宋舆地图

舆地图(见图 4 - 21)原图是南宋时期的石刻地图,也是中国古代最早绘出海上交通路线的航海图。不过后来刻有原图的石碑亡佚,现在只存有拓本,收藏在日本京都东福寺栗棘庵。

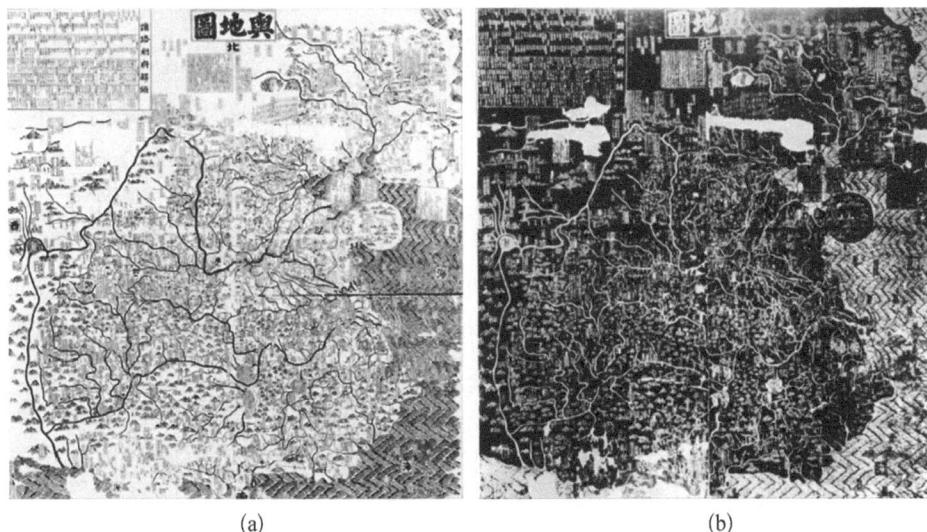

图 4 - 21 舆地图[19]

(a)墨线图;(b)拓片图

舆地图是一幅包括宋代疆域及其周边国家和地区的大型地图和航海图。其地理范围东及日本,西到葱岭(今帕米尔高原),南涉印度及印度尼西亚一些岛屿,北达蒙古高原,还包括宋朝疆域内的政区名称,如东北部的女真、契丹、蒙兀、室韦,西北部的高昌、龟兹、乌孙、于阗(tián)、疏勒、焉耆(yān qí)、碎叶。东部及南部涉及海外诸国及南海上的一些岛屿,西南有印度、阇(dū)婆、三佛齐。

从海图的角度讲,此图最突出的特点是首次绘出了多条海上航线。在长江口方向,绘有一条沿海岸北上的阴刻水路,并以方框标注"过沙路";另一条向东延伸到日本的阴刻水路,以方框标注"大洋路";同时,在"东海"水域,还用方框标注出"海道舟舡路"。除了标注的海路外,在崇明岛和台湾一线,还以阴刻的白线描绘出几条海路。在现存古代地图中,它应为最早绘出海上交通路线的地图。

这幅地图的海上交通部分集中体现在东海一线。从"崇明砂"起,有一条海路通往"蛇山"岛(今崇明岛以东);而后,海路又通向"毛人"岛;另有一条海路,向北直通"日本"岛。从方位上看,位于"日本"岛以南,琉球群岛以北的"毛人"岛应是九州岛。所以,此图主要海路描绘的是东海日本方向。而佛照禅师的师傅圆尔当年从中国返回日本,恰是在九州的福冈登陆。可以说,这是日本僧人渡海来中国的一条重要海路,也是中日海上的"茶叶之路"。

(三) 海道漕运,元代广舆疆理图

根据史料记载,广舆疆里图原图绘于"元至正庚子"(1360 年),作者为元朝僧人清濬①,原图尺寸为"其方周尺仅二尺许"(约今 44 厘米),原图特色为"方格",摹绘时间为景泰壬申(1452 年)正月,摹绘者为严节。

广舆疆里图原图有南北九十余格,东西近九十格。以地图制作而言,东西称广,南北称轮。"疆里"即划分整理,所以,此图为疆域区划图。图中标注了 600多个中国与东亚诸国的地名,如图 4 - 22 所示[18]。

广舆疆里图不仅是一幅完整的元代中国大陆与海疆地图,同时,它还是一幅航海图,许多航海信息在图中有所显现。其一,在图右方东部杭州湾的位置上,绘出了两条通向山东半岛东边的成三角和天津的航线与航向,似可看作元廷海道漕运的印记,明代的新河海运图在此位置上即有"元运故道"的标注。广舆疆里图没有像宋代海图那样标注通往日本的航线,它从侧面印证了元两次远征日本失败之后,终断了这条海上贸易航线。其二,在图左下方孟加拉湾东部"江头城(今缅甸北部八莫)"的位置上,标注有"此路使西域天竺各国",显示出 13 世纪

---

① 清濬,1328—? 年,字天渊,别号随庵,浙江台州路黄岩县(今浙江省黄岩县)人。1368 年,明王朝建立,被当地郡守邀请出世住持万寿寺。1371 年,明太祖在首都的蒋山(今钟山)亲设普度大会,召全国"有道沙门十人",清濬即居其一。

图 4 - 22　广舆疆里图①

蒙古西侵割断了中国和阿拉伯经印度的陆路贸易之后，对西域的贸易从陆路移到海上的实情。其三，在图右下方泉州位置上，标注了更详细的"下西洋"航线"自泉州风帆，六十日至爪哇，百二十八日至马八儿，二百余日至忽鲁没思"。这里的"爪哇"即现在的印尼，"马八儿"即现在的印度半岛西南马拉巴尔海岸。印度半岛南部区域在宋朝就与中国交往，元朝再次成为沟通东西方海上贸易的要道。此航线的终点是"忽鲁没思"，即现在的霍尔木兹海峡一带。这一航线的标示不仅佐证了泉州是元朝对外贸易大港的地位，或可看作是郑和下西洋航线图的一个伏笔。

但此图并非清浚地图的原样复制，此图没有原图的"画方"，图上的"北京""南京"和"宁波"等地名，更是明代的产物。严节在跋中亦说明了"若海岛沙漠，道里辽绝，莫可稽考者，略叙其概焉"，所以，不知道摹绘者删略了原图多少海外描绘。此为无法补救的遗憾，但仍不失其重要的历史价值。

二、明朝的二大航海图

随着航海事业的进一步发展，到明朝时，我国古代航海业达到鼎盛时期。随着大规模航海活动的兴起，明朝出现了用于航海的航海专图。

---

① 出自明弘治年间常熟徐氏刻《水东日记》所附元代地理学家高僧清浚广舆疆里图摹本。

(一)我国现存最早的航海专图——海道指南图

明朝《海道经》主要记述明代"海运"的路线,其中保存一卷元人底本的海道指南图,这是目前所见的中国古代航海图中最早的一幅。该图范围涉及长江下游与整个北洋。其所示意航路东南起自今浙江宁波至江苏南京,然后出长江沿苏、鲁海岸北上,并以山东半岛成三角中心点辐射,东北至辽南海岸,北至辽海营口,东至渤海海湾河口全海图一字排开,沿江岸与海岸按顺序表列各处港口、岛屿锚泊场所 61 个,并分段用"正东""正南""正西""正北""西南"等标明方位,标有航海指南文字,注有"航路指南"一类的文字,如图 4‒23 所示[18]。该图是元朝船户在北洋漕运中经常使用的,它是中国古代航海一份极其珍贵的资料,也为郑和航海图的形成提供了弥足珍贵的基础史料[20]。

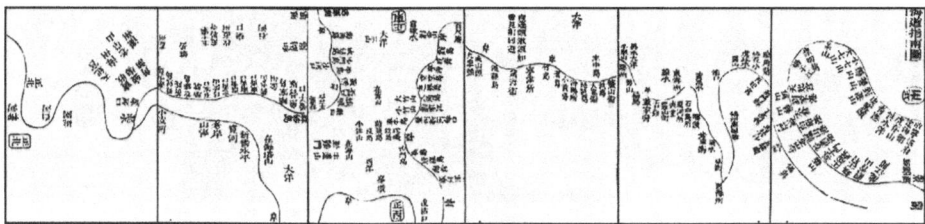

图 4‒23 海道指南图①

《海道指南图》表示的内容比较简单,图上绘出江岸及海岸,沿岸注记各种地名,地名有居民地名称(如镇江府、江阴县)、山名(如观音山)、港名(如刘家港)、岬角名(如崇明哨)等,并有少量有关航行的说明注记,如"白蓬头急浪如雪,见则回避"。该图虽然不能独立指导航海,必须与海道篇的文字叙述对照使用,但已在当时民间沿海渔民的航海活动中发挥着重要作用。

(二)世界上现存最早的航海图集——郑和航海图

郑和航海图,全称为"自宝船厂开船从龙江关出水直抵外国诸番图",幸赖明朝茅元仪辑入《武备志》第二百四十卷中得以保存,是世界上现存最早的航海图集,也是研究 15 世纪中西交通史的重要史料。原图按一字展开的长卷图式绘制,"包括海图二十叶(编者注:相当于现代书籍 40 页)和过洋牵星图两叶",记录的地域包括从今江苏南京下关宝船厂出发,顺流而下出长江口沿江、浙、闽、粤海岸南行再西行,经过南洋及印度洋各国,最远到达非洲东岸肯尼亚的蒙巴萨的航道,绵延上万海里。这中间共绘制了 530 多个地方和港口,包括亚非两大洲的 30 多个国家和地区,图中分别对航向、航程、停泊港口、暗礁、浅滩、海岸和海底

---

① 原图刊于《海道经》,引自梁二平《海图上的中国》。

地形、海水运动、风向等都做了比较详尽可靠的记录,对所经各国的方位、航道远近也都一一标明。郑和船队往返针路不同,但都能安全航行到达目的港,说明船队可灵活采取各种针路,已掌握了高超的航海技术和具有相当的驾船水平[21]。其中第十一图上,有一处标有"石星石塘",指的就是南海诸岛。这再次表明此海域自古就是中国的领海,同大陆有紧密的联系,各种渔船、官船、商船往返络绎不绝。

郑和航海图不是一幅小范围的简单航海图,而是第一部完整的航海图集,是保障船舶远航的安全之图,一份有关航海地理的珍贵资料,也是世界上最早的航海图集。它与元朝的海道指南图一样,是古代劳动人民为人类留下的一份珍贵航海遗产[22]。

三、清朝的航海用全图

(一) 科学实测疆域图——皇舆全览图

中国古代地图在清初有了历史性的跨越,出现了近代最先进的实测地图。康熙四十七年(1708 年),清廷启动了重绘大清地图的工程,历时 10 年之久。康熙五十六年(1717 年)皇舆全览图绘制完成,使其成为中国第一次经实地勘测绘制的全国地图。

皇舆全览图不仅很大,而且很准。此图以北京为零度经线,建立了以地圆为基础的经纬坐标系统。以纬度 5 度为一排,南北共分为八排。所以,此图也称《康熙八排图》。康熙旨谕各王子督办或让其亲自测量各地的经纬度,并提出"里"合地球经线一度的规定,为测绘全国大地图制定出统一标准。这幅全国地图描绘了康熙时的大清疆域,东起大海,西到葱岭①,南至曾母暗沙,北跨外兴安岭,西北到巴尔喀什湖,东北到库页岛,版图面积大约有 1 300 万平方公里,是当时世界上实测面积最大的国别地图,这也开启了清朝航海图的"全图"时代。

(二)"计里画方"图册——海运全图

清道光六年(1826 年),清廷实行了漕政改革,由河运漕粮改为雇商海运漕粮,这是清朝漕运制度中具有重要意义的变革,史称"南漕海运"。

在开通海上航线上,几个江西婺(wù)源人做出了杰出贡献。一是婺源的嘉庆进士齐彦槐②受漕运总督魏元煜③的赏识前往上海调查沙船及海运情况,并写

---

① 葱岭,一般指帕米尔高原,古丝绸之路在此经过。

② 齐彦槐,1774—1841 年,字梦树,号梅麓,又号荫三,徽州婺源(今属江西)人,著有《梅麓诗文集》二十六卷、《海运南漕丛议》一卷,《北极星纬度分表》四卷,及《天球浅说》《中星仪说》各一卷,均载于《清史列传》并传于世。

③ 魏元煜,? —1825 年,字升之,号爱轩,直隶省永平府昌黎县(今河北省昌黎县)人,清兵部尚书魏元烺兄,乾隆五十八年(1793 年)进士,官至两江总督。

出了重要的调研报告。其次子齐学裘将父亲遗稿及自己所写的文章编成《见闻续笔》一书,为后世研究这段历史留下了重要史料。还有一个婺源人,他就是海运全图的制作者胡振馨。在海运全图的卷首钤(qián)有"婺源清华胡氏家藏书章""家在黄山白云间"等朱印,这些印文表明,此图带有浓重的家族色彩。事实上,这张图的原创是胡振馨的父亲,原图绘于道光六年(1826年)。清同治六年(1867年),婺源人胡振馨依据其父当年所绘之图,摹绘海运全图。

海运全图为上东下西,左北右南,采用"计里画方"法绘制,"每方二百里"。图为纸本彩绘,图纵长47厘米,横长141厘米。图的陆地部分采用传统的形象绘图法,其他要素均用符号分类表示,如行政区划的州、府、县、村;图的海上部分,由南向北标示出黑水洋、清水洋、绿水洋,如图4-24所示[18]。此古代三洋名表示的就是今天的东海、黄海和渤海。由于明清海禁,民间多为平底沙船,鲜有尖底海船,所以,其清朝海运也是用沙船沿海岸线航行。因此,整个航线是沿着海岸线分成六段,各段航线里程及周围地理概况均用文字详细加以说明,并分列于所对应海域的地图上端,航道险恶地段的沙洲与岛屿尤其受到重视,都被特别标示出来。

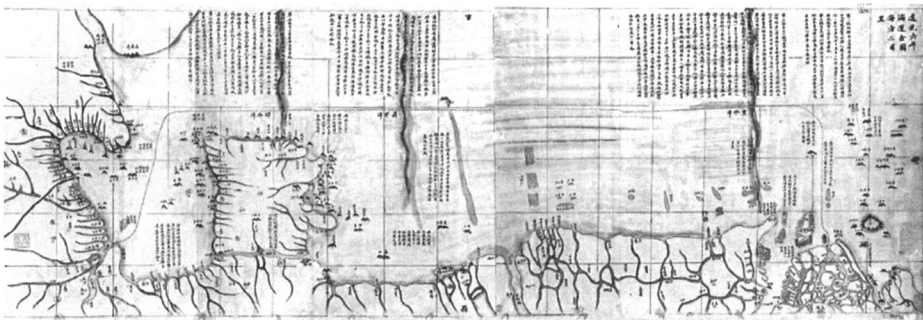

图4-24 海运全图(现藏于中国国家图书馆)

海运是古代中国国内运输的一种重要形式,但海运图却是明朝以后才有的一种少见专题航海图。此图虽称"全图",但实际上并不全,一是只绘了国内东南航运线,没绘西南航运线,世界海运航线更不在其中。它准确的名称应该是南漕北运海图。不过,就其实际应用而言,算得上古代经济地图的精品,是一张很有实用价值的航海图。

(三)"南漕海运"——江海全图

道光六年(1826年)的漕政改革不仅产生了海运全图,同时,也使这一类地图应运而生,江海全图是稍晚一些年头绘制的同类地图作品。

江海全图是一幅近海航运图,图从右向左展开,地图方位大约为左北右南,上东下西,实际上由于海岸线的曲折,所以,它并不代表真实的地理方位。该图卷以传统方式展现浙江、江苏、山东、直隶、盛京(今辽宁省沈阳市)数省的海岸线,右起自浙江省宁波甬江口、普陀,左止于盛京省鸭绿江口(高丽沟子),上方(东)标出高丽国。此图大约绘制于 19 世纪中叶,纸本彩图,未注比例,长卷裱轴,纵长 84 厘米,横长 134 厘米,现藏于美国国会图书馆。

四、新中国航海图发展

(一)航海图的测绘与出版

新中国的航海图测绘与出版事业起步于 1949 年的华东军区海军海道测量局,到今天的海军司令部航海保证部,已经走过了半个多世纪的历程,逐渐形成了覆盖范围广、品种齐全、质量优良、标准化程度较高、生产方式日趋现代化、具有一定规模的航海图出版体系。迄今为止,共出版各种航海图 4 000 余幅,为国内外、军内外不同用户提供了详细、可靠的航海资料,保证了我国社会主义经济建设和国防建设的需要。

解放初期,为满足当时军事斗争和航海运输的需要,中国人民解放军华东军区海道测量局主要根据英、日、美等国出版的海图翻印了单色航海图 120 余幅。由于受资料不足及数学基础不统一的影响,这些图精度较低、现势性较差,但在当时为我军解放沿海岛屿等起到了一定的作用。

1950 年起,我国开始编制第一代航海图。这套图包括中国沿海港湾图和 1:50 万、1:25 万、1:10 万(局部成套)三种比例尺的航行图 500 余幅,分为军用、民用两种版本出版发行。部分沿岸补充了新中国成立后的新测资料和检测资料,采用了自己的编号,海图的绘制、内容要素和表示方法、纸张及印刷质量都比翻印海图有较大的提高。但是由于当时大部分海区还没有新测资料,因此,海域要素仍主要使用外版海图为基本资料,资料的现势性较差;分幅在 1:25 万、1:10 万图上考虑到叠幅的问题,但平面坐系和高程基准等数学基础方面的不统一仍给航海人员用图带来了不便。

我国大地测量工作的深入为航海图数学基础的建立奠定了基础,尤其是 1958 年开始的海区基本测量工作的展开为航海图的编制提供了精确可靠的基础资料。我国第二代航海图的编制出版工作从 1961 年开始。这时期共出版各类海图 2 400 余幅,是我国航海图出版事业从数量上、品种上全面发展的时期,后来的发展都是以此为雏形。这一时期建立了我国航海图基本的数学基础,即平面基础采用 1954 年北京坐标系,深度基准面采用理论最低潮面,港湾图采用平面图或高斯克吕格投影,航行图采用墨卡托投影;建立了较为完善的航海图分类、分幅原则和编号规则;建立了一系列航海图出版的图式、规范和规定等,如 1966 年针对军用海图制订的《军用海图出版规则》,1966 年制订、1972 年修订的针对民用海图的《国内民用海图出版规则》,1975 年的军用《海图编绘规范》,1979 年的《国外地区海图编绘规范》等;建立了我国航海图品种的基本框架,即军用、民用、外轮用航海图,基本覆盖了我国海区。同时,采用外版海图资料编制了基本覆盖世界海域的国外地区航海图,采用四色印刷技术。在第二代航海图的出版过程中,为满足海上无线电定位技术的需要,还在这些航海图上分别加绘各种曲线、格网等要素,出版了专用航海图,如近程双曲线导航图等。这期间出版的 1∶20 万航海图采用八色印刷,图上加绘了高斯方里网,以便陆海军作战时有统一的坐标。第二代航海图的编制仍以手工作业为主,采用编稿法和连编带绘一次成图法。由于第二代航海图采用了大地测量和海洋测量的最新成果,因此,资料的现势性和制图精度都有了较大的提高。但是对航海图用户的行业特点考虑不够,海陆部内容要素载负量偏大,图面的清晰易读性较差,导航目标与航行障碍物不够突出,未能很好地反映航行特点。海图编号也不够科学,在军用、民用航海图编号中使用了破折号,国外海区海图中使用了汉字,外轮用海图系列中的港湾图出现了编号不够用的情况(1990 年开始对外轮图改版时就对其编号进行了改革)等。

为了克服第二代航海图存在的问题,在海军航海保证部的组织下,经过广泛的调查研究,提出了海图改革方案,拟订了《中国海区航海图制图规范》《海图图式》《海图分幅方案》《海图编号规定》等技术文件,并在 1981 年 6 月由海军司令部、交通部、水产总局联合召开的“航海通告、航海图书资料改革工作会议”上审定了这些技术文件。我国于 1983 年开始按新的图式、规范要求编制中国第三代航海图。

这次改革除保留了一套 1∶5 万军用航海图外,将其余军用航海图与民用航海图合并为一个版本,即军民合用航海图。经过这次改革,我国航海图有了进一步的发展。海图编号统一采用分区分比例尺编号,将中国海区置于世界大区范围内,较为科学合理;图幅内容要素的载负量、表示方法日趋成熟,采用了刻图工艺。尤其经过 20 世纪 90 年代初的图式、规范标准化工作,航海图质量有了进一步提高,基本与国际接轨。至此,形成了我国现行的航海图产品结构体系,即军用、军民合用、外轮用三大系列。

(二) 电子海图的应用

电子海图是继雷达、GPS 后的航海导航领域的新技术产物,其以自身的优势在世界航运业和水上安全监督方面得到越来越广泛的应用。电子海图从诞生到今天不过几十年,其间很多人对电子海图的实用性表示过怀疑。1995 年国际海事组织规定电子海图显示与信息系统(ECDIS)可以作为《1974 年国际海上人命安全公约》所要求的纸质海图的等价物。2011 年国际海事组织又规定从事国际航行的船舶必须按规定配备 ECDIS。至此,电子海图正式登上航海舞台。如今,许多船舶只配备电子海图而已不配备纸质海图,电子海图也将成为未来航海数字化的重要基础。

第四节　中国海上搜救事业

一、古代海上救生

(一) 古代海难事故

水上交通运输是一个高风险的行业,船舶航行于水上,常遭遇不测风浪,导致事故发生。隋、唐、宋时期,河道一般仍处于自然状态,远远跟不上航运业发展的需要,舟船沉没事故频繁。有关典籍里记录的沉船事件绝大多数是遭遇自然灾难而沉溺。

民国时期金毓黻(fú)①撰写的《渤海国志长编》记载,从 727 年渤海国(今中国东北地区、朝鲜半岛东北及俄罗斯远东地区的一部分)首次访日到 786 年第十二次出访,仅渤海国方面的罹难者就多达 200 人。

(二) 救生组织与救生活动

中国水上救生组织始于唐朝的水路驿,形成于明清两朝。唐朝以前,水上航行以木帆船为主,凭靠天然河道自由航行,船舶一旦发生意外,失事溺水者只能听天由命,救捞落水者只是见义勇为的自发举动,并无专门救生组织。自唐朝起,在大江大河上逐渐出现由水驿船组织起来的救生机构,一般是设置在江涛巨浪的大江大湖,或湍水急流、险滩复杂的河段渡口,用以救险。元明清时期,由于水驿站安全工作不断加强,这类机构逐渐演变为官办、民办和官民合办三种形式。此外,沿海沿河的地方官府也负有拯救遇难船舶、打捞沉船的职责。清嘉庆年间(1796—1820 年),上海已有救生局,局址在上海县城大东门外老白渡(今上海南市杨家渡)。局办事经理员由县衙门委派,每年拨官款 300 两银用作常年经费,此外,还有吴淞救生局。清朝,广东凡在其管区内发生水上事故,当地官府都要前往拯救难船,安抚难民,并资助遣送难民回籍。粤东毗邻闽台,清朝前中期凡有从闽渡台的兵船遭风漂至粤东海面者,均由广东地方官府拯救。乾隆十八年(1753 年)、乾隆二十年(1755 年)与道光二年(1822 年)、道光三年(1823 年),均有闽省兵船横渡台湾海峡时,遭风漂至广东潮阳、惠来等海面,被当地官府和

---

① 金毓黻,1887—1962 年,字静庵,灯塔市八家子村汉军正红旗人,著有《渤海国志长编》《辽海丛书总目提要》《中国史》《东北古印钩沉》《辽会要作法》《东北通史》《中国史学史》《宋辽金史》《明清内阁大库史料》(第一辑明代)等。

水师武官救援收留,"宽借盘费",资送回闽①,遭风漂至广、惠、潮、肇等府沿海地方的安南(今越南)、暹(xiān)罗(今泰国)船舶也不少。嘉庆十一年(1806年)有安南国王派遣"运木"者10人,船遭风漂至潮阳海门港,船舶毁坏。广东官府资助其口粮银两,循西江,将他们从广西镇南关送回国。

明清之世,各地设立和扩大的救生组织已形成一定规模,先后出现一些好善富户捐船雇人从事水上救生和打捞活动。这种救生之类的组织名称不一,有救生局、救生站、救生会社等,且规模逐渐扩大,效仿者越来越多。它们的职责主要有救生、引洪、捞浮、收瘗(yì)、护航、捞物等六项,其中前四项完全是公益性质,由官府、善堂向救生水手直接发放工食钱和赏钱,不直接向受助者和家属收取。护航主要针对官员和商人,其中商人租用要收取一定费用。这些组织在清朝也承担漕运、滇铜京运、川盐外运护航之责。但许多地方救生局或善堂章程中严禁官员租用救生船作其他用途。个别地方救生船也可以为商人捞取沉没水中的财物,但要根据货物价值按一定比例收取费用。

清朝在长江港口设立的救生局中在全国内河规模最大的为南京救生局。其制订的救生组织主要任务、制度、管理规定比较详细,并有具体的管理制度。如《南京港口救生条规》是清代最具体和全面的救生管理制度。该条规是嘉庆二十五年五月(1820年6月)由江宁府公布的,共21条,并刻石碑竖于江岸,由救生局监督执行。救生局所定条规由官方颁布和执法,违犯条规者均由地方当局究办,使条规具备了官方法令效力。该条规的主要内容是关于在港区内失事船舶和落水人员的抢险、救捞、善后处理、奖惩等办法。

(三) 水上事故处理制度的建立

元明清时期,朝廷在积极采取措施防范水上事故发生的同时,加紧对海难事故的处理,并建立起事故处理管理制度。

明朝,对于发生的水上事故,由朝廷按河流大小与损失多少分类、分级规定处理、赔偿办法。"大江漂流为大患,河道为小患;二百石外为大患,二百石内为小患。小患把总勘报,大患具奏"②,也就是要求发生了大事故要上报皇帝。对漕粮押运人员的责任也有处理规定,如永乐年间(1403—1424年)规定:"凡海船被风、胶(搁浅)、漂、沉,除追赔粮食和船艘外,运官交吏部问罪。"正统七年(1442年)规定,如某卫所有数只粮船遭风漂失,指派官员核查后,全卫所即改拨于通州及天津仓上纳。天顺八年(1464年)又规定,漕船若遭风浪损坏,在百里以内要有府、州、县官证实,百里以外应就近取得证明,若船行卒遇风浪,事出不测,"覆

---

① 出自《粤东案例》(手抄本)"灾赈""行市"条。
② 出自《明史》卷七十九《食货三》,中华书局1974年版。

实显迹明白免罪,失粮不予追究"①,然后申报总兵官来处理。如有弄弊诈妄的,除处罚犯罪人外,还要追究负责勘查的官员,并予以治罪。责任事故损失漕粮由运官赔偿,不能全赔的免职,其子孙也不得任职②。

清康熙二年(1663年),广东南海县突遇"暴风疾雨,雷电大作,飘没深井尾海面船舶,淹死人民千计"。有时在同类情况下即使船舶完好,但被困于一地,船上人员也得忍饥挨饿[23]。

清顺治至乾隆年间(1644—1796年),清政府对海难事故处理逐步制订并形成一套较为完整的条律。清户部修编的《钦定户部漕运全书·风火事故》中载录此项条例100多条,详细地规定事故的申报、查验、抢救、带运,奖励抢救有功人员,抚恤溺死官员等人,根据情节赔偿、处治假报事故、乘机侵盗和视灾不救等罪的处理办法。根据条律,事故发生后可根据不同情况,处治监兑、同知、通判、督抚及押送领运的官员。其惩处自罚停俸禄到降级、革职、发边充军,直到处死,比明朝对水上事故的处治更为严细。这反映出清朝处理海难时在一定程度上注意到客观情况与分别责任和非责任事故等。特别是对漂溺死亡的官员等人的抚恤,对抢救粮食财物有功人员的奖励记功等,体现出较为合理的赏罚考量③。据载,自嘉庆四年(1799年)至道光八年(1828年)的30年间,仅长江中下游各省漕船在运粮途中共发生风涛、火灾、沉船失粮重大事故有52起,沉船104艘,死旗丁、水手及家属152人,其中整帮沉船15起④。

二、现代海上搜救

(一)现代海上搜救的历史沿革

我国在1949年11月1日正式成立中华人民政府交通部,但海上搜救仍未确定为重要工作之一。1953年4月17日,交通部公布的《海运管理总局海务港务监督工作章程》规定,领导、组织并检查引水、水上救护、信号及其有关工作是海运管理总局海务、港务总监督室的工作职责之一;组织并办理海上、港内救护及水上消防工作是各区港务局港务监督室的工作职责之一。

交通部海运管理总局于1954年10月颁布《海上救护方案》。《海上救护方案》共有12条,明确必须在沿海选择适当地区,重点设置救护站,组织沿海救护网,配备必要的救护专用船舶工具,划区管理,订立严密的联系配合制度,并选配及训练适当的专职人员,具体负责掌握施行;规定各区港务管理局、分局或办事处港务监督为各划定救护区内海上救护工作的负责单位,是所辖区海上救护力

---

① 出自《万历会典》卷二十七《户部会计·漕规》。
② 出自《春明梦余录》卷三十七《户部三》"漕规恤军"。
③ 《清史稿》卷一百二十二《食货三·漕运》。
④ 《钦定户部漕运全书》卷八《风火事故》。

量的组织者,需要时有权命令与组织港内及附近航行的中国船舶参加施救,也可联系海军协助和要求过往外籍船舶参加施救;港务监督长为其辖区内救护工作的领导者及组织者。该方案具体划分了中国沿海天津、大连、青岛、上海、广州五个救护区的区界范围,分辖于各区港务局;决定在上述五大港建立救护站,湛江港设广州救护站湛江分站,各港救护站暂由海事科或海事主管部门兼办或与救护专用船合一;津救轮、连救轮、青救轮、沪救轮、穗救轮、湛救轮(从招商局等调集的拖轮)作为救护专用船配备于相应救护站,救护专用船应备有无线电发报机、自动报警器、雷达、扩音器、回声测深仪、探照灯、带缆枪、抽水泵、灭火水泵、救生艇、起重吊杆、潜水工具等救护专用设备和足够的专职船员,救护站和救护专用船应与有关方面建立具体联系办法,并对救护工作的程序和管理、救护报酬等做出规定。该方案附件具体规定了青岛、上海、广州区港务局与海军联系海上救护工作的办法。

1973 年 10 月 9 日,中国对外贸易部租用的希腊籍货船"波罗的海克里夫"号载原木从菲律宾驶往上海,在距厦门以东 40 海里处的台湾海峡南部遭受台风袭击遇险,船长向中国政府请求救援。当时厦门港仅有 138 千瓦小拖轮 1 艘和 400 吨木质船 1 艘。因风浪巨大而无法出海施救,"波罗的海克里夫"号在得不到救援的情况下沉没,27 名船员遇难,在国内外造成不良影响,这一事件受到周恩来总理、李先念副总理和华国锋副总理的高度重视。根据周恩来总理的指示,华国锋副总理于 1973 年 10 月 19 日召集有关方面研究加强海上搜救问题,为借助各方面救助力量共同搞好海上搜救,决定成立海上安全指挥部。之后,国务院、中央军委印发了《关于成立海上安全指挥部的通知》,通知指出为搞好船舶的安全航行,并按照国际义务为海上船舶提供气象服务,组织各方面力量切实抓好海难救助工作,以及防止船舶污染海域,决定在国务院、中央军委领导下成立海上安全指挥部。

根据国务院、中央军委《关于成立海上安全指挥部的通知》精神,交通部牵头与国务院、中央军委有关部门于 1974 年 1 月 21 日在北京召开海上安全指挥部第一次领导成员会议,正式成立海上安全指挥部(简称海安指)。

交通部在 1982 年机构改革中,于 8 月 20 日印发通知,将海安指的救助指挥部合并到新成立的水上安全监督局,水上安全监督局值班室承担海安指办公室职责。1983 年 3 月,国务院办公厅印发《国务院各部门的主要任务和职责》,明确交通部负责水上船舶安全指挥和救助打捞。

另外,1984 年实施的《海上交通安全法》明确中华人民共和国港务监督机构是对沿海水域的交通安全实施并统一监督管理的主管机关,并专设海难救助一章(第七章),首次从法律层面对涉及海难救助的有关事项做出规定,明确主管机关接到船舶、设施或飞机的遇难求救报告后,应当立即组织救助,有关单位和在事故现场附近的船舶、设施必须听从主管机关的统一指挥。1982年交通部负责海上安全指挥办公室日常工作后,在海上搜救工作中的主导作用日趋明显,为交通部今后统一组织和协调海上搜救工作奠定了基础。

1985年,国际海事组织的《1979年国际海上搜寻救助公约》开始在我国生效。为了做好履约工作,1989年,中国海上搜救中心在北京成立,取代和承担原海上安全指挥部的职责,沿海各省市成立了海上搜救中心。

2005年5月,为进一步加强对全国海上搜救和船舶污染事故应急反应工作的组织领导,协调、整合各方力量,形成政府统一领导、部门各司其职、快速反应、团结协作、防救结合的工作格局,中国政府建立了国家海上搜救部际联席会议(简称联席会议)制度。联席会议在中国国务院领导下,统筹全国海上搜救和船舶污染应急反应工作;组织协调重大海上搜救和船舶污染应急反应行动;指导、监督有关省、自治区、直辖市海上搜救应急反应工作。中国海上搜救中心设在交通运输部,承担联席会议日常工作。

(二)海上专业应急救助队伍的发展

现在,我国除了在应急管理软实力建设上下功夫外,同样注重硬实力的发展。为此,中国政府成立了海上搜救、公安消防、矿山救援、铁路救援、地震抢险等国家级专业应急救援队伍约50万人。其中,中国救捞作为国家层面的海上专业应急救助队伍,日益充实壮大,国内外影响力与日俱增。

中国救捞成立于1951年8月24日。从成立之初,长时间遵循"以救为主,多种经营,广开门路"的发展方针。2003年6月28日,经国务院批准,中国救捞系统完成了历史性的体制改革,形成了救助队伍、打捞队伍、飞行队伍三位一体的队伍建制;承担了人命救助、环境救助、财产救助三位一体的岗位职责;具备了空中立体救助、水面快速反应、水下潜水打捞三位一体的综合功能。中国救捞"三位一体"的模式在国际海上应急救援领域中形成了鲜明的中国特色。

参考文献

[1] 林梦银.清代漕粮海运初探[D].福州:福建师范大学,2000.

[2] 钱晓东.中国航海保障事业管理发展变迁简史(下)[J].中国海事,2020(04):76-78.

[3] 交通运输部海事局.中国船舶通信导航史[M].北京:人民交通出版社,2018.

[4] 张国华.青浦三塔[J].档案春秋,2007(01):36.

[5] 中华人民共和国海事局.中国灯塔[M].北京:人民交通出版社,2006.

[6] 黄培芬.南海百咏续篇[M].广州:广东人民出版社,2010.

[7] 寿杨宾.青岛海港史(古代部分)[M].北京:人民交通出版社,1989.

[8] 刘荫棠.江苏航运史话[M].南京:江苏人民出版社,1991.

［9］ 班思德,李廷元.中国沿海灯塔志［M］.出版者不详,1933.

［10］ 陈霞飞.海关史话［M］.北京:社会科学文献出版社,2012.

［11］ 聂宝璋.中国近代航运史资料［M］.第一辑.北京:社会科学文献出版社,2002.

［12］ 孔繁弘.航标文化［M］.北京:人民交通出版社,2008.

［13］ 佚名.天津市志(设施和设备)［M］.天津:天津市社会科学院出版社,1999.

［14］ 佚名.辽宁省志·公路水运志［M］.沈阳:辽宁人民出版社,1999.

［15］ 王轶刚.长江航道史［M］.北京:人民交通出版社,1993.

［16］ 陈诗启.中国近代海关史［M］.北京:人民出版社,2002.

［17］ 彭德清.中国航海史(近代部分)［M］.北京:人民交通出版社,1989.

［18］ 梁二平.海图上的中国［M］.上海:上海交通大学出版社,2018.

［19］ 中国舆图志编制及数字展示项目组.中国舆图志［M］.北京:中国地图出版社,2011.

［20］ 王杰.航海史话［M］.北京:社会科学文献出版社,2012.

［21］ 中国航海学会.郑和下西洋论文集［M］.北京:人民交通出版社,1985.

［22］ 朱鉴秋.郑和航海图在中国海图发展中的地位和作用［M］//郑和研究资料选编.北京:
人民交通出版社,1985.

［23］ 赖定荣.珠江航运史［M］.北京:人民交通出版社,1998.

第五章

航海组织，航运秩序的中枢机构

航海活动是典型的集体行为。古代具有重要意义的远洋航行活动都始于国家组织,都带有明显的政治或商业目的。如今的航海活动更是运行在众多航海组织制订的一套标准框架之中。航海组织已成为全球航运秩序正常运行的中枢机构。本章将介绍我国古代、近代和现代航海组织以及国际航海组织等内容。

第一节　中国古代航海组织

一、隋朝之前的海事职官

　　早在奴隶社会时期,周武王便特别设立机构管理舟船建造,设"舟牧"[一说"苍兕(sì)",即船官],制订船舶建造检查与审核检验制度。周朝天子每次乘舟前,"舟牧"对所造舟船进行多次反复检查与审核,直至确认安全性,方算造船完备,给予验收,然后上报天子。"舟牧"为中国历史上最早舟船建造的检验职官与检验制度[1]。

　　秦代漕运肇始后,海事管理漕政,在之后相当长的时间里,海事管理"随事立名,沿革不一",没有管理机构,却有负责漕运、海事事务的职官。朝廷为漕运而设立的职官往往是一职一官或一官一职,一职官管理水运、海事及水利、河堤,也有多个职官兼管,频繁演变,管理上交叉和重叠,平行而又互相关联,兼职或代管。

　　汉承秦制,漕运、海事职官较秦代完备。西汉初年,承秦制"治粟内史"因兼掌许多业务、事务而难以管理,故而汉武帝专设水运职官,且分工渐细。汉初,太常、少府、司农等部门中,都有与水运、舟船、海事有关属官,皆设置都水使者官吏。汉武帝将秦时的"中尉"改称"执金吾",主管京师治安,并管造船事务,由属下"都船令丞"职官专管。公元前115年,汉武帝又将"执金吾"改为"水衡都尉",其职位于九卿之末,因其又兼掌都水,故称"水衡都尉",其下属官有上林、均输、楫棹、水司空、都水等。

　　东汉,水运、海事官制沿袭前代。朝廷将西汉时水衡都尉撤销,又复都水使者,以掌水利建设与水运、海事事务,后改都水使者为河堤谒者,管理河渠的整治与维修。汉光武帝(公元25—57年)初年,罢废管理漕运护漕都尉职官,不再设专司漕运官吏,改由各郡县自护漕粮,但设置威廒(áo)仓官,属河南尹管辖。

三国时,魏国朝廷复置水衡都尉,官阶六品,掌水军舟船器械。各郡设立均输官,又称均输长或均长,掌管调均报度,输漕委输,且各郡国还设有均输监,负责监督均输事宜。他们在大司农均输令指导下开展工作,形成均输管理、水上安全监督全国系统。当时尚无设置运漕官的官职,均以都水、河堤谒者等官管理漕运。

同时,魏、吴、蜀三国朝廷注重漕运与海事管理,指派高官兼职统理漕运、海事事务。东吴与蜀汉,除有都水系统机构和官吏监管漕运外,还由中央专设职官和地方郡守。曹魏续设度支尚书,其下设监运谏议大夫、都匠中郎将、督运使者等职官,作为派出巡视漕运、海事事务的职官,这是漕运、海事设专官的开始。其后又改"督运御史",其职相当于后世的"巡漕御史"(巡视漕务)及护漕掾(相当后世的押运同知),直接负责漕船运输的安全事务,以确保漕粮顺利抵达京都等。

西晋武帝在中央工部下设置水部,掌管水上交通政策法令,官吏为水部郎,并始设专管舟船及水运官署都水台,总领漕运、海事事务,为统领治水与水运机构,官名为都水使者。《通典·职官》载:"晋武帝省水衡,置都水台,有使者一人,掌舟航及运部,而河堤为都水官属。元康中,复有水衡都尉。怀帝永嘉六年,胡贼入洛阳,都水使者先出督运得免,江左省河堤。"从此,开启了组织机构管理海事、水运的先河。在管理职官上,由无专职职官到设专职职官,由临时派员兼管到长期派专人管理转变。这标志着中国水运、海事管理既有职官又有机构的开始。

东晋沿袭西晋,起初设大司农统都水长、东西南北部护漕掾,下设都水台和置使者,管治河及督理漕运、海事事务。同时,仍设监运谏议大夫和督运御史,专门到各地巡视漕务、海事事务。并与西晋一样,续设度支尚书负责漕运与海事事务,还有税关管理水上安全。317年,东晋定都建康(今南京),朝廷设置两个津关,即"西有石头津,东有方山津",设津主等官吏管理船税征收及检查船舶安全等。这是中国较早设立的水上征税机构,其中有一项对民间商业性航运与个体船户、船舶进行管理,类似今天的船舶检丈及航行安全等,以及维持码头治安检查职责。

南朝宋、齐、梁及陈政权的漕运、海事管理大体上沿袭晋制。以后,都水使者所发挥的作用越来越有限。宋、齐两代设都水使者,掌管河渠、船舶、漕运,地方上设置都水参军,都水使者管理治河,也管漕运、海事,维护水上航行秩序。天监七年(508年)改都水使者为大舟卿,掌管舟船建造、航运、海事以及漕务和河堤事宜。

北魏初,中央又设都水部郎中、都水使者。地方设置河堤谒者、都水参军等职官,以管理水利河道与水运、海事事务。北齐朝廷设水部郎中、都水台、都水使者。都水台管理渡口与桥梁,其下属为都水参军。同时,还续设度支尚书,为漕运、海事管理的主官。原先的都水使者专司舟楫制造。

隋朝结束了南北朝长期对峙的混乱局面,建立统一政权,着手制订稳定职官制度。在因袭前代基础上,设水部,官员为水部侍郎,主管全国水上交通政令的制订与实施。并设都水台机构,执掌包括海事管理在内的舟楫、河渠事务。

二、唐朝的市舶管理制度

市舶制度作为中国古代海外贸易管理中的一种制度,是从唐朝设立的市舶使(又被称为"押蕃舶使""监市舶市"等)发展而来的[2]。到北宋初年置市舶司,将海外贸易置于强有力的国家政权的保护之下,保证海外贸易得以顺利发展。元朝基本上仿宋朝,但对市舶制度也有一定的发展。但到了明清,由于实行海禁政策,阻碍了其进一步发展,康熙二十三年(1684年)清政府设粤、闽、浙、江四海关,这标志着自唐朝以来的一千多年的市舶制度的终结和近代海关制度的开始。

(一)市舶制度萌芽

中国在经历了魏晋南北朝的长期分裂割据后,迎来了隋唐时期的大统一局面。尤其是唐朝的中国,农业和手工业生产发展水平很高,社会经济相当繁荣,政治安定、军事强大、文化兴隆、领土辽阔,堪称当时世界的强国。因此隋唐时期的对外关系,在整个中外关系史上具有十分重要的地位。唐朝"安史之乱"以前,对外陆路交通大大超过了对外海上交通的发展,但与前代相比,当时对外海上交通仍有新的发展。此外,唐朝前期的广州已成为中国和海外各国贸易的最大通商口岸。为了便于贸易管理,唐朝政府在广州设立"市舶使"的官职,这就为以后市舶制的发展奠定了基础。

唐朝市舶使经历了由前期的临时出使到后期相对固定的转化过程。从开元四年(716年)有胡人上言市舶之利,唐玄宗决定派监察御史杨范臣与胡人共同前往求之,既没有继续以前的市舶使担任此事,也没有委托安南或广州的市舶使承担此事,可见市舶使乃根据朝廷的需要临时派遣,而在安南或广州无常设的市舶机构或官员。早期市舶及市舶使在人们眼中并非十分光彩,人们受到传统观念束缚,认为市舶与商贾争利,有失王者体统。唐朝统治集团对于市舶的认识还处于不甚成熟阶段,把市舶与奢侈腐败联系在一起。加上唐玄宗即位日浅,还在标榜廉俭而不尚侈靡,在这种政治环境中还不可能设置专门的市舶机构或官员。

在唐德宗时,唐朝已有市舶机构——市舶使院。唐王虔休①的《进岭南王馆市舶使院图表》中记载:"伏以承前虽有命使之名,而无责成之实,但拱手监临大略而已,素无薄书,不恒其所。自臣亲承圣旨,革刬(chǎn)前弊,御府珍贡,归臣有司,则郡国之外,职臣所理。"从表文可知,在其之前市舶使无固定的办公场所,也无有关的文书档案资料,反映了市舶使为临时差遣的特点,不可能有常设机构。王虔休利用海阳旧馆加以整修,建造了市舶使院,市舶使才开始有固定的办公地点,同时也就有了相关的文书资料,这无疑标志着市舶机构的成立。从此,"供国之诚,庶有恒利……后述职于此者,但资中履言,守而勿失,不刊之典,贻厥将来"。王虔休的创举,遂成为日后市舶使机构的模式②。

虽然朝廷向地方派遣市舶使负责有关事宜,但同时地方长官却始终掌管着市舶管理的大权,前期大权掌握在军区长官都督、总管手中,中后期则掌握在节度使手中。8世纪下半叶,唐柳宗元③指出,广州府内部事务让节度使掌管,外部往来则统于市舶使,所谓"合二使为重,以治于广州"④。此时,市舶使的主要职责即唐文宗李昂⑤所作的《太和八年疾愈德音》所称"舶脚、收市、进奉"三者,这是核心内容。所谓"舶脚"即征收关税,这种关税又称下碇税。收市即政府优先垄断藩舶珍贵商品的交易⑥。唐高宗显庆六年(661年)二月十六日所发布《定夷舶市物例赐》规定:"本道长史,舶到十日内,依数交付价值,市了,百姓交易。"朝廷委托岭南节度使府的长史将藩舶之货物先行收购,收购完毕再任其与民间交易,这就是收市。收市所得商品称为官市物,上交中央少府监以供皇帝之需。进奉即藩商向皇帝进贡珍异物品。同时岭南节度使府长史在征收关税和进行收市之后,也要将所得商品向朝廷贡献,这是其进行藩舶管理中最重要的一环。正如岭南节度使李复⑦所说:"进奉事大,实惧阙供。"⑧

(二) 市舶制度完善

宋朝在各通商口岸设立了市舶机构,加强了对海外贸易的控制和管理,形成了一整套较为完备的市舶制度。宋朝市舶机构,通称市舶司(次为市舶场和市舶

---

① 王虔休,738—799年,本名王延贵,字君佐,汝州梁县人,唐朝中期将领,官至昭义节度使。
② 出自王虔休的《进岭南王馆市舶使院图表》,见《全唐文》卷515。
③ 柳宗元,773—819年,字子厚,河东(现山西运城永济一带)人,唐宋八大家之一,唐代文学家、哲学家、散文家和思想家,一生留诗文作品达600余篇。
④ 出自柳河东集卷26岭南节度使飨军堂说。
⑤ 李昂,809—840年,原名李涵,唐朝第十四位皇帝(除武则天和唐殇帝外,826—840年在位)。
⑥ 出自韩愈的《正议大夫尚书镇左丞孔公墓志》。
⑦ 李复,贞元三年(787年)为广州刺史、岭南节度使;贞元四年(788年)为江陵少尹,复任容州刺史兼御史中丞,三载;贞元六年(790年)至八年(792年)复为岭南节度使。唐德宗贞元五年(789年)10月,收复海南。
⑧ 出自陆贽的《论岭南请于安南置市舶中使状》,见《全唐文》卷473。

务），全称为提举市舶司，或简称为舶司。宋太祖开宝四年（公元971年），统治者最先在广州设市舶司，太宗瑞拱二年（公元989年）、真宗咸平二年（公元999年）又分别在杭州、明州设置市舶司，到了哲宗元祐二年（1087年），在泉州设市舶司，这就是《宋史》中经常提到的三路舶司。

宋朝管理市舶的官吏如南宋马端临①的《文献通考》②卷六十二载："旧制虽有市舶司，多州郡率领，元丰年，始令转运司兼提举，而州郡不复预矣，后专置提举，两转运亦不复预矣。后尽罢提举官，至大观元年续置。"南宋学者章如愚《山堂郡书考索》"提举市舶"记载与此相同。由此可知市舶官吏的设置经历了三个阶段：宋初由州郡长官兼任；北宋海上丝绸之路改由转运司兼任提举，州郡不复干涉；徽宗初年置专置提举。

市舶司有自己的一套管理机构，主要官员有四位，吏员有多人。长官为提举市舶，由转运使或转运副使等官吏兼任。下设监官一员，"抽解博买，专置监官一员"，主管"抽买舶货，收支钱物"；勾当公事（又称干办公事，简称"舶干"）一员，主持市舶司日常事务；监门官一员，主管市舶库，"逐日收支，宝货物浩瀚，全籍监门官检察"，以防侵盗之弊。此外，市舶司还设官吏员多人，如孔目，负责审核、验实海商的申销，发放公凭；都吏，负责巡视、检查和安全工作；专秤，负责省场抽解和买的具体事宜；客司，负责接待贡使和蕃商。北宋初年，并没有制订统一、详细的有关海外贸易的各项政策法令，一般是根据出现的具体问题临时处置，这不利于海外贸易的长期稳定发展。宋元中三年（1080年），北宋修订了《广州市舶条》，并委派官吏付诸实行。这一市舶条法不仅施行于广州，而且实行于其他各路。以后，市舶条例不断充实，修改和完善。

市舶司的职责大致有以下三个方面。

（1）管理进出口船舶。宋朝商人出海贸易必须向政府申请，得到官府的批准，由官府发给"公凭"或"公验"一类出海贸易许可证才能成行。《宋史·食货志》中记载："商人出海外蕃国贩易者，令指市舶司请给官卷，违者没其宝货。"所谓"官卷"，就是政府发给的公凭、公验一类的贸易许可证。舶商在申请公凭时，必须符合政府的有关规定，接受各种限制。

（2）抽解、禁榷和博买。当时市舶司向海商征收商税，有"抽解"或"提分"之法，"抽解成数"各时期不同，并有粗细色货物之分等，甚为复杂。按通常情况，政府抽解全部货物价值的十分之一，所谓"大抵海舶至，十先争其一"。有时也高达十分之四，但是，这种情况并不多。当商品经过"抽解"之后，又有政府的"禁榷"

① 马端临，1254—1340年，宋元之际著名的历史学家，字贵与，一字贵舆，号竹洲，饶州乐平（今江西乐平）人，著有《文献通考》《大学集注》《多识录》。

② 《文献通考》，简称《通考》，是一部典章制度史，共348卷，因袭《通典》外，兼采经史、会要、传记、奏疏、论及其他文献等，资料较《通典》丰富，于宋代典章制度尤称详备。

及"博买"。所谓"禁榷"就是对若干货物,如槟铁、珊瑚、玛瑙、乳香等,由政府收买若干,其余的才由海商于州界出卖,需开列货物名称和数量,向所在舶司领取公凭文引,然后许其往来居住。

(3) 对市舶官员和商人的奖惩规定。为了保证海外贸易的顺利发展,防止权贵官吏与政府争利,宋朝政府明确规定,不许特贵官吏经营海外贸易,不许官吏私买舶商货物。宋太宗时诏曰:"食禄之家,不许与民争利。内外文武官僚敢遣亲信于化外贩鬻(yù)者,所在以姓名闻。"对于那些能招来外国商船,增加市舶收入,发展海外贸易有贡献的市舶官吏和蕃舶纲首,政府则给予加官晋级等各种奖赏。南宋高宗绍兴六年(1136 年)规定,"诸市舶纲首能招诱舶舟,抽解货物,累价及五万贯、十万贯者,补官有差。闽、广舶务监官抽买乳香,每及百万两转一官"。对于违反有关规定,影响海外贸易的官员,则给予降低官职等处分。绍兴十六年(1146 年)规定,"降右朝散大夫提举福建路常平茶事袁复一一官,以前任广南市舶,亏损蕃商物价,故有是命"。为了防止官司"巧作名色,违法抑买",宋朝还"许蕃商越诉,犯者计赃坐罪"。通过以上规定,将海外贸易纳入国家管理的轨道,使海外贸易置于强有力的国家政权的保护之下,保证海外贸易能得以顺利发展,这在当时具有积极的作用。

元朝沿袭了宋朝市舶旧制,继 1277 年设立泉州、庆元、上海、澉浦四个市舶司之后,又增设了杭州、温州、广州等市舶司,1322 年又成立了泉州、广州和庆元三路市舶司。元朝市舶长官称为市舶提举使。和宋朝相同,元朝市舶司的职掌主要是征收关税和管理海外贸易各项事宜。不过元朝的市舶制度比宋朝更加完备和繁荣。按规定,当时出海船舶,须由市舶发牒以往,归则征税如制,其公验、公凭由市舶发给。大船发给公验,柴水小船发给公凭。每一艘大船带柴水船八艘,橹船一艘,公验公凭要随船而行,否则,一经查出,即同私贩处理。元时海商领取公验、公凭手续十分繁杂,规定亦较严格。如领取公凭者,需要填清所至何地及装载何物,次年必须返回原请验凭发船之舶司抽分,不许越投他处。待一切手续办理稳妥后,才能让其出卖海货。此外,海商出海请给公验,不仅依例召保,并需详细的记载船中人数、货物以及船主纲首,甚至海船的重量、长阔、樯高若干类都需一一证明,不得遗漏。并按规定,海船出海时,市舶司须派遣正员一员亲行检查,如有不实,连同检视官一并处罚。看来,元朝对海商规定严格,并非一纸空文,是认真实行的。

(三) 市舶制度衰落

市舶提举司是明朝承袭唐宋制度,在沿海港口城市设立的主管朝贡贸易的机构,设提举官负责。自唐宋以来,在沿海主要通商口岸设立的用来管理海外贸易事务的市舶司,其职能至明初发生了重要变化。明太祖设置市舶司的目的完全在于"通夷情,抑奸商,俾法禁有所施,用以消其衅隙也"。这种"通夷情",并不在于发展海外贸易,而在于通过严格限定的"朝贡贸易"达到政治上的怀柔远人,借以抗拒外来势力的冲击;而所谓"抑奸商",则是通过市舶司机构来严格禁止中国商民的出海贸易。因此,明朝的市舶司不仅拒绝外国民间商人的来华贸易,而且禁止中国商民的出海贸易,具有鲜明的政治性和极端的片面性,失去了宋元时期的经济意义。尤其值得注意的是,明朝通过市舶司机构实施的"朝贡贸易"免税政策和高价收买措施反而成为明王朝的财政负担。

明正德年间(1506—1521年),迫于财政压力,明政府不得不改变措施,开始对外国进口货物实行抽分,扩大外国对华贸易的范围,并且减少政府专买,允许外国商人在市舶司港口直接与中国商人进行贸易,因而相应地促进了海外贸易的发展。但市舶司的职能也随之发生分解。蕃舶即海外商船,由镇巡官管理征税,明确划分贡舶由太监管理,商舶由地方有司管理,等于承认了朝贡贸易之外的通商贸易的合法性[3]。

明隆庆元年(1567年),明朝被迫放开"海禁",海外贸易得到了发展,对出海私商活动实行了"引票"制,还制订了对私人海外贸易的征税办法。当时来华商船仍由市舶司管理,其征税方式主要是由水饷和陆饷征收,水饷为船税,陆饷为进口税,同时也采用"抽分"之法。市舶名存实亡,从而奠定了清代海关与行商的职能基础。

清顺治十三年(1656年)首次颁布禁海令,"寸板不得下水",禁止沿海居民出海捕鱼、贸易,违者以通敌治罪,所在地方官也不能幸免[4]。禁止人民出洋贸易长达20年之久。在颁布禁海令的同时,清廷还于顺治十八年(1661年)、康熙元年(1662年)、十七年(1678年)三次颁布迁海令,沿海居民一律内迁五十里,完全阻断了海上的贸易和交通。所谓"番夷向化纳赍献琛",沿明代的已溃之旧例,贡舶、贡物、贡期、贡使都有限制。经地方官验明,由督抚疏京批准,贡舶所携货物在馆交易,招商发卖,不得私卖;贡舶回易货物,不得买带违禁物件,由官吏监运下船,直到扬帆后,方解除控制[5]。由此可见,清廷对禁海的高度重视和禁海之严厉。

康熙二十三年(1684年),清廷在收复台湾后一度放开海禁,设粤、闽、浙、江四海关,不仅代替了"市舶司昔日禁海时,征收在旱路界口贸易之货税"的关务,而且废止了历代管理对外贸易的"市舶提举司",这标志着自唐朝以来的一千多年的市舶制度的终结和近代海关制度的开始①。

---

① 出自李士祯的抚粤政略,卷2。

第二节　中国近代航海组织

一、晚清以来的政府管理部门

（一）晚清邮传部

清政府于 1906 年 4 月设立税务处以统辖海关。同年 10 月 4 日，又改组中央政府机构，设邮传部，并设一厅四司：承政厅、路政司、邮电司、航业司、都水司，始有收回理船厅之争议，但总税务司根据条约，均以"理船厅与税关有相互关联之处，不允移交"。1907 年 6 月 1 日，清政府邮传部设船政等五司，即路政、船政、邮政、电政、庶务。其中船政司"掌全国船政，举凡内港外海各江航业，所有测量沙线，推广埠头，建设公司，营辟船坞，以及审议运货、保险、检查灯台浮标各事，凡有关船政者胥掌焉"。这是中国第一次把船舶运输及与之相关的航道、港、航、运输公司以及船舶查验和保险业等划归一口并称为"船政"，是中国政府建立的第一个专管理航政的管理机构[6]。

邮传部下辖的船政司主管全国船政，具体管理职能包括掌议船律，负责内港外海各江航业，测量沙线，推广埠头，建设船坞，以及审议运货、保险、检查灯台浮标各事，"凡有关船政者胥掌焉"。船政司行政机构办事官员如下：郎中二人、员外郎二人、主事四人、小京官二人，八九品录事无定员。

船政司虽然成立，但对相关航政的管理范围，依旧限于国内。由于没有与总税务司的管理范围实行有效的对接，新成立的邮传部船政司主要面对的还是旧关和国内轮船招商局等一些航运公司。

但是，船政司在此期间，依然孜孜不倦地做了大量航政管理与国内船舶登记方面的有益工作，包括订立《各省大小轮船公司注册给照章程》奏请公布和拟成《航律纲目草案》等。船政司下发轮船表式，目的是登记注册各关理船厅所有进出口轮船的名称、艘数、大小、尺寸，国内各小轮公司的船名、船数，公司从前、现在所定航海管驾、转舵、转帆、防碰、保险、搭客、载货、停泊、拖带、昼夜暗号各项章程均应详细汇齐，报告本部，使船政司有完整的资料档案，"以凭稽核"。

邮传部的船政司负责掌管全国航政，船检业务方面，船政司兼有对民间木帆船进行登记、验丈和质量检查的管理职责。至中华民国 1912 年 4 月成立，邮传部被中华邮政部门取代。

（二）民国交通部

1927 年 4 月，国民政府定都南京后，中国人民收回主权和航政管理权的热浪再起，迫于民众的压力，列强不得不放弃海关兼管的船舶检丈、登记及船员考核、事故处理等部分航政管理权,但没有放弃引航员管理、助航建设和管理等权力。1927年5月16日,国民政府交通部成立,下设路政、电政、邮政、航政4司。当时因航政事务简单,由路政司第四科兼理。1928年5月17日,成立航政司,下设第一、第二两科,第一科管理航业行政,第二科管理船舶。1929年12月20日,交通部公布《交通部组织通则》,规定航政局下设3科并明确各自职责。第一科管理航业行政,第二科管理船舶运输,第三科管理航政、航务。1930年12月19日,国民政府公布《交通部航政局组织法》,主要"呈奉国府命令公布实施,凡船员之登记、船舶检查及丈量载线标志管理海员航路等项,均规定为该局执掌"[7]。

抗日战争胜利后,国民政府航政基本恢复战前的旧制,交通部航政司继续执掌全国的航政事务。交通部返回南京后,其航政局机关组织亦有扩充,局机关设立航务、船舶、海事、港工、引水及空运6科。除空运科承办有关航空公司及空运事务外,其他都是管理航政事务的科室。

二、近代以来的典型航海组织

(一) 中华海员工业联合总会

1920年12月1日,孙中山在广州恢复军政府,并自任内政部长。香港海员中的积极分子林伟民、翟汉奇、邝达生、何盖民、苏兆征、冯永垣等人利用当时广东的有利形势,积极活动,组织工会。

1920年12月初,以中华海员慈善会名义召集各馆口代表开会,商讨组织工会。此次会议出席代表60多人,多数代表提议将中华海员慈善会改组为海员工会,但考虑到港英当局不准工人组织社团以及先前中华海员慈善会立案的曲折过程,决定不将慈善会改组为海员工会,而由到会代表发起直接组织工会。到会有60多人,他们代表陶义阁、义庆阁、和美阁、松庆阁、琼海阁、庆宋山房、乐雅山房等130多间行船馆签名作为发起人。会上,即席选出林伟民等17人作为筹备委员(都是慈善会的成员),决定由各行船馆暂借出20元作为经费,租房作为筹备处。最后,会议选举林伟民(乐雅山房代表)、罗贵生(广义和代表)、翟汉奇(致中和代表)、冯永垣(群义阁代表)、邝达生(义和阁代表)、陈炳生(满提高轮代表)、陈一擎(满提高轮代表)、谭华泽(叙义阁代表)、麦兴等人为常务筹备委员会。不久,即租得香港中环德辅道中137号3楼为筹备处办公地点,1920年12月,宣布成立海员工会筹备会。

筹备会成立后,开始积极动员海员加入工会。一些海员因受过大包工头或办馆恐吓,对加入工会持观望态度。为此,筹备会决定各筹备委员分头赴行船馆及各轮船,以谈心、讲故事、讲道理等多种形式,向广大海员作宣传鼓动工作。经过5个月的努力,征得会员2 000多人后,筹备委员会就成立海员工会并要求港英当局批准立案。但是,港英当局以未有批准成立工会的先例,不予同意。为了使海员的正当要求得到实现、工人权益得到保障,1921年初,香港海员又进一步酝酿成立工会。适值当时香港总督司徒拔是英国工党党员,政治上有改良倾向,允许海员工人成立工会。香港海员工人利用这一机会聘请律师延布律顿到伦敦备案,并向香港华民政务司申请注册并获批准。

1921年3月5日,海员工会筹备会召开干事会进行选举。当时,未采用代表大会制,而以干事会议为最高权力机关(凡积极支持工会、吸收会员最多的船,可选出代表为工会干事),由干事会议再选出仅限于香港的委员。陈炳生被选为会长,蔡文修为副会长,翟汉奇为司理,罗贵生为司库,林伟民、邝达生为交际,冯永垣为调查,共计7名委员。委员和部分干事组成干事部负责常务工作。关于海员工会的名称,当时有过激烈的争论,有的主张仿照欧美国家海员工会的形式,按照不同的工种,分别成立工会,例如美国的海员按水手、伙夫、机工等分别组织工会。后来大家一致同意将工会定名为"中华海员工业联合总会",既表示海员工人的联合,又表示它是产业性的。

中华海员工业联合总会是中国海员工人的第一个工会组织,也是中国最早的产业工会组织之一,其成立是中国现代产业工人运动的崛起的先声,直接推动了中国第一次工人运动的高潮。

航海拾遗:孙中山与海员

时值第一次世界大战结束,世界航运竞争加剧。大小包工头盘剥有增无减,海员工资微薄,而物价不断上涨,香港1920年的物价为战前的两倍。香港海员还受到失业的威胁,失业者2万余人。香港海员长期遭受大小包工头的剥削,对包工头特别痛恨。当时,香港共有30多家轮船公司,大多采取包工制,只有昌兴公司历来是自行雇工,但要工人"联保",即互相保证不私逃外国,如有逃跑者,联保人要被罚款,一般情况下海员们宁愿互相"联保",也不要包工头的中间盘剥。海员们感到,慈善会虽然能够为海员办事,但毕竟不是工人自己的工会组织,不能适应斗争形势发展的需要,纷纷要求成立一个能真正维护自己权益的工会。1920年11月,孙中山从上海回广州重建军政府,乘坐的是昌兴公司的"俄国皇后"号。有感于海员对革命的贡献以及深受民族压迫和剥削,他在船上对海员做演讲,鼓励海员参加革命,组织工会,还亲笔题写"博爱"两字送给海员。1921年4月6日,中华海员工业联合总会正式宣布成立。孙中山指示广州军政府相关部门为工会注册,并派议员王斧军为代表前来祝贺。

（二）中国轮机员联合总会

1925年，中国轮机员联合总会筹备组一度被军阀孙传芳所封，经交涉后，由虞洽卿作保启封。该会主要职责：为会员办理领证书、换执照、介绍工作、代表会员与资方交涉等，还编印出版《轮机月刊》。会员为船舶轮机长，大、二、三管轮，电机师及机匠。最多时有正式会员有2700人，预备会员有800余人。理事长为陆良炳，会址设于上海成都北路117弄128号。

（三）中国航海驾驶员联合会

1925年，中国驾驶员联合会在上海成立。1934年8月，该会与中国航海驾驶员联合会合并，改为中国航海驾驶员联合会。会员为有航海经验的船舶驾驶员，负责人为张树声，会址设在上海外滩7号三楼。

（四）中国商船驾驶员总会

中国商船驾驶员总会成立于1927年，以吴淞商船学校同学会为基础建立，会员主要为学校出身的驾驶员，发起人为金月石、黄慕宗、陈干青、郏鼎锡等人。该会对维护航权、争取本国驾驶员上船任职的权利及新中国成立前夕促进华北通航做出颇多努力，并出版不定期刊物《中国航业建设》《中国航权问题》，会址设于上海市黄浦路73号。1942年10月15日，由中国商船驾驶员总会牵头，金月石等在重庆召开"卫护中国航权大会"，发表了"收回我国航权建议书"。中国商船驾驶员总会和中国航海驾驶员联合会于新中国成立前2个月合并为中国商船驾驶员公会，理事长为金月石，有会员800余人。

航海拾遗：鲜为人知的1949年华北通航斗争

1948年11月27日，国民党行政院通过了《匪区海上交通经济封锁处理截获匪资办法》，对解放区及其港口、海岸进行严密封锁。由于南北物资交流和贸易的渠道被切断，上海民族工商业濒于破产，工商界急切地盼望国民党政府取消禁令，实行南北自由物资交流。1949年1月1日，上海四个轮船股份有限公司组织的海外联营处，致电全国轮船业联合会说明通航华北的重要性，全国船联会派代表于1949年1月11日赴南京，向国民党政府要求准许国内航商前往华北各重要口岸，维护我国的航权。同年1月21日，驻在上海的中国商船驾驶员总会、中国轮机师总会、中国航海驾驶员联合会、淞汉区引水公会、中国船舶无线电员总会等5个高级船员团体举行紧急联席会议，通电蒋介石与毛泽东，电恳外国船舶"不得在本国两港埠间承运客货",请准中国商船"行驶全国任何口岸,以维我航权的完整与一百数十万吨商船的生存"。翌日,李宗仁发表文告,表示愿意以中国共产党提出的"八项条件"作为和谈基础,南京、上海一时和谈气氛高涨。5个高级船员团体建议上海航商派"维护航权"代表船1艘前往天津,电请国共双方切实加以保护。全国轮船业联合会决定组织统一配运机构,指定船舶行驶华北航线。1949年1月26日,全国船联会理事长杜月笙、沪会理事长魏文翰致电中共北平市长叶剑英并转毛泽东、周恩来,说明维护航权及恢复华北航运攸关民族利益与民生经济,并表示拟派代表赴北平谒陈通航办法。1949年1月28日,全国船联会与开滦矿务局经过协商,准备用30万袋面粉交换10万吨滦煤,国民党政府行政院同意"准予试办"。同年2月2日,5个高级船员团体发表《为促请完成华北通航宣言》,希望国民党政府"无条件地允许国轮通航华北,以示尊重国权高于一党利益的雅量",希望中国共产党"于国轮到达之处,加以保护"。1949年2月7日,杜月笙、魏文翰致电中共中央,拟派"大上海""唐山"两轮北上,以30万袋面粉交换10万吨煤,并称"愿以最大的热忱,恢复交通,以防止帝国主义的侵略,而保障整个民族利益"。

1949年2月14日,毛泽东、周恩来复电杜、魏,表示"恢复华北、上海间航运以利生产的发展,极为重要。对二轮北驰并派员至华北接洽极表欢迎",并指出"所谓'华中、华南'中国船舶开往华北口岸将不许其驶返原地,纯系报纸造谣,先生等不应置信"。中国共产党旗帜鲜明地表明了对通航的态度和立场,上海航业界、工商界闻讯极为兴奋。

1949年2月18日"大上海"轮抵秦皇岛,航业界代表于19日到达天津会见市长黄敬,20日抵北平。2月23日晚上7时,沉寂了数月的上海杨树浦开滦煤栈突然热闹起来,随着满载着原煤的"大上海"轮徐徐停靠码头,码头上顿时鞭炮齐鸣,人声鼎沸,全体工人热烈欢迎第一次从解放区运煤来沪的"大上海"轮及全体船员。"大上海"轮冲破了国民党政府设置的禁区,完成了国统区与解放区的首次商务通航,在中国航海史上写下了光辉的一页。

第三节　中国现代航海组织

一、新中国航海行政管理

1949年,随着解放战争的胜利推进和沿海港口城市的解放,各地中国人民解放军军事管制委员会(简称军管会)相继接管了旧政府原来在各港口城市设置的航政局、海关等港务、航务行政管理机构。1949年11月1日,中央人民政府交通部正式成立。其中,将原华北人民政府交通部内设的工务处[下设航港组、航政组(室)]为基础所建立的交通部航务总局,作为统领全国航政(沿用近代航政名称)的主管部门。交通部航务总局航政组(室)成为新中国成立后统领全国航政事务的第一个首脑机关。其职能主要是船舶登记、船舶丈量、中外籍船舶进出港管理、海事处理等水上交通安全、船舶检验等监督管理[7]。

　　1950年3月7日,《政务院关于关税政策和海关工作的决定》发布,明确海关关于管理海港河道、灯塔浮标、气象报道等助航设备的职务,连同其工作人员、物资、器材全部交中央人民政府交通部或市港务局。1950年7月26日,政务院财政经济委员会在《关于统一航务港务管理的指示》中,决定建立统一航务及港务管理机构——中央人民政府交通部航务总局及各地港务局。根据上述决定和指示成立的天津、青岛、上海、广州区港务局(下设航政处)相继接管了海关及其他机构原有的港务、航务、航标等管理业务。

　　1951年4月,交通部又做临时调整,设置海运总局、河运总局、航道工程总局、船舶登记局。1952年6月,在1951年调整的基础上,交通部又调整部机关机构,海运总局下设海港监督室,职掌港湾、船舶、海事监督工作;河运总局下设航标科、航行监督科,负责内河航政管理的航行监督;航道工程总局更名为交通部航务工程总局,下设航标管理科等。

　　1953年上半年,国家撤销大行政区后,确定交通部管理沿海和长江、珠江、黑龙江的主要港口,其他港口均由地方政府交通部门管理。交通部也随之进行内部机构设置与调整,将航道工程总局改为航务工程总局,河运总局改称为内河航务管理总局。1953年4月16日,中央人民政府交通部公布《海运管理总局海务港务监督工作章程》,规定在中央人民政府交通部海运管理总局设海务、港务总监督室,各区港务局及各中型港的港务分局设港务监督室,各级港务监督室对外称"中华人民共和国××港港务监督"。至此,"中华人民共和国××港港务监督"的名称在沿海各港口正式启用,但该章程并未明确海运管理总局海务、港务总监督室对外称"中华人民共和国港务监督",当然也不会对外称"中华人民共和国港务监督局"。

　　1954年9月,第一届全国人大将中央人民政府交通部更名为中华人民共和国交通部。1956年8月1日,交通部登记局正式成立,对外称中华人民共和国船舶登记局,同年8月11日,交通部设立交通部港航监督局,作为隶属交通部专管全国航政事务的管理机构。1958年3月31日,撤并交通部港航监督局,成立海河总局和船舶登记局(1958年6月1日,船舶登记局改为船舶检验局),对外名称不变。

1960 年，海河总局撤销，新设安全监督局。安全监督局掌管车船安全生产和船舶检验工作，与原船舶检验局合署办公。1961 年 1 月，安全监督局与船舶检验局合并，成立安全监督局，管理港务监督、船舶检验工作，船舶检验局不改变对外名称。1963 年 4 月 1 日，交通部将安全监督职能仍划回各总局，船检局与安全监督局合署办公，称船检港监局。1963 年 10 月 7 日，船检港局改为船舶检验局。1964 年 7 月 29 日，增设港务监督局。

1967 年 6 月，交通部军事管制委员会成立生产指挥部，下设水运、陆运、综合、行政 4 个组，船舶检验与港务监督由水运组的航政小组负责。1972 年 12 月 1 日，为了办理船舶检验和港务监督等事宜，交通部机关设立船检港监局，对外仍称中华人民共和国船舶检验局和中华人民共和国港务监督局。此后，中华人民共和国港务监督局的名称开始在有关涉外事务和对外轮管理中使用。随着国家改革开放和法制工作的推进和深化，中华人民共和国港务监督局的名称不仅用于涉外事务和对外轮管理，而且被逐步明确为法律法规授权的海上交通安全监督和防止船舶污染海域的主管机关。

1975 年 1 月 20 日，第四届人大第一次会议决定将交通部和铁道部分开设置，各自恢复建制。恢复建制后的交通部机关设有 14 个部门。其中船检港监局对外仍称中华人民共和国船舶检验局和中华人民共和国港务监督局，职责包括负责水上安全监督、船舶和海上设施检验、防止船舶污染、航海保障、救助打捞、通信导航等。1978 年 3 月交通部机构调整撤销船检港监局，港监组划归港口局；1979 年 3 月交通部机构调整，成立安全监督局；1979 年 10 月交通部机构调整（1980 年 2 月国务院批复同意），设置港务监督局。

1982 年，交通部调整部机关机构设置和人员编制后，将水运、远洋（行政部分）、通信导航、港务监督、安全、工业局和基本建设局的航道部分合并，分别组建海洋运输管理局、内河运输管理局、生产调度局和水上安全监督局。1988 年 12 月交通部机构改革，内设安全监督局；1994 年 3 月交通部机构改革，内设安全监督局等，都保留了"对外称中华人民共和国港务监督局"的规定。中华人民共和国海事局成立后，为保持事物的连续性，中华人民共和国港务监督局的名称继续保留了一段时间。其依据是 1998 年 11 月 11 日交通部印发的《关于中华人民共和国海事局（交通部海事局）主要职责、内设机构和人员编制的通知》。该通知规定，中华人民共和国海事局保留使用中华人民共和国港务监督局和中华人民共和国船舶检验局的名称。

2002 年 2 月 19 日，交通部印发《关于全国海事系统统一以海事局（处）名义履行海事行政执法的通知》。该通知规定：自 2002 年 10 月 1 日起，原港务监督、港航监督、海上安全监督局和船舶检验局（处）的名称及相应的公章或专用章，中华人民共和国原港务监督局的局徽、局旗，一律停止使用。至此，存在了

30 年的"中华人民共和国港务监督局"的名称完成了其历史使命。

二、新中国主要航海组织

(一) 中华人民共和国海事局

1998 年 10 月,经国务院批准,中华人民共和国海事局(交通运输部海事局)成立,根据国务院办公厅和中央机构编制委员会办公室等有关文件精神,交通运输部海事局为交通运输部直属行政机构,实行垂直管理体制,履行水上交通安全监督管理、船舶及相关水上设施检验和登记、防止船舶污染和航海保障等行政管理和执法职责,主要职责如下。

(1) 拟订和组织实施国家水上交通安全监督管理、船舶及相关水上设施检验和登记、防治船舶污染和航海保障的方针、政策、法规和技术规范、标准。

(2) 统一管理水上交通安全和防治船舶污染。监督管理船舶所有人安全生产条件和水运企业安全管理体系;调查、处理水上交通事故、船舶污染事故及水上交通违法案件;指导船舶污染损害赔偿工作。

(3) 负责船舶、海上设施检验行业管理以及船舶适航和船舶技术管理;管理船舶及海上设施法定检验、发证工作;审定船舶检验机构和验船师资质、负责对外国验船组织在华设立代表机构进行监督管理;负责中国籍船舶登记、发证、检查和进出港(境)签证;负责外国籍船舶出入境及在我国港口、水域的监督管理;负责船舶保安和防抗海盗管理工作;负责船舶载运危险货物及其他货物的安全监督。

(4) 负责船员、引航员、磁罗经校正员适任资格培训、考试、发证管理。审核和监督管理船员、引航员、磁罗经校正员培训机构资质及其质量体系;负责海员证件的管理工作。

(5) 管理通航秩序、通航环境。负责禁航区、航道(路)、交通管制区、锚地和安全作业区等水域的划定;负责禁航区、航道(路)、交通管制区、锚地和安全作业区等水域的监督管理,维护水上交通秩序;核定船舶靠泊安全条件;核准与通航安全有关的岸线使用和水上水下施工、作业;管理沉船沉物打捞和碍航物清除;管理和发布全国航行警(通)告,办理国际航行警告系统中国国家协调人的工作;审批外国籍船舶临时进入我国非开放水域;办理港口对外开放的有关审批工作和中国便利运输委员会的日常工作。

(6) 负责航海保障工作。管理沿海航标、无线电导航和水上安全通信;管理海区港口航道测绘,并组织编印相关航海图书资料;归口管理交通行业测绘工作;承担水上搜寻救助组织、协调和指导的有关工作。

(7) 组织实施国际海事条约;履行"船旗国""港口国"及"沿岸国"监督管理义务,依法维护国家主权;负责有关海事业务国际组织事务和有关国际合作、交流事宜。

(8) 组织编制全国海事系统中长期发展规划和有关计划；管理所属单位基本建设、财务、教育、科技、人事、劳动工资、精神文明建设工作；负责船舶港务费、船舶吨税、船舶油污损害赔偿基金等有关管理工作；受部委托，承担港口建设费征收的管理和指导工作；负责全国海事系统统计和行风建设工作。

(9) 承办交通运输部交办的其他事项。

(二) 中国海员建设工会全国委员会

2001年，中国海员建设工会在原中国海员工会、中国公路运输工会和中国建设建材工会的基础上成立。

中国海员工会的前身依次可上溯到中国海员工会(1926—1991年)和中华海员工业联合总会(1921—1926年)。中国海员工会是全国成立最早的产业工会，同时也是全国最早的工会组织。1921年4月，在苏兆征、林伟民等一大批海员工人运动先驱的不懈努力和积极筹划下，中华海员工业联合总会在香港成立，这是中国第一个全国性产业工会。1922年，中华海员工业联合总会发动了香港海员大罢工，震撼了帝国主义的殖民统治，成为全国工人运动高潮的起点，在中国革命和工运历史上写下了光辉的一页。1925年，在中国共产党的领导下，中华海员工业联合总会和其他三家产业与地方工会联合发起成立了中华全国总工会，海员工会的领导人林伟民、苏兆征先后出任中华全国总工会第一、二、三任委员长。在长期革命斗争中，中国海员工会先后涌现出林伟民、苏兆征、廖承志、陈郁、曾生、林育英、朱宝庭等老一辈革命家。在经济建设和改革开放新时期，交通运输行业涌现了贝汉廷、杨怀远、包起帆、许振超、孔祥瑞、陈德华、陈刚毅等一批劳动模范。

中国海员建设工会全国委员会是中华全国总工会领导下的全国性产业工会组织，是全国交通、建设系统各级工会组织的领导机关。其会员涵盖全国远洋运输、内河水运、港口、航道、海事、海上救助打捞、海员俱乐部、公路建设、公路管理与养护、公路汽车运输、汽车维修、建筑施工、市政、城市供水、城市排水和污水处理、燃气、热力、公交、地铁、园林、环卫等行业的职工。2001年，中国海员建设工会在原中国海员工会、中国公路运输工会和中国建设建材工会的基础上成立。2003年3月27日，选举产生中国海员建设工会第一届全国委员会。中国海员建设工会第四届全国委员会于2017年2月选举产生，现任主席为李庆忠同志。中国海员建设工会现设5个处室：办公室、海员工作部、公路运输工作部、建筑工作部、城建工作部。

(三) 中国船级社

中国船级社是由中国有关法律授权的、经法律登记注册的、从事船舶入级服务与法定服务等的专业技术机构/组织。1956年8月1日成立中华人民共和国船舶登记局，并以"ZC"为标志开展船舶检验业务，1957年6月1日更名为中华人民共和国船舶检验局，简称船舶检验局。1986年交通部颁布《中国船级社章程》认定中国船级社是船舶检验局内负责入籍检验的机构，1986年8月正式启用中国船级社印章。1993年，中国船级社作为社会团体性质的船舶检验机构，代号由"ZC"改为"CCS"，承担国内外有关入级检验、鉴证检验、公证检验和政府授权的法定检验。

中国船级社宗旨是对船舶（包括各种运输船舶、工程船舶、特种用途船、移动平台）、海上设施、集装箱以及相关船用产品提供合理和安全可靠的入级标准和技术规范，并通过入级、认证和技术服务，为航运、海上开发及相关的制造业和保险业服务，为促进水上人命和财产的安全与保护海洋环境服务。中国船级社以保护人命、财产和环境安全为目标，为我国航运、造船、海上开发及其他相关行业的发展起到了积极的推动作用。中国船级社已接受主要航运国家或地区的政府授权，为悬挂这些国家或地区旗的船舶及海上设置代行法定检验。

中国船级社秉承"安全、环保，为客户和社会创造价值"的宗旨，形成了覆盖全球的检验服务网点，服务航运、造船、航运金融与保险、船舶配套、海洋资源开发、海洋科学考察、工业项目监理、体系认证、政府政策法规、节能减排、风险管理和评估等多个产业和领域，并不断拓展新的业务领域。截至2021年6月底，中国船级社客户遍及全球六大洲，检验船队达3万艘，1.7亿总吨，成为检验发证船舶最多、国际入级船舶平均船龄最小的船级社。

（四）中国航海学会

中国航海学会成立于1979年，是由从事航海工作的有关单位和人员自愿组成并依法登记成立的全国性、学术性、非营利性社会组织，具有社会团体法人资格，是中国共产党和政府联系航海科技工作者的桥梁和纽带，是国家发展航海科技事业的重要社会力量。挂靠单位是中华人民共和国交通运输部，业务主管是中国科学技术协会。

中国航海学会的宗旨是弘扬航海文化，尊重知识、尊重人才；倡导"献身、创新、求实、协作"精神，团结和组织航海科技工作者，坚持党的基本路线，以经济建设为中心，坚持科学技术是第一生产力的指导思想，实施科教兴国、人才强国和可持续发展的战略，深入落实科学发展观，促进航海事业的繁荣和发展，促进航海科学技术人才的成长和提高，促进科学技术与经济的结合，为社会主义物质文明和精神文明建设服务。

中国航海学会的最高权力机构是全国会员代表大会，其职权是制订和修改章程；选举和罢免理事；审议理事会的工作报告和财务报告；制订和修改会费标准;选举或罢免监事;决定其他重大事项;决定终止事宜。理事会是全国会员代表大会闭会期间的执行机构,由全国会员代表大会无记名投票差额选举产生,对全国会员代表大会负责,领导该团体开展日常工作。理事会的职权:执行全国会员代表大会的决议;选举和罢免正、副理事长,秘书长和常务理事;筹备召开全国会员代表大会;向全国会员代表大会报告工作、财务状况和其他重大事项;决定会员的吸收和除名;决定办事机构、分支机构、代表机构和实体机构的设立、变更和注销;决定副秘书长和各机构主要负责人的聘任;领导该团体各机构开展工作;制订学会内部管理制度;决定名誉职务的设立和人选;决定其他重大事项。

（五）中国海商法协会

中国海商法协会成立于 1988 年,是由全国从事海商、海事、经贸、保险及法律工作的个人和单位组成的专业性民间团体。其宗旨:为了推动我国海商法的发展和海商法制的健全,并协同其他国家的海商法协会为促进海商法、海运惯例和习惯做法在国际范围的统一做出贡献。

中国海商法协会秘书处设在中国国际贸易促进委员会。中国海商法协会的最高权力机构为会员代表大会,理事会由会员代表大会选出的理事组成。常务理事会由主席、副主席以及理事会选举的其他常务理事组成。中国海商法协会设有秘书处,秘书处由秘书长、副秘书长和秘书组成,负责中国海商法协会的日常工作。中国海商法协会下设海事法律专业委员会、海商法律专业委员会、海上保险专业委员会、防止海运欺诈专业委员会、争议处理程序专业委员会、国际海事委员会联络委员会、内河航运法规专业委员会、海运法规专业委员会等八个专业委员会和《中国海商法年刊》编辑委员会。

中国海商法协会的主要任务:组织会员对海商法律、国际公约、海运惯例和习惯做法进行调查和研究;向政府及有关主管机关就海商法立法、司法和行政管理方面的问题提出建议或报告,为我国海上运输、对外贸易和经济合作、海上保险和有关行业的发展发挥积极的促进作用;组织会员收集、整理和编译出版国内外海商法规、案例和有关的文献资料;开展对外交流活动,加强同各国和国际海商法组织、人士的联系,研究国外海商法的发展动向,积极参加国际海事委员会和其他有关国际组织的活动。1989 年,经国际海事委员会批准,中国海商法协会取代了中国国际贸易促进委员会,成为国际海事委员会的中国会员协会。

（六）中国船东协会

中国船东协会是 1993 年 4 月 18 日在北京成立的行业组织,是在中华人民共和国注册登记的依法享有社团法人资格的全国性社会团体,是由从事水上运输的商船所有人和经营人组成的,其宗旨是在政府与船公司间起桥梁、纽带作用,协助政府进行行业管理;协调船公司的经营活动,维护中国船东的正当权益和公平竞争的市场环境;促进中国航运事业的发展。

中国船东协会自成立以来,直接为会员服务,反映会员意见,依法维护会员的合法权益;发挥行业自律作用,协助政府部门规范行业市场,维护公平竞争秩序;关注行业的热点、难点、焦点问题,开展调查研究,为行业的发展和政府的决策提供建议;积极参与国际交流和合作,向世界航运界发出中国船东的声音。中国船东协会的定位是会员的代言人和贴心人、行业规范自律的管理者、政府的得力助手和参谋。

(七) 中国引航协会

中国引航协会于 2008 年 1 月 8 日在北京成立,是由引航机构为主自愿组成的非营利性全国引航行业自律组织,业务主管机关为中华人民共和国交通运输部,登记管理机关为中华人民共和国民政部。

中国引航协会的业务范围包括宣传、贯彻和执行国家引航行业发展方针、政策,根据全国港口布局规划和各港总体规划,研究引航行业的发展战略和发展规划,为各级政府主管部门制订行业政策提供依据;对港口通航安全和引航区域划分提出建议,参与全国航运、港口发展规划的制订,参与港口及航道的总平面布局、通航环境安全(码头设计建造、航道规划设计与整治、航路改革、水工工程、水域环境安全等)的评估论证;受主管部门委托参与引航行业相关政策、法律、法规的起草、制订,制订引航行业标准和规范并监督实施;根据行业发展需要,组织开展课题研究、学术研讨,为政府管理部门和相关机构决策提供咨询建议;向主管部门反映引航机构及其从业人员的要求,提供法律咨询服务和法律援助;负责行业统计,发布行业信息;经政府主管部门批准,对引航员和相关从业人员的从业资格进行管理,协助有关主管部门制订引航员培训大纲和教材,组织引航员从业资格培训;开展引航技术创新及推广应用,组织引航技术攻关及成果评价和展示,组织引航机构间、引航机构与相关部门和行业间的经验交流与学习;指导行业精神文明建设,制订行规行约;接受引航服务有关的投诉,根据本章程和相关规定向有关部门提出处理意见和建议;跟踪研究国际引航发展情况,接受主管部门委托参与相关国际公约的制订和修订;负责与国际引航协会和各国引航组织的联络,开展国际合作与交流;主办引航杂志,建立中国引航协会网站,组织行业宣传与交流;承办主管部门交办及会员和会员单位委托的其他有关事项。

(八) 中国港口协会

中国港口协会是由中华人民共和国民政部批准设立的中国港口界唯一的全国性行业协会,是由全国港口行业内以及与港口行业相关的企事业单位自愿组成的,跨地区、跨部门的非营利性社会团体,是社团法人。2016 年,中国港口协会被国家民政部评为全国"4A"级行业协会。中国港口协会成立于 1981 年,会员覆盖面遍及大陆沿海和长江、珠江、黑龙江、京杭运河等水系的各主要港口。

中国港口协会的主要任务:执行国家和政府业务主管部门关于行业协会工作的方针、政策和规章,以行业服务、行业代表、行业协调、行业自律为基本职能,围绕行业发展的中心任务,通过政府业务主管部门授权或政府与会员的委托,承担或参与行业管理的有关工作和有关行业发展的决策,坚持为会员服务的宗旨,维护行业和会员的权益,在政府和企业之间发挥桥梁、纽带作用,努力促进中国港口事业的持续健康发展。

(九) 中国船东互保协会

中国船东互保协会是经国务院批准,于 1984 年 1 月 1 日在北京成立的船东互助非营利组织,其宗旨是根据国际公约、国际惯例和法律法规,维护与保障会员的信誉和利益。协会接受交通运输部的业务指导,并根据国务院《社会团体登记管理条例》在民政部注册登记,享有社团法人资格。

协会能够向会员提供保赔险、互助船舶险、抗辩险、租船人险、战争险等多险种的一站式海上互助保障和专业服务。截至目前,协会已发展成为拥有 188 家会员、保赔险入会总吨逾 6 500 万的国际保赔协会,已成为我国最大的保赔险保险人,位居全球同业第 10 位。此外,近年来协会互助船舶险业务发展迅速,已成为我国主要的远洋船舶险承保人之一。

协会总部现已迁至上海市,设立了中船保商务管理有限公司,形成了上海总部和北京、大连、青岛、广州、香港、英国、新加坡分支机构综合运营的布局。同时,协会在 140 多个国家和地区有 430 多家通信代理,搭建起一个高效、快捷的全球性通信代理服务网络,可以随时为会员提供检验、案件处理、防损及咨询等专业服务。协会始终注重吸收和培养高素质专业人才,建立了一支成熟的专家型管理和服务团队。

第四节　国际航海组织

一、国际海事组织(IMO)

(一) 国际海事组织机构与职能

国际海事组织(International Maritime Organization, IMO)是联合国负责海上航行安全和防止船舶造成海洋污染的一个专门机构,总部设在英国伦敦。该组织最早成立于 1959 年 1 月 6 日,原名为政府间海事协商组织。1982 年 5 月更名为国际海事组织。IMO 的作用是创建一个监管公平和有效的航运业框架，普遍采用实施，涵盖包括船舶设计、施工、设备、人员配备、操作和处理等方面，确保这些方面的安全、高效和环保。

IMO 宗旨为促进各国间的航运技术合作，鼓励各国在促进海上安全、提高船舶航行效率、防止和控制船舶对海洋污染方面采取统一的标准，处理有关的法律问题。IMO 主要的工作包含制订和修改国际公约，还会定期组织经验交流、分享情报信息等。IMO 由大会（assembly）、理事会（council）和 5 个委员会（committee）组成，5 个委员会为海上安全委员会（MSC）、海上环境保护委员会（MEPC）、便利委员会（FAL）、法律委员会（LEG）和技术合作委员会（TC），该 5 个委员会下又设立多个分委会辅助其工作。

（二）中国与国际海事组织

1971 年，联合国大会第 26 届会议通过第 2758 号决议，恢复中华人民共和国的一切权利，承认新中国的代表为中国在联合国组织的唯一合法代表，并立即把国民党代表从联合国组织及其所属一切机构中所非法占据的席位上驱逐出去。

1972 年，IMO 秘书长科林·戈德致函中国国务院总理周恩来，转交了 IMO 理事会第 28 次会议通过第 53 号决议"承认中华人民共和国政府是有权在政府间海事协商组织中代表中国的唯一政府"，并告知参加该组织的法律程序和会费以及具体事项。科林·戈德在京进行了为期 4 天的访问，成为首位访问中国的 IMO 最高行政长官。1972 年 8 月 4 日，国务院批准了交通部与外交部的联合请示：交通部代表中国参加 IMO，航政小组是承办单位。同年 10 月 31 日，外交部、交通部两部以交通部（1972）交水运字 2098 号文"接受政府间海事协商组织公约"，请示国务院，并于 1972 年 11 月 2 日经李先念、纪登奎副总理圈阅，周恩来总理批准。

1973 年，中国外交部部长姬鹏飞致电联合国秘书长库尔特·瓦尔德海姆："中华人民共和国决定接受 1948 年 3 月 6 日在日内瓦签订的政府间海事协商组织公约，包括 1964 年 9 月 15 日和 1965 年 9 月 28 日政府间海事协商组织大会通过的两次修正案，并授权声明：蒋介石集团盗用中国名义对政府间海事协商组织公约和其他公约、规则所作的接受和签字均属非法无效。"该文件于 1973 年 3 月 1 日递交给联合国。同年，交通部航政小组一行以观察员身份首次赴英国伦敦列席 IMO 第 30 届理事会，这是新中国首次派遣代表团参加 IMO 会议。

1975 年，IMO 第 9 届大会批准中文成为 IMO 的官方语言之一。1977 年 IMO 第 10 届大会上，中国首次当选 B 类理事国。1981 年，IMO 第 12 届大会通过中国主导的第 500 号决议，这是中国首次对 IMO 的工作方向提出了系统的中国提案。1984 年 IMO 在中国大连成立世界海事大学大连分校。1985 年交通部沈肇圻获"1984 年国际海事奖",这是中国代表、也是发展中国家代表首次获得此项殊荣。1989 年 10 月,在 IMO 第 16 届大会上,中国首次被推选为 A 类理事国,1995 年第 19 届大会上以最高票数当选为 IMO A 类理事国,这标志着我国航运大国的地位得到世界公认,并有了进一步巩固和发展。

2002 年在 IMO 稳性、载重线和渔船安全分委会第 45 次会议上,中国提交的"最小船艏高度公式"和"改进储备浮力分布的措施"获得通过,并被写入新载重线公约,这是中国提案第一次被写入国际海事公约。2005 在 IMO 第 24 届大会上,中国驻英国大使查培新当选为大会主席,这是中国自 1973 年恢复在 IMO 中的地位以来首次担任 IMO 大会主席一职。

2012 年交通运输部谢辉当选 IMO 危险货物、固体散货和集装箱分委会第 17 届会议的主席,这是中国代表首次担任 IMO 技术分委会主席。2013 年 IMO 咨询机构国际海事教师联合会(IMLA)上海中心落户上海,由上海海事大学主办,这是首个 IMO 认可的国际组织落户中国。2014 年 IMO 通过对中国北斗卫星导航系统的认可,标志着北斗卫星导航系统正式成为继全球定位系统(GPS)、格洛纳斯卫星导航系统(GLONASS)后第三个全球卫星导航系统,服务世界航海用户。2015 年交通运输部原副部长徐祖远获 IMO 首届海事大使,是全球第一位获得此殊荣的人。

2017 年在"一带一路"国际合作高峰论坛期间,交通运输部部长李小鹏与 IMO 秘书长林基泽共同签署了《中国交通运输部与国际海事组织(IMO)关于通过"21 世纪海上丝绸之路"倡议推动 IMO 文件有效实施的合作意向书》。同年 5 月 IMO 亚洲海事技术合作中心(MTCC-Asia)落户上海,由上海海事大学主办,这使得中国成为亚洲唯一承办 IMO 正式授权机构的国家。IMO 理事会第 119 届会议选举交通运输部国际合作司副司长张晓杰为会议主席,这是中国代表首次当选 IMO 理事会主席。2019 年在英国伦敦召开的 IMO 第 31 届大会举行了新一届理事会的选举,中国再次以高票当选 A 类理事国,这是我国自 1989 年起,连续第 16 次连任,彰显了我国在国际海运界的地位和影响。

从 1973 年 6 月新中国首次派出代表团以观察员的身份赴英国伦敦列席 IMO 第 30 届理事会至今,在一代代海事外交人员的努力下,中国在 IMO 中发挥着越来越重要的作用,为世界海事的可持续发展贡献着中国智慧。

二、国际劳工组织(ILO)

国际劳工组织(International Labour Organization,ILO)是 1919 年根据《凡尔赛和约》作为国际联盟的附属机构成立,目的是为了保障劳工的合法权益。1946 年 12 月 14 日,其成为联合国的一个专门机构,简称"劳工组织"。其宗旨是：促进充分就业和提高生活水平；促进劳资双方合作；扩大社会保障措施；保护工人生活与健康；主张通过劳工立法来改善劳工状况，进而获得世界持久和平，建立社会正义。

ILO 主要有负责制订基本政策的国际劳工会，负责管理 ILO 的理事会、ILO 的秘书处和国际劳工局三个部门。ILO 积极参加有关劳工的社会正义活动，尤其关心海员、渔民、码头工人的保护问题，不断建立、修改关于各种海事劳工问题的国际最低标准，如聘用船员的最低工资、遣返船员、职业培训、船员膳宿供应、工作时间及人员定额、假期及福利设施等。ILO 还从事海运业经济、技术、劳工和社会发展等方面的研究及分析。

ILO 实行"三方代表"原则，即各成员国代表团由政府官员 2 人，工人、雇主代表各 1 人组成，三方都参加各类会议和机构，独立表决。国际劳工大会是 ILO 的最高权力机构，每年 6 月在日内瓦举行一次会议。闭会期间理事会指导该组织工作，国际劳工局是其常设秘书处，主要活动有从事国际劳工立法、制订公约和建议书以及技术援助和技术合作。

我国是该组织创始国之一。1971 年该组织理事会根据联合国大会决议，通过了恢复我国合法权利的决议。1983 年 6 月，我国在该组织的活动正式恢复。1985 年 1 月，该组织在北京设立分支机构 ILO 北京局，负责与我国有关政府机关、工会组织、企业团体、学术单位等进行联系，并实施技术合作计划，协助我国发展职业技术培训。2008 年 5 月 28 日至 6 月 13 日，在第 97 届国际劳工大会上，我国工人代表成功当选工人理事。

三、国际非政府间航海组织

（一）国际船级社协会（IACS）

1. 船级社

18 世纪中叶，世界贸易几乎完全依赖航运业，而该行业从事的是一种极其危险的工作。当时船舶技术简陋，对商船的技术状况也无任何控制措施，造成许多船舶的状况很差，还经常超载。随着海难事件的频繁发生，船舶和货物的损失极大，海上保险业应运而生。保险商为了维护自身的利益，希望有一个能评价船舶质量的公证机构为他们提供咨询服务，制订客观的安全标准并定期进行检查，以减少海难的发生率[8]。

当时，英国伦敦泰晤士河畔设有许多咖啡馆，船舶保险商常在此聚谈。其中营业最盛者是爱德华·劳埃德（Edward Lloyd）的咖啡馆，船舶和货物保险均在此办理，形成了海上保险的中心。由于保险商需要了解船舶技术状况，1760 年他们决定成立一个船检机构，并以咖啡馆的名字将之命名为"劳埃德船级社（Lloyd's Register of Shipping）"，这就是现今英国劳氏船级社（LR）的前身。其他航运大国也经历了类似的情况。自初创时期以来，船级社的数量增加了，但其基本使命没有改变：始终把船舶检验与监督作为保证船舶海上安全航行的重要使命，进行船舶运行的技术调查和资料分析，编制和颁布船舶技术和检验标准；对新造船舶的设计、材料、建造和所用船舶设备等进行检验和监督，向符合标准的船舶授予船舶入级证书以证明船舶建造质量。船级的主要用处仍然在于可供保险商用以进行风险评估，并设定相应保费。

随着船级社的逐步发展，船级社的业务也有所变化。船级社成立之初，船级社为保险商提供的入级服务完全是自愿的，保险公司可以委托船级社进行船级划分，也可以不委托。而现在的入级服务已不仅是为保险商服务，而且政府希望通过入级服务，代替政府执行有关国际公约的要求，以保障船舶的质量和保障安全。因此，各国政府均赋予船级社更大的权利，并从法律法规上给予保障。船舶从设计、建造、营运和维修的各个阶段都要受到船级社的监督。不通过船级社的检验和发证，船舶不能营运。在近几年的国际公约中，出现了船舶必须达到某些入级规范标准的要求。正是这种具体技术要求的一致性，使得入级检验也具有一定的法定特征。

船级社是一个独立的组织，它与船舶设计建造、船东、船舶营运、船舶管理、船舶保养维修、保险、承租之间应没有任何商业关系。船级社提供各有关方均接受的标准——入级规范，在船舶或海上设施的设计与建造中进行检验核查以确认其符合性，对符合者签发船级证书；在营运中定期检验/检查其有效性，对符合规范要求者在船级证书上予以署明。当前主要的船级社有美国船舶检验局（ABS）、法国船级社（BV）、韩国船级社（KR）、英国劳氏船级社（LR）、DNV GL〔由挪威船级社（DNV）与德国劳埃德船级社（GL）合并〕、日本海事协会（NK）、波兰船舶登记局（PRS）、意大利船级社（RINA）、中国船级社（CCS）等。

2. 国际船级社协会

国际船级社协会（International Association of Classification Societies, IACS）于1968年9月11日正式成立。IACS的历史可以追溯到1930年召开的国际载重线公约会议，该会议建议各船级社经常协商，以求在执行船体强度的规定方面尽可能趋于一致，因而一些主要船级社表明了要加强相互联系的意向。1939年美国船级社（ABS）、法国船级社（BV）、挪威船级社（DNV）、德国劳氏船级社（GL）、英国劳氏船级社（LR）、日本海事协会（NK）和意大利船级社（RINA）在罗马召开了第一届国际船级社会议，与会代表一致认为各船级社之间应进一步加强联系和合作。此后又于1955年在巴黎、1965年在纽约、1968年在奥斯陆召开了会议，这几次会议逐渐促成了组织国际船级社的条件渐趋成熟。1968年9月11日上述7家船级社在汉堡GL总部召开会议，正式成立了IACS，并通过了会章，上述船级社为第一批会员。

IACS 掌握世界船舶的技术知识,使其在国际航运安全和制订海运规则方面起着独特的作用。IACS 是在 IMO 内具有咨询地位的唯一能够制订规范、具有观察员身份的非政府组织。IACS 以其全球性的服务网络、领先的技术经验和对航运公约的深入理解,对世界海运安全具有重大的影响。IACS 被接受为 IMO 的咨询组织,其宗旨是研究解决共同关心的海上安全问题,加强各成员间的联系与合作,促进使用船舶安全和防止船舶污染海洋环境的最高标准,与有关国际组织和海事组织协调和合作。

每个成员社派 1 名高级负责人出任 IACS 的理事。理事会主席、副主席由理事会成员轮流担任,任期 1 年。主席负责主持 IACS 的会议及日常工作,代表 IACS 参加有关的国际会议。

IACS 由理事会领导和制订总政策,协会的会员有地区会员和联系会员两种,世界大多数著名船级社都参加了该国际组织,如 ABS、BV、KR、LR、DNV、GL、NK、PRS、RINA、CCS 等正式成员。中国船级社于 1988 年加入 IACS,1996 中国船级社首次出任 IACS 轮值主席。

(二) 国际海事委员会(CMI)

国际海事委员会(Comite Maritime International,CMI)是指旨在通过各种方式和活动促进国际海商法、海事惯例和实践做法的统一非政府性的国际组织。迄今的主要工作是就相关的各类国际海事公约提出建议、制订草案、参加审议,国际上现行的不少公约均出于此委员会。该机构成立于 1897 年,由各国海商法协会组成,如国内无海商法协会,则可由类似组织或个人参加,但无表决权,总部设在比利时安特卫普。委员会通常每 4 年召开一次国际会议,审议其起草的国际公约草案或建议[9]。

CMI 通过各种适当的方式和活动促进国际海商法、海事惯例和实践做法的统一,促进各国海商法协会的成立,并与其他具有相同宗旨的国际性协会或组织进行合作,具体包括:促进海商法的实施,使国际海事安全发展;建立海事仲裁委员会,研究处理成员国家间的争端问题;制订海商法案。CMI 创立以来,草拟了不少国际海事公约,并被国际社会接纳并生效,如《约克·安特卫普规则》《海上避碰规则》《船舶碰撞中民事管辖权方面若干规定的国际公约》《维斯比规则》等。

大会是 CMI 的权力机构,由所有 CMI 的成员组成。大会设主席一人、副主席以及执行秘书长、行政秘书长和财务主任。执行委员会是 CMI 的业务执行机构。该委员会由澳大利亚、比利时、加拿大、美国、德国等国家的海商法协会团体会员及个人会员组成。其会员资格向从事海事商业活动的人(个人和团体)或者海商法专家开放,申请加入的组织其宗旨或宗旨之一应符合 CMI 的宗旨。

CMI 包括国家协会的正式成员和临时成员。作为 CMI 成员的国家协会应当符合下列要求：协会宗旨应与 CMI 宗旨相一致；其成员可以是任何自然人和法人，他们或者与海洋贸易有关或是海洋法和航海贸易专家；每个国家只有一个协会具有入会资格；多国协会只有在创建国没有国家协会的情况下才有入会资格。CMI 由多个国家的国内海事委员会和由各国海事委员会申请经 CMI 大会批准接受的终身个人委员组成。我国虽只加入了该委员会制订的《1910 年统一船舶碰撞某些法律规定的国际公约》及《1961 年关于统一海上运输旅客某些规则的国际公约》等几项公约，但在我国《海商法》的制订以及许多问题的处理上均大量参照了 CMI 的相关规定。2012 年，我国首次成功承办第 40 届海事委员会大会。

（三）国际油船船东防污染联合会（ITOPF）

1967 年 3 月 18 日，利比里亚籍超级油船"托利·卡尼翁"号在英国康沃尔郡锡利群岛附近海域触礁失事，12 万吨原油倾入大海，船身断为两截，沉入海底。虽说 12 万吨的泄油量在近 50 年十大原油泄漏事故中排名靠后，但这起事故使公众第一次意识到油类运输给环境带来的危险性，直接促成了《1969 年国际油污染损害民事责任公约》。在这个责任公约广泛实施前，为了让公约实施前出事的油污受害方也能得到赔偿，世界油轮船东决定先修订一个船东协定，提供相当于责任公约提供的利益与保障。

为了更好地执行船东们自愿签的这个协定，国际油船船东防污染联合会（International Tanker Owners Pollution Federation, ITOPF）应运而生。ITOPF 是一个处理解决海上石油漏溢问题的专业性组织，每个加入《油船船东自愿承担油污责任协定》（TOVALOP）的油船船东或光船承租人都自动成为 ITOPF 的成员。ITOPF 是为管理 TOVALOP 而于 1968 年建立的，它的任务不仅限于管理 TOVALOP，还包括为清除海上油污提供专业性的帮助，进行损失程度的估计，索赔分析，制订应急方案，提供咨询、培训和情报服务等。TOVALOP 是世界油轮船东为赔偿海上油污清除费用和赔偿油污所造成的任何损失而签订的协定，尽管已经有了 IMO 制订的关于海上油污索赔的公约，但TOVALOP 仍有很重要的作用。ITOPF 的作用是确保其成员有足够的经济担保，并给该组织成员的船舶颁发证书。

ITOPF 总部设在伦敦，有一个由高水平技术人员组成的技术小组专门处理世界各地有关的油污事件，评估污染的严重程度，提出清除办法并协助清除，调查油污染造成的损害。ITOPF 直接训练一批技术人员帮助多国政府和其他组织制订漏溢事故的应急处理方案，并对事故处理提供咨询。ITOPF 还出版海上油污情况和处理技术资料，现已出版多种技术信息资料，并制作了清除海上油污的录像系列片。虽然 ITOPF 被认为是 TOVALOP 的一个管理机构,但是从 ITOPF 取得的成就来看,它已超出了管理范畴,目前已被公认为清除海上油污染的专门技术中心,为保护海洋环境做了积极的努力。

(四) 波罗的海国际航运公会(BIMCO)

波罗的海国际航运公会(Baltic and International Maritime Council, BIMCO)是一个具有 100 多年历史的非政府航运组织,也是当前世界上最大、最具影响力的国际航运非政府组织,总部设在丹麦哥本哈根。与一般行业协会不同,BIMCO 最大的特点是会员的多样化,其中有船东、经纪人及保险协会三种正式会员,包括船级社、船厂等在内的副会员。BIMCO 约占世界海运业总运力的 65%,在全球航运业中具有举足轻重的地位。

为了达到协调各方利益的目的,BIMCO 展开一系列卓有成效的工作,与其他国际海运组织联系非常紧密,在很多海商事机构中担任观察员,如国际海事组织(IMO)、联合国经济及社会理事会(ECOSOC)及国际商会(ICC)等。同时,BIMCO 与欧盟、美国及亚洲的海运管理者、政策制订者以及其他利益方之间也始终保持着密切的沟通。除了提供信息、咨询等服务外,它还向会员提供标准格式合同和条款,内容涉及造船、租船、修船、船舶管理、船舶买卖等。BIMCO 一直致力于提升国际航运政策和法规的公正和平衡,是各类航运政策制订者和其他利益方获取航运实用信息的首选,更是一个值得信赖的合作伙伴。

2013 年 2 月 25 日,我国首家由国际性行业组织设立的民办非企业组织 BIMCO 上海中心在浦东揭幕,我国航运业在国际航运标准制订和交易规则设置等方面的影响力有望进一步加强。BIMCO 是国际各类航运政策的制定者和航运实用信息的提供者。据估计,国际海运和相关行业中有将近四分之三的交易采用了该公会的标准合同和条款。BIMCO 成立上海中心,将对上海航运产业带来更大的集聚效应,有力提升上海国际航运中心的软实力,力推上海在提升市场配置资源能力的过程中实现转变经济发展方式。借助 BIMCO 的国际影响力,中国航运业在世界航运舞台上的话语权有望增强,尤其是在国际航运标准制订和交易规则设置等方面的影响力有望进一步加强。

(五) 国际海道测量组织(IHO)

1919 年 6 月 24 日到 7 月 16 日,在伦敦召开了有 24 个国家参加的首届国际海道测量大会。常设机构国际海道测量组织(International Hydrographic Organization,IHO)于 1921 年 6 月 21 日在摩纳哥的蒙特卡洛正式成立,当时有 19 个会员国。IHO 成立目的是通过对海图和文件的改进,使航行在全世界更加方便和安全。1967 年,在摩纳哥召开的第 9 届国际海道测量大会上制订了

《国际海道测量组织公约》,1970 年 9 月 22 日由联合国注册正式生效。从此 IHO 正式成立,成为世界海洋测绘资料中心。原来的国际海道测量局为该组织的常设机构。IHO 每 5 年召开一次大会,由成员国政府的代表参加。

中国是 IHO 的创建国之一。1998 年中国海事局成立前,经国务院、中央军委批准,由交通部航道局(后由交通部水上交通安全监督局)代表中国政府参与并处理 IHO 相关事务。水监体制改革之后,中国海事局继续参与 IHO 及其所属的东亚海道测量组织合作事宜,参加或承办其会议和活动,接待来访的官员。2000 年 3 月,由中国海事局、海军航保部、香港海事处、澳门港务局代表组成的中国海道测量代表团参加在摩纳哥召开的 IHO 成立以来的第二次特别大会。2000 年 7 月,中国海事局与海军航保部、香港海事处代表赴印度尼西亚参加东亚海道测量委员会(EAHC)第七届大会,会上中国当选为 EAHC 下一届主席国。2001 年 8 月,中国海事局承办在北京举行的第二十届国际制图大会和新世纪首届国际海图展览,IHO 的 15 个成员国和国际海道测量局(IHB)的 100 余幅海图参展。国际制图协会主席、IHO 主席以及来自世界各地的制图专家出席会议并参观展览。2002 年 4 月,第十六届国际海道测量大会在摩洛哥召开。会上,摩洛哥公国君主向出席会议的中国海事局颁发"最佳展出国"奖牌,以表彰中国为成功举办 2001 年 IHO 国际海图展所做出的贡献,这也是中国海事局第一次在国际展览中展出专题海图。2003 年 11 月,中国海事局以第八届东亚海道测量委员会(EAHC)主席国身份在上海召开第八届东亚海道测量委员会(EAHC)大会[10]。

(六) 国际航标协会(IALA)

国际航标协会(International Association of Marine Aids to Navigation and Lighthouse Authorities, IALA)是一个非营利的、非政府间组织,致力于海上航标的协调一致。IALA 成立于 1957 年,最初是作为技术协会为来自世界各地区的航标管理当局、生产厂商和咨询机构提供一个平台。60 多年来,作为非营利、非政府间组织,其一直致力于改进和协调全球海上助导航设施设备,协调全球范围内航标系统的标准,促进船舶安全、经济和高效地航行,加强海洋环境保护。

2014 年 5 月,在拉科鲁尼亚召开的第 12 届大会上,IALA 通过一项决议,申明转制为"国际组织(IGO)",这样有利于更有效地实现其目标,并决定应采取批准通过国际公约的方式尽快实现向这一身份的转换。因此,对《国际航标协会章程》的第 13 条进行了修订,以促成该协会的终止及其资产向国际组织的转换。2020 年 2 月,在马来西亚召开的国际航标组织公约外交大会通过了《国际航标组织公约》,公约外交大会的召开标志着 IALA 正式开启向政府间国际组织——国际航标组织转变的法律程序。2021 年 1 月,IALA 签署了《国际航标组织公约》(简称《公约》),启动了《公约》批准进程。

IALA 的职能：通过促进成员之间的密切工作关系及协作,开展国际合作;就有关最新发展动态的交流和共同感兴趣的话题收集并发布信息;与相关的政府间组织、国际组织和其他组织联络,例如,国际海事组织(IMO)、国际海道测量组织(IHO)、国际照明委员会(CIE)和国际电信联盟(ITU);与代表航标用户的组织联络;致力于航行新技术、水道测量事务(反映为航标事务)和船舶交通管理等事宜;就航标事务(包括技术问题、组织机构或培训事宜等)提供专家建议和帮助;建立委员会或者工作组,以制订和出版适当的 IALA 建议和指南,制定国际标准和规范、对特定问题进行研究;鼓励 IALA 成员制订相应的政策,解决与航标建设和使用相关的社会和环境事宜,包括保护历史灯塔、利用航标作为数据收集或其他政府服务和商业服务的平台、组织与助航活动有关的国际会议等。

IALA 总部设在法国,下设 IALA 理事会(IALA Council)、IALA 会员大会(General Assembly)、委员会(Committees)、政策顾问组(Policy Advisory Panel)等机构,并定期召开大会、专题研讨会、展览等。其中,委员会包括工程、环境和保护委员会(EEP),航标管理委员会(ANM),船舶交通服务委员会(VTS),无线电导航委员会(RNAV),自动识别系统委员会(AIS)。

1984 年 1 月 1 日,我国作为国际海事组织 A 类会员恢复在 IALA 的活动。1994 年,我国当选 IALA 理事会理事;1998 年水监体制改革后,中国海事局继续致力于 IALA 的技术交流和合作,参加或承办该协会的会议,与各国航标机构研究和决定 IALA 的有关事务。1999 年 1 月 28 日,交通部就国际航标界多次希望中国承办一次 IALA 大会的意愿以及中国承办的意义、有利条件等向国务院做出专题请示。经外交部审核,1999 年 3 月 8 日国务院同意 2006 年中国海事局在上海承办 IALA 第十六届大会。2002 年,国际航标协会在澳大利亚悉尼召开的第十五次大会上批准中国举办第十六届 IALA 大会的申请。2002 年 3 月,中国海事局参加在澳大利亚悉尼召开的第十五届 IALA 大会。在这个大会上,中国海事局常务副局长刘功臣被推选为本届 IALA 副主席。2003 年 6 月,中国海事局参加在芬兰召开的第三十二届 IALA 理事会会议,会上提出的"数字航标"概念被 IALA 采纳,并确定为第十六届航标大会主题。同时针对中国现有 IALA 浮标系统在应急沉船标识方面的不足提出应急沉船标识的制式标准,得到广泛认同并成为 IALA 之后推行的全球标准。2004 年 5 月,中国海事局协办在上海举行了 IALA 第三十三次理事会。2005 年 4 月,中国海事局在 IALA 航标管理委员会第六次会议上提出的《关于紧急沉船标志的建设》提案次年 11 月被 IMO 海上安全委员会第八十二届会议批准,成为国际标准,并于 2010 年纳入新版国际航标制式,在全世界推广。

参考文献

［1］ 王晓鹰,眭贞嬅.中国海事管理机构的历史演进脉络(远古—南北朝)[J].海事博览,
2018,8,74-76.

［2］ 方豪.中西通史(上)[M].长沙:岳麓书社,1987.

［3］ 陈尚胜.论明代市舶司制度的演变[J].文史哲,1986(02):7.

［4］ 齐涛.世界通史教程(古代卷)[M].济南:山东大学出版社,1999.

［5］ 余也非.中国古代经济史[M].重庆:重庆出版社,1991.

［6］ 曹凛.邮传部机构与船舶管理和检查职能[J].中国船检,2016(05):106-109.

［7］ 王晓鹰,眭贞嬅.中国海事管理机构的历史演进脉络(1937年—1949年)[J].海事博
览,2019(01),76-78.

［8］ 郭军武,楼海军.船舶检验[M].大连:大连海事出版,2011.

［9］ 《交通大辞典》编辑委员会.交通大辞典[M].上海:上海交通大学出版社,2005.

［10］ 交通运输部海事局.中国海事史(现代部分)[M].北京:人民交通出版社,2018.

第六章

中国海员，航海文明的和平使者

海员是航海事业发展最重要的践行者,是人类航海文化交流的和平使者和世界经贸发展的奉献者。"没有海员的贡献,有一半世界在受冻,另一半世界在挨饿"。中国海员更是为争取民族独立和建设新中国做出了积极的贡献。本章将介绍我国海员职业、女性海员、海员光荣事迹等内容。

第一节 自豪的中国海员职业

一、古代海员职业的发展

1840年鸦片战争之前,中国海员的发展历程可细分为先秦、秦汉、三国和两晋南北朝、隋唐五代、宋元和明清(中前期)6个历史时期。在中国古代漫长的历史时期内,中国的航海事业一直位于世界前列,即使某些时期由于特殊原因实行"海禁"政策,却并未阻止中国海员规模的扩大和职业发展。

先秦时期,伴随着先民的航海活动出现了最早的海员,夏商西周造船及航运事业的发展使船员角色固化,春秋战国诸侯争霸,频繁的水上攻战推动了海员职务逐渐形成。秦汉时期,徐福率船队东渡日本,内河漕运肇始,海上丝绸之路开辟,海员的分工进一步明确。三国和两晋南北朝时期,海员规模迅速增长,法显从印度航海归国,见证了海上丝绸之路的持续兴旺。隋唐时期,大运河的开凿使漕运制度全面确立,漕运海员作为一个固定的职业而诞生。宋元时期,中国海员迎来了职业发展的黄金时代。航海罗盘的应用使中国航海进入计量时代,产生了以火长为核心的海员体系;海外贸易成为国民经济的重要来源,海员的社会作用空前提升;漕运制度更加成熟,漕运船员对国家经济的正常运转贡献巨大。明代与清代中期(1840年以前),中国古代航海事业从达到顶峰后走向衰落。郑和船队七下西洋,中国海员创造了震惊世界的航海壮举;民间航海贸易愈禁愈兴,民间海员在顽强图存中得以壮大;随着漕运制度完善,形成了巨大的漕运海员群体;沙船航运业繁荣,从业船员规模惊人;计量航海技术成熟,航海教育获得发展,船员素质普遍提高。然而,由于世界航海发展的大势所趋,中国古代帆船航业及帆船船员群体不可避免地走向没落[1]。

二、近代海员职业的发展

1840年鸦片战争以后,外国航运势力大举侵入中国,轮船排挤了中国传统木帆船,并夺取了木帆船的航运业务。外国航运公司凭借获得的种种特权以及轮船在技术上显著的优越性能,对中国木帆船造成了强大的竞争压力,使中国传统帆船航运业受到了严重影响,中国木帆船面临着被淘汰的危险。而与此同时,出现了首批在外国船上工作的中国海员。北洋政府时期,中国民族航运业迎来了第一个发展的黄金时期,各大轮船公司纷纷成立,船舶吨位迅速增长,对海员的需求也相应大幅增加。但随着一战结束,外国航运势力重新占领中国市场,加上国内政局动荡,军阀混战不已,民族航运业饱受摧残,海员待遇也相应下降。海员为了反对剥削和压迫,较早觉醒和走向团结,掀起了波澜壮阔的海员工人运动。南京国民政府前期,收回了包括海员管理在内的大部分航权,先后制订和颁布了一系列的法律法规,建立了较为完备的海员管理体制。这一时期,虽受世界经济危机的影响,但中国经济却较之前得到快速发展,带动了航运业的腾飞,海员队伍不断壮大。

面对着日本帝国主义的侵略,海员的民族团结意识不断增强。七七事变后,抗战全面爆发,刚刚露出曙光的中国航运业面临着空前劫难,广大中国海员夜以继日地战斗在抗战运输线上,做出了巨大的牺牲,表现出了高度的爱国热情。除了在国内战场支援抗战外,更有3万多名中国海员奔赴欧洲,在英国、美国、荷兰、挪威、澳大利亚和加拿大等国家的商船上工作,为世界反法西斯战争的胜利做出了巨大贡献。抗战结束后,中国轮船吨位迅速增长,很快超过战前水平,对海员的需求也急剧增加。但随着内战爆发,为了避免船舶用于军事运输,大量船舶停航,航运业的繁荣犹如昙花一现,海员加入反内战的行列中,为中国人民的解放事业做出了突出的贡献[1]。

三、现代海员职业的发展

近代中国航运业虽然饱受摧残,但海员群体却顽强地生存发展,并完成了从传统帆船海员到现代轮船海员的转变。1949年10月1日中华人民共和国成立,开启了中国航运史上的辉煌时代,从此我国取得了过去任何时期都不可比拟的伟大成就。中国的海运大国地位已经形成,正在向海运强国迈进。同时,中国的海员职业得到了迅猛、全面的发展,为新中国的社会主义建设做出了巨大贡献。我国交通运输部发布的《2020年中国船员发展报告》显示,截至2020年底,我国共有注册船员1 716 866人,数量位居世界第一。

(一) 新中国成立后海员队伍的组建

新中国成立后的海员队伍是在反帝反封建、反官僚资本主义的新民主主义革命中发展起来的。随着人民解放军由北向南迅速推进,北方沿海、华东沿海、长江沿线、东南沿海和华南沿海航线先后获得恢复和发展,内河航运也重获新生。军事管制委员会对国民政府的航政机构及人员资产等分别予以接管,国民党统治下的航运界人士纷纷起义。在中国共产党的领导下,海员们英勇机智,团结一心,经过曲折斗争,克服重重困难,将一艘艘船舶开回祖国大陆,为新中国航运事业的创建和发展奠定了基础。中国大陆基本解放后,广大海员协同人民解放军继续进军,在解放沿海岛屿的战斗中,踊跃参加海上支前运输。新中国成立后,广大海员积极参加航运生产,全国大范围调运粮食、煤炭、木材等重要物资,开展支农运输。在十分困难的条件下,中国开辟了远洋航线,组建了自己的远洋运输企业——中国远洋运输公司,远洋航海教育事业得到初步发展,中、高等航海院校为新中国培养了大量的航海技术人才,各航运企业自办船员培训也极大提升了船员的专业技能和文化素质。

(二) 改革开放后海员的发展

改革开放给航运事业和海员发展带来了宝贵的历史机遇。国家对远洋运输事业的管理实行政企分开,中国远洋运输公司逐步摆脱行政色彩,发展成为独立经营的纯经济实体,大力发展国际远洋集装箱运输和班轮运输,恢复了台湾海峡的正常通航。船岸现代化技术水平的提高不仅改善了船员的工作条件,也改变了船员的结构。而海员外派业务的开展,为远洋运输行业提高经济效益走出了一条新路。沿海航运业瞄准市场,革新发展,开创了沿海运输新局面;整合资源,深化用工和分配制度改革,打造了新型海员队伍。内河运输生产稳定增长,抓住机遇开展外贸运输,同时整顿管理制度,加强海员服务。1981 年 6 月 8 日,我国加入了《1978 年海船船员培训、发证和值班标准国际公约》(简称"STCW78 公约"),成为"STCW78 公约"的缔约国,该公约于 1984 年 4 月 28 日起开始对我国生效。中国航运业与世界进一步接轨,以此为契机,我国建立了船员管理的完整制度体系,中国海员职业形象和国际地位大幅提升。

(三) 21 世纪海员的发展

21 世纪前 10 年,国际航运市场充满动荡,中国航运业抓住机遇快速发展,海运大国地位逐步形成,并向海运强国转变。这给中国海员职业发展带来了巨大的机遇,但与此同时,海员供需矛盾突出,机构亟待调整,海员管理机构和法规进一步完善。

2007 年 3 月 28 日,国务院第 172 次常务会议通过了《中华人民共和国船员条例》,该条例自 2007 年 9 月 1 日起施行。该条例的颁布实施,加快了海员队伍发展相关措施的相继出台,海员劳动权益和社会保障得以加强。航运企业纷纷建立船员基地,规范海员管理,提升海员工资及福利待遇。2015 年 11 月 12 日,我国向国际劳工组织递交了中国批准《2006 年海事劳工公约》的批准书,成为第 68 个批准这一公约的国家,该公约自 2016 年 11 月 12 日起对我国生效(不含香港特别行政区、澳门特别行政区和台湾地区)。加入该公约更加有效地维护了中国海员的权益,促进了航运业健康发展。远洋、沿海和内河航运企业经过资源整合,创新发展,成为航运强国建设的先锋队和主力军。

根据《2020 年中国船员发展报告》,截至 2020 年底,我国共有注册船员 1 716 866 人,同比增长 3.5%,其中女性 258 896 人。海船船员 808 183 人,同比增长 3.0%;内河船舶船员 908 683 人,同比增长 3.9%。2020 年,具有海上服务资历的海船船员 377 638 人,占海船船员总数的 46.7%,持有国际航行海船适任证书的船员共计 269 995 人,同比增长 4.1%,其中,船长 17 256 人,其他高级船员 91 835 人。2020 年我国共有海员外派机构 250 家,外派海员共计 122 304 人次。船队队伍总体保持稳定。

2019 年,国务院取消船员服务簿签发行政许可,持续推出简政放权措施;中共中央、国务院印发《交通强国建设纲要》,提出打造素质优良的交通劳动者大军任务要求。交通运输部深化"放管服"改革,完善船员管理法规体系,提升船员管理和服务水平,有效履行《1978 年海员培训、发证和值班标准国际公约》,持续提升船员职业技能和综合素质,提高船员适任能力。国务院出台远洋船员个人所得税优惠政策,支持海员队伍发展。交通运输部持续推动优化海员职业发展环境,持续履行《2006 年海事劳工公约》,海员的权益保障持续提高。

同时,我国积极推动与"STCW 公约"缔约国签署海员适任证书承认协议。截至 2021 年 1 月,我国已与 27 个国家(地区)签署互相承认或单方承认中国海员适任证书协议,我国海员海外就业市场得到不断拓展,促进了海员队伍健康发展[2]。

可见,新中国成立后,在党和国家的领导下,我国海员队伍不管在规模上,还是在结构和技术水平上,都取得全面发展,国际地位大幅提高,在多个领域甚至占据了主导地位,大大提升了我国的国际形象,为新中国的社会主义社会建设做出了举足轻重的贡献。

第二节　美丽的中国女性海员

一、第一批远洋女海员

如图 6-1 所示,这张有历史纪念意义的老照片是新中国第一位远洋船长陈宏泽在"光华"轮首航前于该轮顶甲板的烟囱前拍摄的。照片前排五位穿着白色海员服及工作服的姑娘,从左起分别是胡淑贤、潘彩娇、何丽珍、谢凤欢和何少英。她们五人和另一位关燕霞都是 1960 年 7 月在广东省委的支持下从广东纺织厂正式调入广州远洋运输公司"光华"轮首航的女服务员。另外还有广播电台的梁婉琼和从省人民医院临时借调的女医生。前面来的七人都集中在荷包岗广州远洋宿舍进行严格的培训,学习公司的船舶规章制度、工作职责、涉外纪律、礼节仪态和必要的英语口语等等。1961年1月她们正式到"光华"轮熟悉船舶现场,做进一步的训练和测试。这批当时未满二十岁的姑娘,个个把当一名远洋女海员作为最大的荣誉,满腔热情,不怕劳苦,认真学习,表现都很好,被认可为远洋女服务员,获得了广州港港务监督局正式颁发的远洋海员证[3]。

图 6-1　新中国第一批远洋女海员在"光华"轮[3]

1961年4月28日,她们身穿白色的女海员服,在激昂的乐曲声中,随着"光华"轮离开广州黄埔港,开始了新中国的第一个远洋航程。

二、第一位远洋女船长

1953年,20岁的孔庆芬登上了"和平一号"轮学习驾驶轮船,经过15年的历练,成为中国航海史上第一位远洋轮女船长(见图 6-2)。

在孔庆芬的航海生涯中,她先后独立操纵过货船、客船、油船等各类型船舶,共计28

图 6-2　孔庆芬船长[5]

艘。航行过渤海、黄海、东海、南海海域、东京湾、台湾海峡及香港地区水域,航海工作使她千百次地停靠大大小小的港口。孔庆芬自学习驾驶轮船以来,一直在船工作直到退休,把自己的一生献给了祖国的航海事业[4]。

三、第一代远洋女轮机长

王亚夫(见图 6-3)原籍山西,在福州长大。1957 年大学毕业后,王亚夫就开始了她的航海生涯,一干就是 36 年,直到 1993 年离休。在航海生涯中,王亚夫在广州海运局工作近 20 年,于 1972 年担任轮机长。王亚夫在任轮机长期间,一直以工作认真、刻苦、要求严格著称。1980 年,"长柳"轮出厂前夕,王亚夫被调到该船任大管轮。她把全船轮机工作组织得井井有条,保证了"长柳"轮安全运行。之后,她被上海海运局正式任命为"长柳"轮轮机长。1983 年,她被评为上海市"三八红旗手",作为女海员的代表,又被推选为上海市妇联第八届、第九届执行委员[6]。

图 6-3　王亚夫轮机长[7]

张兴芝出生在滨海城市青岛,对大海有着一种特殊的感情。1965 年,大学毕业后,张兴芝被分配到上海海运局客轮公司,她主动要求在船工作,从机匠、三管轮、二管轮到大管轮,再到轮机长,一做就是 23 年。1982 年张兴芝以优异成绩通过了轮机长考试,先后在十几艘船上任职。张兴芝曾被任命为我国首次开辟通过台湾海峡到达广州航线的"长柳"轮轮机长。在船期间,张兴芝同所有的海员一样,遭遇过惊涛骇浪的台风考验,也经历过机器故障导致的紧张局面。

张兴芝在接受人民网采访时曾讲到,女性上船比起男性来,付出确实不一样。女性除了要克服生理特性外,还需要健康的体魄,更要经受世俗的偏见。当然如同男海员一样还要忍受远离家庭、远离亲人的困惑,这都是挑战。她先后在十几条船工作过,从 3 000 吨到 7 500 吨,跑遍国内各个港口,而成功地在一个男性群体的工作圈子里站稳了脚跟。

1988 年,张兴芝告别陪伴半辈子的机舱间,走上讲授轮机专业知识的讲台,从此耕耘于海事教学讲台,为航海事业培养上船能适应、上岗能操作的航海人才[8]。

四、第一位远洋女政委

焦湘兰(见图 6-4)是新中国首位远洋船女政委。1927 年出生于山东掖县

（今山东莱州市）一个普通的农民家庭。1965 年进入广远公司，于 1976 至 1981 年，在"辽阳"轮担任政委，为新中国首位远洋船舶女政委。焦湘兰政委在远洋船上工作了 30 个月，先后到过英国、法国、德国、荷兰、意大利、比利时、新加坡、日本等十几个国家几十个港口，真正肩负起远洋船政委的重任，并成为中国远洋船女海员的楷模[9]。

图 6-4 焦湘兰政委[9]

五、第一位远洋女报务员

王丽玲女士是中国航海家陈干青船长的儿媳妇。由于她丈夫陈晓钟船长的偶尔举荐，竟然成为第一位商船上的女华人主任报务员，是航海界升起的一颗无线电报务员女星[10]。

1968 年 9 月 20 日，陈干青最小的儿子陈晓钟在香港籍船舶"南洋"号油轮上担任船长。这艘载重吨位 35 000 吨级的油船，是当时航行中国吨位最大、设备最先进的油轮。作为陈晓钟船长的太太，王丽玲随船出征。王丽玲不是一位普通的家属，而是身怀无线电报务技艺的知识女性。但由于当时有报务员在船，她的身份仅仅是随船家属而已。

1968 年 12 月 6 日，"南洋"轮在湛江卸原油期间，船上的报务主任回船时不慎掉下舷梯的夹档，受伤严重，不得不在湛江紧急送医抢救才保住生命。但船上缺了报务主任是不适航的，报务主任的缺席让船舶不能准时开航。事出紧急，请香港远洋公司派遣报务员接班，时间上根本不可行。"南洋"轮是外籍货轮，国内远洋公司的报务主任也不能上这艘外轮。最终，陈晓钟船长决定让持有报务主任证书和香港海员证的妻子王丽玲接任报务员，"南洋"轮顺利开航。

就这样，中国第一位女性报务主任诞生了。王丽玲是前所未有的香港 30 000 吨级油船报务主任，王氏夫妇也是世界少有的万吨巨轮夫妇同任船长和报务主任的夫妻档海员。

六、第一位女引航员

在潮汕的一些世俗观念中，女人上船被视为"孬彩头"，更别说当"船老大"了。在新中国政策的支持下，汕头女子李正容不但破除陈规旧俗走上轮船驾驶台，还成了新中国第一位女引航员。

1950 年，广东省汕头高级商船技术学校对外招收中国第一批航海女驾驶员。从小熟识水性、向往海阔天空的李正容顶着世俗的偏见毅然报考，并从 400

多名竞争者中脱颖而出。1953年,她以优异的成绩完成学业,随后与同伴一起奔赴艰险的川江,开创了新中国女性上船之先例,成为中国第一代知识型女驾驶员。

20世纪60年代初,李正容惜别川江回到汕头,凭借丰富的川江船舶"驾引合一"经验和高度责任感,开始引领海船进出汕头内港和榕江,开创汕头内港引航工作。

20世纪70年代,一艘满载汽油的5 000吨油轮要进入榕江枫口油库码头,码头航道狭窄,此前尚没有这么大吨数的油轮进入过。如果油轮在汕头过泊,不仅会产生高昂的过泊费用,还会耽误行程,过泊过程也存在较大危险性。为此,上级领导专门找到李正容,鼓励她大胆尝试,将油轮引入目的地。然而,船上是满载的汽油,一旦不慎发生事故,后果不堪设想。李正容顶住各方面的压力,不畏艰险,成功地将该油轮引入港口,安全靠泊。

几十年斩波劈浪,类似的风险李正容不知遭遇了多少回,然而,凭借精湛的技术和过人的胆识,李正容在这曾专属于男人的职业中,创下了"连续航海45年安全无事故"和"安全引航30年"的骄人纪录[11]。图6-5为李正容带海运中专生上"南湖"轮学习[12]。

图6-5 李正容(中)带海运中专学生上"南湖"轮学习

七、第一批极地科考女海员

地球的南北两极是全球变化的驱动器、全球气候变化的冷源,也蕴含着丰富的资源。南极是地球上至今未被开发、未被污染的洁净大陆,那里蕴藏着无数的科学之谜和信息。极地科考深受党和国家领导人的重视和关怀。极地科考船"雪龙"号每年往返于祖国大陆与极地之间,承担着重要的运输和考察任务。"雪龙"号上同样也留下了多位女性海员的身影,如谢洁瑛、白响恩、龚慧佳和罗捷。

八、第一位海上搜救飞行队女机长

宋寅(见图6-6)毕业于航海技术专业,就职于交通部东海救助局东海第一救助飞行队,也是国内第一代女搜救机长。在恶劣的海况里,她用飞行筑起一道海上生命线。

图6-6　救助飞行队女机长宋寅

　　曾经在船工作或毕业于航海技术专业的女性,选择以另一种方式活跃在海事领域,这也意味着女性海员有更多的从业可能性。随着新中国航海事业的发展壮大,越来越多的 90 后、95 后女生,因为热爱选择了海上相关工作,为祖国的航海事业添砖加瓦[13]。

第三节　光荣的中国海员事迹

一、近代海员争取民族独立

(一) 领航船长马家骏据理力争,收回铜沙引水权[14]

　　近代以来,我国的引水权基本上控制在洋人手中,抗日战争胜利后,中国引水权的收回出现了新局面,但当时沿海各港普遍缺乏中国引水人,引水职务实际上由外籍引水人把持。1943 年 1 月,英、美、法、荷等同盟国与国民党政府在重庆签订新约,废止了一百多年来的不平等条约,其中也包括以前侵犯我国航权的条约。第二次世界大战胜利后,国民党政府忙于打内战,对我国长江口铜沙航道的引水权仍为洋人霸占熟视无睹。1947 年,马家骏(见图 6-7)牵头,会同金月石、秦铮为、李云衡、翁纪清、滕士标等十位船长,组织上海铜沙区引水公会,经过合法斗争,收回了铜沙区的引水权。同年 10 月,马家骏以中国引水员的身份,首次引领中国油轮公司的万吨级"永洪"号油轮出海前往伊朗,轰动一时,当时上海各报都以显著的版面报道此事。1947 年 10 月 4 日《大公报》报道:"永洪油轮开

图 6-7　马家骏船长[14]

伊朗,由国人引水驶出,恢复了丧失 47 年的引水权。"《新民报》报道"国人引水第一声,永洪轮昨放铜沙,马家骏船长首开纪录"。

自马家骏船长首开纪录恢复长江口引水权后,中国引水员的业务素质逐渐得到各个轮船公司的认可。1948 年,上海航政局与海关经过协商和沟通,引导中外两家引水公会合并,取名为上海铜沙引水公会,划归上海航政局管理。同时规定今后不再增添外籍引水员,外籍引水员退休后,由中国引水员递补。至此,中国丧失了 100 多年的引水权开始逐步收回。

(二)霍英东船队主力之一"黑猫号"支援抗美援朝

抗美援朝战争是新中国遭遇的第一场最残酷、最艰苦的战争。美国对新中国实施"禁运",并发动了绞杀战,妄图从物资上扼杀中国人民志愿军。霍英东在朝鲜战争期间为新中国运输"禁运"物资长达三年之久,其间霍英东船队的主力之一"黑猫"号数百次出海,运输"禁运"物资数万吨,为抗美援朝的胜利提供了大量支持[15]。

1952 年 11 月 20 日,"黑猫"号如往常一样载满货物从香港出发,准备前往前线运输物资。因为已经走了很多遍,所以检查人员只是对"黑猫"号进行了一次例行检查,根本没有注意到异样。即便如此,霍英东还是提醒海员们要小心地对待这一次的出行,并且还对这条船的船员下达了指令,一旦他的指挥船亮起红色的信号,便代表此时的船必须立马停下,不得前行。

大约凌晨三点,霍英东的船队开始起航出发,因为之前很多次都是这个点出发,而且这个时候英国的水兵和水警应该都去睡觉了,不会有什么危险,所以"黑猫"号便大胆地向外行驶了。"黑猫"号刚刚驶出鲤鱼门,水警和工商署的官船便出现了,径直朝"黑猫"号驶来,并且要求"黑猫"号停靠。海员们见到了水警的到来,没有停船,反而以更快的速度向公海驶去,这一举动无疑引发了水警船队的敌视,他们迅速地朝"黑猫"号射击。为了躲避水警的围堵,"黑猫"号不得不迅速行驶,但因为水警的船数量比较多,"黑猫"号被拦下来,并和水警船发生了碰撞,这几乎让"黑猫"号散架。

其实当时霍英东已经向"黑猫"号下达了停船的命令,他用指挥船的信号灯发射了红色的信号,可"黑猫"号的海员却未执行指令。因为如果这艘船被拦,会使霍英东损失大量物资,所以"黑猫"号并没有停船,反而迅速地驶向公海。

"黑猫"号因碰撞而沉没后,有 8 名落水海员被水警救起,两名海员不幸溺水身亡,随后他们被带到了警署进行审讯。

"黑猫"号被控诉恶意袭击水警轮,港英当局水警欲借此给"黑猫"号判罪,如果罪名成立,最高可以判到终身监禁。霍英东聘请了当时业界上非常有名的律师,经过多次的开庭以及律师的极力辩护,恶意袭击水轮的罪名终于被取消,只是被判罚款。

"黑猫"号事件使霍英东的运货之心越发坚定,在之后的运输过程中,他更加小心,将紧急物资继续源源不断地送到抗美援朝的战场上,为中国人民打赢这场艰难的战争做出了积极的贡献。

(三)"中102"艇船长林祥虬率领全体船员协同伞兵起义

1949年4月13日,招商局"中102"登陆艇载着国民党的特种部队伞兵三团2 500名官员及大批军事装备驶离上海黄浦码头前往福州。当船驶出吴淞口后,团长刘农峻召开军官会议,宣布起义,北上青岛。船长林祥虬率领"中102"艇全体船员,积极配合国民党伞兵三团举义旗,成功抵达解放区。"中102"登陆艇的成功起义,为此后招商局一系列海轮起义起到了促进作用[16]。

(四)方枕流船长领导"海辽"轮首举义旗

1949年9月19日下午6时,"海辽"轮未拉汽笛就悄悄启航。晚9时,方枕流将全体船员集中,宣布"海辽"轮起义,开赴解放区。他们事先控制了少数反动分子,接着,方枕流和马骏等一起返回船长室,认真研究行动方案。首先,给国民党船务总局发电报,谎称"海辽"轮主轮机的汽缸受损,维修人员正在想办法,以此争取拖延1到3天时间。其次,尽量隐藏"海辽"轮的踪迹,让"海辽"轮先往南航行,穿过菲律宾的巴林塘海峡,然后掉头北上,绕过台湾东面,最后经由琉球群岛的北端驶进渤海湾[17]。

船长方枕流和起义核心领导小组把全体船员紧急动员起来,连夜涂掉船身所有能被辨认出来的标识,并进行伪装,装扮成英国莫勒轮船公司的"玛丽·莫勒"号。"海辽"轮按选好的航线,加速驶向菲律宾北面的巴林塘海峡。新任大副席凤仪率领船员涂掉船上"海辽"字样,改装了船形,不再与任何电台联系,实行灯火管制。

1949年9月22日,"海辽"轮在菲律宾北面的巴林塘海峡遭遇海盗。23日,又改成悬挂巴拿马旗的"安东尼亚"号,以避免敌人飞机的侦察和轰炸。27日傍晚,"海辽"轮终于驶过朝鲜海峡,来到渤海湾。28日晨,一艘漆有"安东尼亚"号标志的海轮突然出现在大连湾,经过8天9夜的航程,伪装的"海辽"轮抵达大连港,起义成功。图6-8为"海运"轮起义成功并在船上悬挂五星红旗。

1949年10月1日,"海辽"轮成为新中国第一艘挂起五星红旗的海轮。同

图6-8 "海辽"轮起义[17]

图6-9 "海辽"轮船长
方枕流[18]

年10月24日,毛泽东主席打电报给方枕流船长和全体海员,表示祝贺和嘉勉。10月26日,上海海员工会也给"海辽"轮发来了贺电,根据大连旅大区党委指示,大连轮船公司为"海辽"轮的船长方枕流(见图6-9)记特等功,为报务主任马骏和大副席凤仪记一等功,二副鱼瑞麟及其他海员也都分别被记了功。

(五)陈荣生、滕兆仁等领导"海玄"轮在新加坡起义[19]

解放军百万雄师过长江占领南京后,国民党眼见大势已去,便慌忙把国民政府由陆路撤往广州,溃败的蒋介石军队从海上撤往台湾。他们牢牢控制着海上交通的命脉——全国最大的航运企业轮船招商局,命其在台北成立总管理处,迅速把全部海轮劫往台湾,以维持其东南沿海的军运以及海外的航运。此前,美国驻沪领事馆曾照会招商局:"中国向美国航委会购买之船舶,因船价未清,10艘自由轮和6艘N3型轮,在沪者立即离沪。不在沪者,亦应停止来沪,以策安全。"在国民党及美国的胁迫下,到1949年5月中旬,招商局约有80艘海轮(计22万总吨)被劫往台湾,其中"海玄"轮等10艘自由轮大都调往海外航线,承担国际货运。这10艘万吨自由轮是当时中国最大的远洋货轮,招商局1947年购入时,对其命名还有一番讲究,是按照我国传统蒙学读本《千字文》的前三句"天地玄黄,宇宙洪荒,辰宿列张"12个字中的10个字取名的,因"洪""荒"两个字含贬义,不吉利,故删去不用。例如"海天"轮当然是"天"字第一号,委派当时中国航海界资格最老、声望弥高的航海家滕士标担任船长,他的儿子滕兆仁时任"海玄"轮业务主任,是"海玄"轮起义的发起人之一。

1949年末,新中国宣告成立已两月,中国大陆除西藏外,都飘扬着五星红旗。但此时,远在欧洲地中海航行的一艘万吨自由轮"海玄"号,它的船尾仍挂着中华民国的旗帜。然而,大多数海员私下里,却暗藏着去年10月从台湾出航,途经香港靠泊时,在街头报摊买来的《文汇报》《大公报》。两报登载五星红旗的图案和新中国开国大典以及上海形势安定等报道,同时他们也从香港招商分局内部得知"海辽"轮起义已平安回到大陆,香港招商分局正在酝酿起义等信息。

1949年12月22日,"海玄"轮驶离西班牙卡塔港,满载工业用盐驶往日本。时任船长薛邦祥家住台湾,受台北招商局总管理处调遣。该轮于1949年12月30日穿过地中海到达埃及塞得港,加燃油后再向东续航。

1950年1月6日,海员从塞得港电台新闻广播中听到英国政府已正式承认新中国的消息,他们群情振奋,初步形成了轮机长陈荣生、业务主任滕兆仁、报务员金振邦和三副陆继书等主张起义的核心组,商量着如何带动海员走"海辽"轮的道路。经过反复讨论,掂量成败得失,他们觉得起义的困难甚多:首先是航线太长,航速又慢,燃料不足;其次是船上淡水和伙食不足,要维持全船60口人20多天伙食是个大问题;更值得深思的是船舶将会遭到国民党海军、空军的监控和拦截,还有美国军舰、飞机的侦察,这样很难通过辽阔的南海。万一失事,一切愿望都落空。更重要的是,起义大事如果没有船长主持和支持将难以成功。于是核心组代表与薛船长协商,无果。

1950年1月19日深夜,报务员金振邦忽然收到香港招商分局发来的电报,通知"海玄"轮驶抵新加坡,在港内锚泊待命。翌日,又接到台北招商局总管理处的来电:不许"海玄"轮与香港招商分局联系。"海玄"轮离新加坡只有一天航程了,选择已到了最后关头。后经全体海员公开投票,以绝对多数票决定驶抵新加坡,并由大副杨训仪代领船长职务。

为了能够在1950年1月24日进港前改挂新中国的五星红旗,三副陆继书拿出保藏了两个多月的香港《文汇报》上的五星红旗图样,交舵工照图剪出五角星,然后连夜由女报务实习员滑秉慧精心缝制。两小时后,一面簇新的五星红旗就制成了。

1950年1月24日早晨,"海玄"轮船员列队在甲板上,齐唱《义勇军进行曲》，升起了五星红旗。"海玄"轮鸣笛驶进了新加坡港。同年 2 月 15 日下午，冒充"船长"的美国打手鲍尔逊，带领十多个由美国领事馆雇来的驾驶员、轮机员和印度水手、机匠等 13 人强行登上"海玄"轮，妄图劫船。海员们英勇反抗，最终赶走了鲍尔逊。1950 年 2 月 21 日，美国驻新加坡总领事兰敦乘汽艇到"海玄"轮旁，声称美国 1947 年售给中国的 40 艘轮船，订有抵押合同，其中多艘轮船，包括"海玄"轮，尚未还清款项，奉美国国务院的指令特来讨还"海玄"轮。三副陆继书命令水手把悬梯绞起来，不许他们上船，并怒斥兰敦："'海玄'轮是我们中华人民共和国的财产！你再无理取闹，我们就报警！"兰敦见势不妙，赶忙令汽艇开走了。后兰敦向新加坡法院提出诉讼，妄图讨回"海玄"轮。后来，《南侨日报》发表社论，对兰敦的索船谬论予以严词驳斥，并延聘当地著名华侨律师许春风和印度律师马拉尔与兰敦进行法律周旋。

1950 年 2 月 23 日，美国"拳师"号航空母舰和四艘驱逐舰忽然开进新加坡港，停泊在"海玄"轮附近，还派出小艇绕着"海玄"轮拍照，并在"海玄"轮周围游弋了两天两夜。许春风律师就美国舰队威胁"海玄"轮之事向新加坡辅政司交涉，请武装警察保护"海玄"轮。辅政司推托说："奉上级命令不介入。"于是，洪丝丝、吴盛育、杨训仪经过郑重磋商，做出对策，爱国华侨和起义海员联合起来，以武力来保护"海玄"轮。若美舰动手，就一拼死战，并把"海玄"轮撞到避风塘，看英国政府如何收拾这个局面。陈嘉庚当天听了洪丝丝的汇报，也同意这个决策。紧急备战开始，大批华侨工人登上"海玄"轮，日夜值班。记者携相机准备抓拍美舰抢船实况。爱华社楼顶设观察哨，一旦发现"海玄"轮发出信号，装满华侨壮士的快艇便立即驰往"海玄"轮助战。"海玄"轮海员搜出一千多只啤酒瓶，搬到甲板的四周，准备当手榴弹用。9 条水龙摆出来，准备用蒸汽喷射抢船的强盗。双方剑拔弩张的对峙引起英方的恐慌，于是英方授意新加坡高等法院宣布，受理美国政府对"海玄"轮船员的控诉，并向杨训仪、陆继书发出传票。

1950 年 2 月 25 日，美国舰队撤离新加坡。我方律师要求新加坡法院立即撤销美方的上诉。同日《南侨日报》发表评论，指出新加坡高等法院无权受理此案。香港招商分局得知新加坡当局欲支持美方诉讼，立即对美国驻新加坡领事馆提出严重抗议，同时将"海玄"轮的处境电告上海招商总局。同年 3 月 19 日，中华人民共和国交通部部长章伯钧郑重声明，在新加坡、中国香港以及各国的中国轮船，其产权均为中华人民共和国所有，绝不允许任何人以任何手段侵犯、扣留、转移或干涉其行动。否则，该国政府必须负完全责任，并将承担相应的后果。我国政府还通知英国政府驻北京代表办事处，敦促他们转告新加坡当局不得干涉"海玄"轮。1950 年 3 月 28 日，新加坡最高法院首席法官摩雷安斯莱开庭宣读判决书："海玄"轮属英国政府承认的中华人民共和国的资产；该轮海员有权代表中华人民共和国保护自己的轮船；美国不得在新加坡起诉，其一切起诉须立即撤销;美国政府负担一切诉讼费用。

"海玄"轮海员和爱国华侨共同战胜了狂风暴雨和怒涛骇浪,在中国航海史上谱写了惊险而壮丽的篇章。

（六）"海辰"轮起义折戟,张丕烈血洒台北

1948 年,张丕烈（见图 6-10）由"海列"轮调任"海辰"轮当船长。1949 年初,随着解放军的凌厉攻势,国民党军队节节败退。眼看长江天险也难以阻挡,国民党政府强迫张丕烈驾驶"海辰"轮撤离上海。1949 年 5 月,上海解放前夕,"海辰"轮驶抵日本。"海辰"轮经常往返香港,张丕烈船长从香港招商分局送到船上的来信中,得知妻女又重新搬回招商局新村 2 号,女儿还去上海招商局领到他一个月的薪水来维持一家人的生计,很有触动,深深地感受到人民政府对海员非常关心。同年 7 月,"海辰"轮与"海辽"轮在香港相遇,张丕烈得知方船长已接受中共地下党的指示,组织"海辽"轮起义。方船长向张丕烈和严敦烨宣传党的政策,分析形势,介绍了解放军势如破竹的胜利[20]。

图 6-10　张丕烈船长[20]

1949 年 6 月,张丕烈收听到上海招商总局副总经理黄慕宗的广播讲话,号召海外招商局的船舶脱离国民党,把船开到解放区。这在他内心激起了波澜,他要见机行事,把"海辰"轮开到大陆去。1949 年 10 月初,报务主任严敦烨收到"海辽"轮起义胜利后的通电。张丕烈手拿这份电报读了又读,与严敦烨关在房间里议论,称赞方枕流真有胆量,并下决心走"海辽"轮的起义道路。

1950 年 3 月 14 日,"海辰"轮卸完货物后从日本吴港开出,根据台北招商局的命令,应该向南开往高雄,但张丕烈船长改向西行,想把"海辰"轮直接开到青岛去,并用假船位报告台北招商局。船转向西北时,突然发现船尾有条黑影快速驶过来,临近一看,果然是艘国民党军舰。舰船接近后,渐渐减慢航速,对方打灯语询问"海辰"轮船名等。张丕烈马上命令改变航向向南,但此时已被国民党军舰怀疑,国民党军舰紧跟不舍,监视着"海辰"轮。在国民党军舰的监视下,"海辰"轮只得向高雄驶去。

"海辰"轮在 1950 年 3 月 17 日驶入高雄,大厨王荫生向国民党宪兵司令部告密。同年 3 月 22 日,张丕烈、严敦烨、张事务长、理货员等七人被押到宪兵司令部。他们对张丕烈、严敦烨等人严刑拷打,但两人宁死不屈。不久,两人被押赴台北,投入宪兵司令部军法处的监狱。

1950 年 1 月 15 日,香港招商分局的 13 艘海轮起义,继而"海玄"轮在新加坡起义。同年 4 月 1 日,万吨油船"永灏"起义,投向新中国。

1950 年 5 月 30 日,台北宪兵司令部军事法院以"准备发动叛乱"的罪名,宣判张丕烈和严敦烨无期徒刑。宗卷送到蒋介石手里,蒋介石改判为死刑,两人的上诉也被驳回。

1950 年 7 月 12 日凌晨 5 时,国民党宪兵把张丕烈和严敦烨押上警车,向南开到淡水河新店溪北岸的马场町刑场。张丕烈被推到沙堆顶上时,视死如归,大义凛然,献出了宝贵的生命。

在这段特定的历史时期,崇明人民的好儿子张丕烈,为了追求光明,为了新中国的海运事业,壮烈牺牲。

二、新中国海员助力国家

解放战争时期,国民党撤离大陆,并对原有的航运业进行大肆劫掠和破坏,将大量轮船连同海员劫往台湾,把不能撤走的船舶或凿沉,或炸毁,留下的几乎都是不能用的小船,给新中国的航运事业带来了巨大的打击。为了恢复国民经济,保障社会生产和人民生活的稳定,急需恢复和开通航线,建立正常的航运秩序。在这期间,涌现了大批可歌可泣的海员事迹。

(一)陈宏泽船长率"光华"轮胜利完成首航接侨

1960 年,大批华侨在印度尼西亚受到迫害,急需返回祖国。为接运印尼华侨回国和发展新中国远洋运输事业,我国政府以 26 万英镑买下一艘 20 世纪 30 年代建造的旧客货轮。1960 年 7 月,陈宏泽船长(见图 6-11)率领接船船员乘飞机辗转到达罗马尼亚的康斯坦萨港接船。登船后映入眼帘的一切使陈宏泽和海员们大吃一惊,船破得不能再破。陈宏泽理解国家当时的困难,不可能花太多的外汇买新船。而有的船员不理解国家为什么要花钱买这么一艘破旧船。陈船长就耐心地跟大伙解释:国家困难呀!新船咱们一时买不起。

船接回来后,改名为"光华"轮。由于船舶破旧,急需到香港修理,为此,陈船长在船上进行了修船动员,对大家讲了国家外汇来之不易的情况,提出修船要发扬艰苦奋斗的精神,在节约外汇开支和确保安全的前提下修好船舶,做到符合安全、适合

图 6-11 "光华"轮船长陈宏泽[21]

远洋客运要求、达到取得国际证书的标准。他和政委、轮机长一道发动各部门船员，认真编制了一个切合实际的修理单。在香港近两个月的修理中，他带领船员们处处精打细算。船上的12只已经使用了30年的木质救生艇，实在不能修理，换新的费用很大，他便带领几名船员跑遍了香港的所有拆船厂，寻找合适的铁壳艇，终于把这些木质救生艇都更换了。解决这个重要的安全设备问题，只花了买新艇十分之一的钱。

1961年4月28日，陈宏泽船长驾驶"光华"轮，直驶印尼雅加达。同年5月2日夜，"光华"轮穿过了乌戎潘当海峡，在进入爪哇海后不久，即遇上大风暴。黑沉沉的乌云笼罩着海面，海浪在咆哮。陈船长镇静地观察着海面，不时地下着舵令。他已有两天两夜未下驾驶台，额头不时冒着豆大的汗珠，多年的胃病使他觉得五脏六腑都在翻江倒海。值班二副一再劝他下去休息，他一次又一次拒绝了，他说："二副，还记得开航仪式时，我们对祖国人民立下的誓言吗？人在船在，接回难侨，完成首航。"值班二副望着消瘦的船长，动情地点了点头。在陈船长的指挥下，光华轮在巨浪中顽强地前进。1961年5月3日，"光华"轮抵达雅加达，盼归已久的印尼难侨在中国驻印尼使馆和侨团的组织下依次登船，同年5月17日，抵达黄埔，胜利完成首航接侨任务[21]。

陈宏泽船长成功驾驶远洋船"光华"轮首航印度尼西亚，标志着我国自主的远洋船舶从此进入国际航运市场。为了中国远洋运输事业的发展，陈宏泽船长费尽了心血。在他的努力下，中远史上第一套船舶管理的规章制度产生了。这套规章制度对"光华"轮的管理发挥了重要作用，其中的许多基本原则至今仍被沿用。并且，在陈宏泽船长的努力下，在我国政府有关部门的大力支持下，船员们克服了许多困难，在"光华"轮上第一次使用我国政府自己颁发的船舶法定证书——船舶安全设备证书、船舶无线电安全证书等，结束了我国依赖苏联政府颁发证书的局面，打破了帝国主义的封锁、垄断，为新中国的远洋航运独立自主地走向世界闯出了一条成功的道路。

（二）海员反轰炸、反封锁，保证上海煤粮运输和军运任务

上海在解放前，一半以上的粮食要靠美国自缅甸、暹罗（泰国旧称）运来，煤要从秦皇岛、台湾甚至印度部分城市运来，尤其煤的需要量较大，每月消耗达15万吨。上海解放初期，由于遭受经济封锁，上海煤粮供应受到严重威胁。1949年7月初，上海煤、粮油存量熬不过半月，城市面临饥饿和停电的危险。当时长江沿线灯标被敌人破坏了不少，加以上游洪水水位甚高，航道变化大，给夜航增加了很多困难。但船员仍然排除了这些障碍，有的船为了做到安全生产，预先在上海计算好潮水，利用夜航到江阴隐蔽，就这样白昼隐蔽，夜间航行，坚持着煤粮的运输。一直到1950年"二六"轰炸后，我国加强了空防力量，人民空军的英勇

保卫阻止了敌人对上海的轰炸,白昼航行才得以恢复。在反轰炸时期,海员英勇斗争的事迹数不胜数,很多海员受到军管会和第三野战军的表扬。在反轰炸中牺牲和受伤的海员受到了抚恤。自 1949 年 6 月至 1950 年 5 月的一年中,海员们胜利地完成了 200 万吨物资的运输任务。当时,海员在军运任务中做出了很大贡献。1949 年 6 月 22 日,"中 114"号艇运送解放军赴崇明堡镇,凌晨五点半在东沟码头上完部队,开船不久突然遭到国民党飞机的扫射和轰炸。船长机智果断,顺水靠上虹江码头,使数千名战士顺利疏散,海员们也投入了救护受伤战士的工作中。第二天,"中 114"艇把数千指战员安全送达崇明,当天又把换防部队安全运回上海。在长江口被封锁期间,运输的重点主要放在长江线。自 1949年 5 月至年底的 7 个月,上海航运业共完成了 87 万吨物资运输任务,这其中还组织了 4 100 余艘,累计吨位 86 000 吨的木帆船投入运输。在抢运煤粮中,几乎动员组织了所有的船舶,从而保证了上海煤粮和工业原料的需要[22]。

(三) 越美战争,英勇的广州海运船舶

1972 年 4 月 6 日,美国为制止越南南方军民的大规模进攻,宣布恢复对越南北方的全面轰炸,并于 5 月 8 日下令对越南北方港口布雷封锁,加强对北方的轰炸和炮击,限外国海员在 3 天内离开越南北方港口。

在越南人民最困难的时候,于美国布雷前已到达宇岛的广州海运"红旗160""红旗 152"两轮,在党和国家领导人的直接关怀和指示下,坚守"阵地",坚持斗争。为此,两轮均荣获越南政府的褒奖,授予一级劳动勋章。

1972 年 5 月底,广州海运增遣"红旗 150""红旗 162"(见图 6-12)两轮编队航行,前往宇岛。之后,"红旗 150"轮又从宇岛继续往南航行 120 多海里,到达广平省罗岛海面,开辟了更靠近越南南方的第二个卸货点。1972 年 6 月中旬又

图 6-12 "红旗 162"轮

增调"1018"轮和"红旗091"轮到达宇岛。

这些正义而果敢的行动大出美方所料,美国气急败坏,对广州海运船舶大量布雷,形成包围圈,仅通往公海的航道未封死,每天出动飞机数百架次,投弹数千枚,照明弹通宵达旦,军舰距船舶仅4海里日夜巡弋,不时炮击岛屿和海岸,以封锁船岸之间的交通。此时的宇岛、罗岛两岛海面,事实上已成为广州海运船员积极配合越方进行反封锁斗争的激烈战场。

1972年8月22日,"红旗151"轮船长、政委等坐救生艇去"红旗160"轮联系工作。返程途中,救生艇被美机炸沉。随艇船长周茂臣、副政委马传珠、水手张祥彬、水手谢茂良、机工方淑通共5人不幸牺牲。同年8月26日,越南民主共和国国会追授"红旗151"轮5位烈士"一级战功勋章"。

1972年台风多次袭击越南中部沿海,宇岛、罗岛锚地素无抗风先例。为了坚守阵地,不让敌舰布雷封死,7216号台风吹袭越南时,"红旗151""红旗152"轮在宇岛锚地就地抗击台风。在布雷海区抗击台风,需要勇气和智慧。来袭的台风中心风力达10级,而两船为卸完货留守待命的空船,条件非常不利。但海员们沉着机智,选择锚地,抛好锚,台风中心经过时开车用舵,与暴风雨搏斗了整整一天,取得胜利。在7211和7220号台风来袭时,"红旗151""红旗160""红旗162"轮也分别在宇、罗岛采取"敌(机、舰)离(离开避风)我才离,敌回我先回"的策略,为守卫锚地不让敌舰布雷,于锚地附近海上游动"飘浮"抗击台风,取得成功,夺得了船舶和阵地两全的胜利[23]。

广州海运船员积极配合越方进行反封锁斗争,运送了大量的物资支援越南人民抗战,为越南抗美战争的胜利提供了大量支持。

(四)贝汉廷船长,名扬中外,扬我国威

1978年4月的一个星期天,繁忙的汉堡港一改往常,码头上人头攒动,货主、代理、大小工头、理货组长和工人们都激动不已,"汉川""汉川"之声不绝。"汉川"轮是中国远洋公司上海分公司的一艘远洋货轮。早在1978年3月21日,"汉川"号在驶欧途中接到公司电报,返航时在汉堡港装运天津化纤厂成套设备,国内急用!但抵港之后,港口却给安排了一些杂货。原来代理认为中国船根本运不了这套设备,因为这套设备极不规则,且又贵重,很多都是超长、超高、超重件。而"汉川"号的船长贝汉廷组织驾驶员们精心设计配载,将全部成套设备在德国人都认为不可能完成的情况下奇迹般地装上"汉川"轮,由此轰动了汉堡港,扬我国威[24]。

1979年,中美正式建交,3月25日,贝汉廷船长指挥"柳林海"轮从上海港出发,横跨浩瀚的太平洋,于4月18日抵达美国西雅图港,中断30年的中美海上运输航线恢复了[25]。西雅图港务局局长丁斯莫尔先生对当年中国"柳林海"轮船长贝汉廷说:"虽然你们开来的是空船,但却装满了友谊。"贝汉廷受命指挥"柳林海"轮完成首航任务后,为这次特殊航行做了精心而充分的准备,把能想到的地方都想到了。"柳林海"轮前往美国途中,美国有关方面发来电报,询问"柳林海"轮的英文名称是什么。这本来是一件简单的事情。但工作严谨的贝船长找到船上的翻译一同仔细地探讨船名准确的译文,回报中还专门附文,介绍了中国船名的命名规律以及船名所在的地点河南柳林的情况。图 6 - 13 为"柳林海"轮首航美国西雅图港的照片[26]。

图 6 - 13　"柳林海"轮首航美国西雅图港

"柳林海"轮停靠西雅图港期间,贝汉廷船长承担了大量的外事活动,拜访了港口和当地许多政府部门的重要官员,接待了一批又一批来访者。他还通过电视向美国观众表达了中国人民对美国人民的友好情谊。他流利的英语、独特的人格魅力使美国人叹服,使"中国""柳林海"和"贝汉廷"成为当时媒体最热门的名词。当地人称赞贝船长和中国海员"具有中华民族优美的风格","不但是海员,而且是友好使节"。

三、当代航海家环球壮举

(一) 首个单人无动力帆船环球航行的中国人——翟墨

2009 年度感动中国人物评选组委会的一则颁奖词这样写道:"古老船队的风帆落下太久,人们已经忘记了大海的模样。六百年后,他眺望先辈的方向,直挂云帆,向西方出发,从东方归航。他不想征服,他只是要达成梦想——到海上去! 一个人,一张帆,他比我们走得都远!"这个走向大海的人,就是环球航海家翟墨(见图 6 - 14)。

2000 年,翟墨自驾帆船把新西兰环游了一周,去了解当地波利尼西亚的土著文化,航海回来之后,在奥克兰艺术中心举办了第一次航海后的第一个画展。2001 年 9 月,他再次出发,用了两年多的时间完成了在南太平洋附近岛国的航行。然而,那并不是翟墨航海梦想的终点。2007 年,他策划并实践了自己环球航行一周的目标。

2007 年 1 月 6 日,翟墨驾驶着"日照"号,从中国日照启航,经过八个季节的轮替,沿黄海、东海、南海出境,过雅加达,经塞舌尔、南非好望角、巴拿马,穿越莫桑比克海峡、加勒比海等海域,横跨印度洋、南大西洋、太平洋,经过亚洲、非洲、南美洲、北美洲的 15 个国家、地区和岛屿;2009 年 8 月 16 日,

图 6 - 14　环球航海家翟墨[27]

翟墨驾驶着帆船回到日照,航行二万八千三百海里,完成了中国首次单人无动力帆船环球航海[28]。

翟墨环球航海既是翟墨个人的荣耀,也是民族乃至世界友人的骄傲。翟墨驾驶着悬挂中国国旗的无动力帆船,用自己的行动再次证明炎黄子孙面对海洋的勇气、豪情、信念和智慧,充分体现了中国人百折不挠、自强不息的伟大民族精神!

(二) 首个单人不间断环球航行的中国人——郭川

北宋苏轼曾在《晁错论》①说:"古之立大事者,不惟有超世之才,亦必有坚韧不拔之志。"而走向大海的航海家就是这种坚韧不拔之士,在漫无边际的大海上航行,长达数月的天人交战,在惊涛骇浪的大海间劈波斩浪,在变幻莫测的自然环境中闯过一道道未知的难关要隘,在孤独和恐惧中克服漫长的航程中遇到的种种艰险,这些都是帆船航海的危险所在,而郭川船长(见图 6 - 15)正是这些危险的亲历者。

2004 年,青岛奥帆中心建立,郭川以中国第一艘国际注册远洋帆船船长的

---

① 《晁错论》,北宋文学家苏轼创作的一篇人物评论文,评论对象为西汉初年景帝时期的政治改革家晁错。

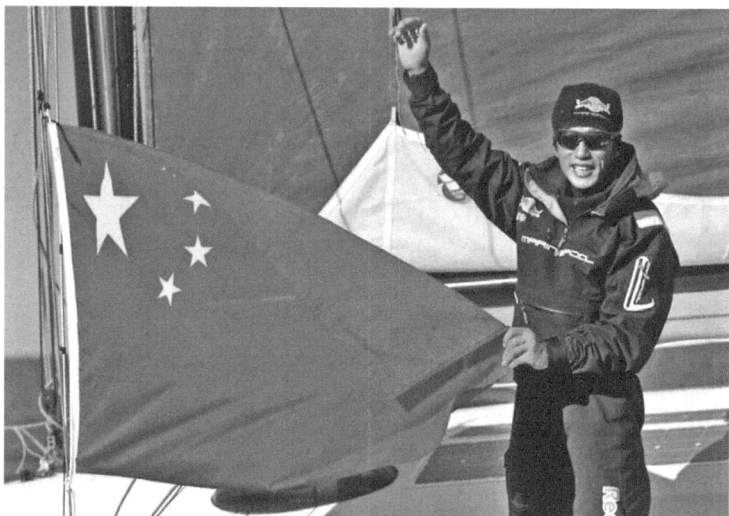

图 6-15　帆船船长郭川[29]

身份开始了他的海上之旅。2012 年 11 月 18 日,中国船长郭川正式从青岛出发,驾驶着"青岛"号,开始单人不间断环球航行,向世界纪录发起挑战。经历了海上近 138 天、超过 21 600 海里的艰苦航行,2013 年 4 月 5 日上午 8 时左右,郭川驾驶"青岛"号帆船荣归母港青岛,成为第一个完成单人不间断环球航行的中国人,同时创造了国际帆联认可的 40 英尺级帆船单人不间断环球航行世界纪录,而正是这次的环球航行让郭川成为真正的航海家[30]。

2016 年 10 月,郭川在美国旧金山经过一段时间的休整和准备后,于北京时间 2016 年 10 月 19 日 5 时 24 分 11 秒驾驶"中国·青岛"号三体帆船从旧金山金门大桥出发,以上海金山为目的地,进行单人不间断跨太平洋创纪录航行。10 月 25 日 15 时左右,在行驶至美国夏威夷附近海域时失联,郭川岸队尝试联系郭川,但郭川对卫星电话和互联网通信均无应答。事发后,各方对郭川展开了积极搜救,但至今地面团队仍未与郭川取得联系。

作为职业竞技帆船赛手、"中国职业帆船第一人",郭川在国际知名帆船赛事中获得诸多"第一",如"第一位完成沃尔沃环球帆船赛的亚洲人""第一位单人帆船跨越英吉利海峡的中国人"等。在他的职业帆船竞技生涯中,无数次只身前往大海,虽九死一生,但都是有惊无险地顺利返还,而这一次单人不间断跨太平洋创纪录航行的挑战,他至今未归。郭川失联后,世界航海界一片哀伤,不仅因为郭川是让人们高山仰止的航海人,更是因为帆船航海发达的西方世界早已把郭川当作了中国航海的一面旗帜。

参考文献

［1］ 交通运输部海事局.中国海员史(古、近代部分)[M].北京：人民交通出版社,2017.

［2］ 交通运输部.中国与意大利互认海员证书[EB/OL].(2021-01-07)[2021-11-15] http：//www.gov.cn/xinwen/2021—01/07/content_5577647.htm.

［3］ 卓东明.老照片上的故事——新中国第一批远洋女海员[J].中国远洋航务,2008 (03)：99.

［4］ 王剑.孔庆芬：从天津港走出来的中国第一位远洋女船长[J].工会信息,2018(20)： 42-44.

［5］ 中华人民共和国海事局.孔庆芬　中国第一位远洋女船长[EB/OL].(2019-06-25) [2021-09-14].https：//www.msa.gov.cn/page/article.do？ articleId＝E2402832- DBB3-4F50.

［6］ 邱文生.大海的女儿——我国第一个远洋船舶高级女轮机长王亚夫的传奇人生[J].福 建党史月刊,2015(12)：24-29.

［7］ 梁斌.巾帼不让须眉——记三位中国女海员[J].海洋世界,2009(11)：77-80.

［8］ 沈嘉麒.大海的女儿——记上海海运局女轮机长张兴芝同志[J].航海,1989(05)： 6-8.

［9］ 佚名.巾帼不让须眉　盘点我国当代航运史上的女性"第一人"[J].中国海事,2019 (07)：12-13.

［10］ 胡月祥.中国香港商船上的第一位女报务员[J].航海,2017(04)：33-34.

［11］ 林添泉.中国第一位女引航员——记汕头港务监督局高级工程师李正容[J].航海, 1995(04)：16-18.

［12］ 吕航.不让须眉踏浪来——记我国唯一的女引航员李正容[J].中国船检,2001 (6)：34-36.

［13］ 刘志坚."虎妞"宋寅：海上搜救女直升机机长[J].新青年(珍情),2018(11)：16-17.

［14］ 佚名.中国航海界耆宿——马家骏总船长[J].航海,2010(02)：56-58.

［15］ 马晨.霍英东船队"黑猫"号罹难真相[J].航海,2006(02)：38-40.

［16］ 佚名.黎明前的航行——"中102"艇配合伞兵起义[J].航海,1991(05)：37-38.

［17］ 郑复龙."海辽"轮起义始末[J].炎黄春秋,2018(03)：80-87.

［18］ 周燕.伍分纸币背后的红色记忆[J].党史博览,2007(07)：47-49.

［19］ 卫太夷.海玄轮新加坡起义记[J].航海,2010(01)：33-36.

［20］ 吴长荣."海辰"轮起义折戟　张丕烈血洒台北[J].航海,2013(05)：26-29.

［21］ 佚名.船长陈宏泽[J].中国远洋航务,2009(10)：44-45.

［22］ 《中国工会运动史料全书》总编辑委员会.中国海员工会运动史料全书[M].北京：北 京图书馆出版社,1998.

［23］ 佚名.广州海运五十年——纪念广州海运(集团)有限公司成立五十周年[J].广东交 通,1999(05)：45-51.

［24］ 郭洋.新中国航海家——贝汉廷[J].海洋世界,2016(5)：72-75.

［25］ 交通运输部海事局.中国海员史(现代部分)[M].北京：人民交通出版社,2019.

［26］ 佚名.庆祝中远成立50周年报道序篇之二：首航美国柳林海［J］.中国远洋航务,2011(03)：86-87.

［27］ 宋红飞,日宣."日照号"船长翟墨"感动中国"［J］.走向世界,2010(07)：62-63.

［28］ 翟墨.一个人的环球航海［M］.武汉：长江文艺出版社,2011.

［29］ 王子轩,郭川.伟大船长孤帆等待［J］.珠江水运,2017(03)：20-24.

［30］ 许晨.一个男人的海洋：中国船长郭川的航海故事［M］.青岛：青岛出版社,2017.

史话

第七章

航海教育，高级航海人才的摇篮

我国高等航海教育发轫于晚清"商业振兴,必借航业,航业发达,端赖人才"之悟,承担着培养航海类专门人才的重要使命,在航运业的发展过程中发挥着基础性、全局性和先导性的重要作用,对我国开发利用海洋、巩固海防、维护国家海洋权益具有重要的战略意义。本章将介绍我国晚清高等航海教育的设立、民国高等航海教育的艰辛探索、新中国成立前后高等航海教育的转折以及新中国高等航海教育的新高度等内容。

第一节　清朝末期高等航海教育的设立

19 世纪中叶后,西方资本主义国家蒸汽动力钢质海船的发展以及苏伊士运河的通航,使得传统的帆船航运业失去优势,逐渐退出历史舞台。鸦片战争签订的一系列不平等条约加强了列强对中国传统航运业的封锁,以洋务派为代表的社会有识之士此时正酝酿创办中国轮船企业,从而达到"商战求富"的目的。培养属于我国自己的高级航海人才逐渐成为社会的共识。

一、沙船失色轮船兴盛,华人雇员青黄不接

随着外国蒸汽轮船及轮船公司大量进入中国航运市场,中国传统的航运业岌岌可危,轮船表现出的一系列优势及中国高级航海人才的缺乏让华商看在眼里,急在心头。

(一) 民族轮船企业应运而生

1804 年,美国人富尔顿发明的"克勒蒙"号蒸汽轮船成功建成,1807 年 8 月 17 日,该轮船沿哈得逊河试航成功,这次载入史册的航行将为水上交通和航运带来巨大变革。然而在早期,蒸汽轮船的出现没能对传统的帆船航运业产生很大影响,早期的轮船载重较小,无法携带大量货物,又以蒸汽为动力,耗煤量大,需要随船携带大量的燃料,对于远洋航行来说限制较大。1869 年 11 月 17 日,苏伊士运河通航后,欧亚航线的航行时间和距离大大缩短,轮船的优势开始突出,外国来华的轮船数量迅速超过了帆船,成为主要的航运工具。

鸦片战争后一系列不平等条约的签订使得中国的航运市场被西方列强掌

控,中国传统的帆船航运被西方的钢铁轮船排挤。1848 年,以怡和洋行为代表的外商洋行开始在华从事轮船航运业务。1862 年 3 月,美国旗昌洋行在上海设立第一家轮船公司——旗昌轮船公司[1],此举引来诸多洋行效仿。外国轮船大举进入中国市场,冲击了中国的传统帆船航运业。同治十二年(1873 年)二十六日《申报》"论上海今昔事"中这样描述帆船的困境:"自通商以后,夹板船兴,而沙卫等船减色矣;火轮船兴,而沙卫等船更失业矣。"轮船公司的繁荣景象让社会各界都看在眼里,然而清政府对民间轮船的运营有所禁止,为规避这种禁令,一些华商也曾悬挂外国旗来打"擦边球",开展航运业务。

1867 年,李鸿章修订的《华商买用洋商火轮夹板等项船舶章程》公布,华商开始摩拳擦掌创办自己的轮船公司[2]。1872 年李鸿章开始筹办轮船招商局,12 月 23 日,李鸿章向清廷上奏《试办招商轮船折》,在奏折中,他强调成立招商局的主要目的在于解决漕粮运输困难,与洋商分利,使我国内江外海的航运利益不被西方势力占尽,并提出"官督商办"的模式,官府统一管理监督,商人自定规章,自负盈亏。三天后奏折获批,1873 年 1 月 17 日,中国近代史上第一家轮船运输企业轮船招商局便在上海洋泾浜永安街正式开门营业了。

(二)洋"艄工"频酿祸事

有了轮船公司,自然要雇佣船员开展业务。同治五年(1866 年)清朝海关总税务司在拟定《华商购造船舶章程草案》时,曾规定华商应聘用华人船长,因为华人对中国的各项法规比较了解,可以胜任一船之主。但又规定外国人受雇于华商船舶作为"艄工"时须按照洋船规矩在船上记事簿内按日注明经过之事,此"艄工"实际上才是高级船员。《轮船招商章程》对船长的职责有以下描述:准备航海器材、熟悉航海法规、保证航行安全、巡视船舶、监督船上纪律、报告航行情况、招揽生意业务,并代行领港职责。轮船驾驶技术专业性强,如此要求对于尚无高级航海人才教育体系的中国来说显然无法达到,华商轮船公司高级船员岗位均被洋人占据。一直雇佣洋人并非长久之计,《轮船招商章程》也提到派华人作为副手进行学习,学有所成后将来可承担驾驶职务。

随着民族航运企业的发展,雇佣外籍船员的弊端开始显现。外籍船员玩忽职守,数次酿下大祸。1879 年二月初二,招商局"江长"轮夜晚行进到黄州江面时在猴子矶触礁,船体断为两节,原因是船长及领水员酗酒醉倒。招商局"美富"轮,"江裕"轮、"富有"轮等都因外籍船员酗酒等发生过事故。此外,外籍船员掌控了船员的任免权,英国人蔚霞任轮船招商局总船期间态度跋扈,霸道专制,以权谋私,通过胞兄的船厂高价订购轮船等物材。招商局虽有措施限制外籍船员,但效果并不理想。对于轮船企业来说,外籍船员的工资非常昂贵,以招商局为例,1898 年外籍员工的薪金约占其运费收入的六分之一,这使得招商局等中国

中国航海史话
226

轮船企业在与外籍轮船公司竞争时处于劣势。

外国轮船及轮船企业大肆进入中国航运市场,为民族航运企业的诞生提供了思路,也使社会各界感觉到我国高级航运人才的紧缺。社会各界渐渐意识到兴办中国自己的航海教育,培养航海专业人才,才能冲破列强对中国航运市场的封锁。

二、实业家先声夺人,新学堂异军突起

随着张謇①、郑观应等实业家的发声,航海技术教育被更多人关注,此时虽没有开设专门学校的条件,但航海技术教育已在新创办的西式学堂中进行试水。

(一) 航海教育引关注

洋务派首先发声,指出了问题的端倪所在。19 世纪 60—70 年代,我国招商局轮船只有三万吨,船长、轮机长均为洋人,洋务派认为主要问题在于没有专业学堂培养航海人才。1873 年《轮船招商章程》中提到,对航海方位、风向等不熟悉者不能胜任船长,对船上机械不熟悉者不能管理轮机。当时,精通这些技能的华人不多,所以在招商局开办之初,向洋行雇佣洋人船长、船员等数人,等到华人技术人才培养起来后,招商局也已积累了一定资本,就可以雇佣华人进行驾驶。清末一些官僚和学者也纷纷上奏清政府,希望兴办航海教育学校来培养航海人才[3]。

清末实业家张謇(见图 7-1)是高等航海教育的早期倡导者之一。甲午战争战败之初,张謇就认识到人才对立国自强的重要性,他认为"父教育而母实业",也是因为这种观念,张謇创办和协办了 370 多所各类学校,这些学校分布在乡村或城市,学段从幼儿园一直到大学,从基础教育到职业教育均有涵盖。1903 年 5 月,张謇应日本驻江宁(今南京)领事天野恭太郎的邀请第一次参加了日本大阪举办的"劝业博览会",张謇视此为考察日本和研究博览会的好机会,欣然前往。大阪劝业博览会有 6 万多平方米,其中馆舍面积有 1 万多平方米,分为工业、农业、矿冶、染织、教育、美术工艺等 10 多个门类,每一个门类又分为 8 个馆,展

图 7-1 张謇

---

① 张謇,1853—1926 年,字季直,号啬庵,江苏南通人,清末状元,中国近代中国近代实业家、政治家、教育家、书法家,主张"实业救国",是中国棉纺织领域早期的开拓者,一生创办了 20 多家企业,370 多所学校,为中国近代民族工业的兴起、教育事业的发展做出了宝贵贡献。

品达 22 万多件,其场面之大,参观者之多,前所未见。他参观了通运馆、水产馆,"舟车法度咸备。最精者,环球航路之标本,内国山海之模型,台湾模型极精审",思想意识为之一新。可也令他惊诧的是"乃并我福建诸海口绘入,其志以黄色,亦与台湾同",这涉及中国领土主权,曾引起在东京的中国留学生的愤怒抗议,而一些清廷的王孙贵族以至官员却视而不见,张謇对此极为不满。从日本考察回来后,张謇结合其所见所闻,进行了思考,深感中国的渔业发展、航政建设、渔界海权之重要。他明确提出,渔业和航政的范围到哪里,国家的领海主权就到哪里。假如只有海,而没有渔业航政,试问主权从何表现?我国政府应努力挽回已失的权利并大力发展沿海渔航业。他还指出,海权渔界相为表里,海权在国,渔界在民。不明渔界,不足定海权;不伸海权,不足保渔界。互相维系,各界皆然,中国向无渔政,形势涣散。洋面海船所到地段,散见于《海国图志》等书,已不及英国海军图册记载之详。至于海权之说,士大夫多不能究言其故,际此海禁大开,五洲交会,各国日以扩张海权为事。若不及早自图,必致海界因含忍而被侵;海权因退让而日蹙。滨海数千里外即为公共洋面,一旦有事,人得纵横自如,我转堂澳自圊,利害相形,关系极大[4]。就这样,张謇在探索实业救国之路中,也逐渐把目标投向广袤的大海,并提出进行航海教育,开发蓝色国土,对高等航海教育的发展做出了重要贡献。

有晚清"四大买办"之一称谓的郑观应也是航海教育的大力提倡者。郑观应历任上海电报局总办,轮船招商局帮办、总办[5]。在其著作《盛世危言》①一书中,他提到,想要克敌,首先需要掌握他们成功的法门,其次需要进行变通,这样才是制胜之道。作为实业家,他提倡进行专门的技能学习,呼吁不要顽固守旧,不要将西方思想通通视为"异学",从而受制于人。对于航海学习,他认为必须要娴熟掌握地理、测量、驾驶等,这样才能知晓行船的方向,通晓水文,善于躲避海上的风暴和礁石。

他指出中国的海关、制造、矿物、轮船、电报、铁路、纺织等产业初创时期因为华人没有相关经验,不得不聘用洋人。而外轮无论是船长、大副还是其他船员都聘用本国人。日本引进西学后设立了各式学堂,东洋邮船会社的轮船已发展到六十五万吨的规模,而且驾驶人员都是日本人。中国还没有商轮驾驶学堂,但对外国轮船来往于各关口通商已经放开,相关人才紧缺,如果不设立驾驶学堂,所有的国内外船舶都聘用洋人不是长久之计,因此急需要模仿国外开办商船驾驶学堂来培养高级航海人才,选择中学毕业并且精通英语的少年入校学习,毕业后派往招商局轮船同外籍船长实地学习,对学成后能承担船长一职的毕业生给予

---

① 《盛世危言》成于 1894 年(光绪二十年)的论文集。全书贯穿着"富强救国"的主题,对政治、经济、军事、外交、文化诸方面的改革提出了切实可行的方案,在当时是给甲午战败以后沮丧、迷茫的晚清末世开出了一帖拯危于安的良药。

奖励。

凭着自己对西式教育的了解，他推崇德国的教育方式，认为我国驾驶与轮机人员的培养需要效仿德国的教育模式，多设立大大小小的学堂来开化人民、培育人才。他将"泰安"号兵船改造为实习船，先招收一些学生来学习驾驶等技术，并专门在《泰西练船学生应学驾驶诸法》一文中翻译了西方的航海教育课程，列出了 30 门航海教育必修课，除数理等基础课程外，还有航海驾驶课程、天文课程、水文课程等，建立了我国高等航海教育课程体系的雏形。

此时，社会各界对高等航海教育已经有了一定的认知，一些教育杂志等也刊登文章介绍国外航海学校的情况，清政府甚至派官员考察了日本的高等航海教育机构。这一切都为高等航海教育的出现营造了良好的社会氛围。

（二）新式学堂首开课

19 世纪 60 年代开始，学习西学的新式学堂在清政府的支持下开设起来，此时虽然没有专门的商船学堂，但已有部分学堂设有航海技术相关课程，如京师同文馆、上海广方言馆、福建船政学堂、轮船招商局练船等。

1. 京师同文馆

京师同文馆是清末第一所官办外语学校，由洋务派领袖奕䜣和文祥于 1861 年 1 月（咸丰十年十二月）奏请开办，并于 1862 年 8 月 24 号正式开办，以培养外语翻译、洋务人才为目的[6]。课程开始时只设英文，后来增设法文、德文、俄文、日文。同治六年（1867 年）又添设算学馆，教授天文、算学。学制初定为三年，1876 年后，分五年、八年两种，学习外语译本的学生五年毕业，进修天文、化学、测地等学生需八年毕业。八年制又分前馆、后馆，后馆学有成效者升入前馆。无论学制五年还是八年，在制订的课程表中均需学习"航海测算"，具备一定的航海基础知识。学生学完后为"附生"，可以参加科举，并充任各衙门及海关"翻译官[7]"。

2. 上海广方言馆

上海广方言馆（见图 7-2）成立于清同治二年（1863 年），由时任江苏巡抚的李鸿章仿京师同文馆，奏设于上海，是上海建立的第一所外国语专科学校，校址初设于老城厢内旧学宫（今学院路四牌楼附近），冯桂芬①被委任广方言馆馆长。"广方言"意为推广方言，清政府认为京畿所用语言为官话，其他地方语言为方言，外语也不例外。上海广方言馆成立后培养出了第一代精通西文和西学的中

---

① 冯桂芬，1809—1874 年，晚清思想家、散文家，字林一，号景亭，吴县（今江苏苏州）人，曾师从林则徐，为改良主义之先驱人物，最早表达了洋务运动"中体西用"的指导思想。

国学生[8]。1872 年,30 名 14 岁学童作为第一批中国官派留学生在陈兰彬①、容闳②的带领下赴美留学,中国近代著名铁路工程师詹天佑③便是其中一员。广方言馆开设时,仅设英文一馆,后加设法文馆、算学馆[9],1891 年增设天文馆,之后又设翻译馆、东文馆、铁船馆、工艺学堂等。招收 14 岁以下(后改 15 岁至 20 岁)"师禀颖悟、根器端静之文童"[10]。定额 40 人,最多时达 80 人。入学后分上、下两班,先入下班,一年后择优升入上班,选定一门专业进行精修,其中便有航海、轮机等课程。对于这种学习方式,奕䜣在 1866 年上奏增设天文算学馆的奏折中评论只是学习了皮毛,没有太大实用价值。

图 7-2　上海广方言馆

3. 福建船政学堂

与将航海教育作为一门科普课程了解的两座西文学堂不同,一些海军教育学堂对航海教育的学习更为深入,福建船政学堂、天津水师学堂、江南水师学堂

---

① 陈兰彬,1816—1895 年,字荔秋,广东省吴川市黄坡镇黄坡村人,晚清时期大臣、学者,首任中国驻美公使。咸丰三年(1853 年)中进士,同治十一年(1872 年),以留学监督身份,率领第一批留学生 30 人赴美。光绪四年(1878 年),以太常寺卿身份出使美国、西班牙、秘鲁;后奉调回国,历任兵部、礼部侍郎及会试阅卷大臣等职。

② 容闳,1828—1912 年,原名光照,谱名达萌,号纯甫,广东省香山县南屏村(今珠海市南屏镇)人,中国近代著名的教育家、外交家和社会活动家,第一个毕业于美国耶鲁大学的中国留学生,中国留学生事业的先驱,被誉为"中国留学生之父"。在清末洋务运动中,参与创建了中国近代第一座完整的机器厂——上海江南机器制造总局,组织了第一批官费留美幼童。

③ 詹天佑,1861—1919 年,汉族,字眷诚,号达朝,祖籍徽州婺源,生于广东省广州府南海县(今南海区),中国近代铁路工程专家,主持修建中国自主设计并建造的第一条铁路——京张铁路,有"中国铁路之父""中国近代工程之父"之称。

等都开设航海、轮机等专科。福建船政学堂由左宗棠①奏请创办,在船政大臣沈葆桢的主持下于 1866 年在福州成立,是中国第一所近代海军学校,也是中国近代航海教育和海军教育的发源地,初建时称为"求是堂艺局",1867 年搬迁至马尾改名为船政学堂(见图 7-3)。

图 7-3　福建船政学堂

　　船政学堂分为前后学堂,前学堂为制造学堂,学习造船,又称"法语学堂",目的是培育船舶制造和设计人才,主设有造船专业。后学堂为驾驶学堂,学习航海,亦称"英语学堂",旨在培养海上航行驾驶人员和海军船长,主要专业为驾驶专业,后增设了轮机专业[11]。除了理论学习外,船政学堂也十分注重实践教学,安排学生上船实习,1877 年派出留学生赴英、法等国学习。

　　在船政学堂四十多年的办学中,驾驶班毕业生共十九届 241 名,管轮班毕业生共十四届 210 名,为海军培养了一大批驾驶、轮机人才,邓世昌②、严复③、萨镇冰、詹天佑等耳熟能详的名字都位列其中,对我国航海教育和海军教育都产生了非常重要的影响。

　　4. 轮船招商局练船

　　除学堂外,轮船招商局作为最早的民族航运企业也非常关注高级船员

　　① 左宗棠,1812—1885 年,汉族,字季高,号湘上农人,湖南湘阴人,晚清政治家、军事家、民族英雄,洋务派代表人物之一,主持平定陕甘同治回乱、收复新疆并推动新疆置省,与曾国藩、李鸿章、张之洞等人并称"晚清四大名臣"。

　　② 邓世昌,1849—1894 年,汉族,原名永昌,字正卿,广东番禺县龙导尾乡(今广东省广州市海珠区)人,中国最早的一批海军军官中之一,是清朝北洋舰队中"致远"号的舰长,伟大的民族英雄。

　　③ 严复,1854—1921 年,原名宗光,字又陵,后改名复,字几道,汉族,福建侯官县人,近代极具影响力的资产阶级启蒙思想家、著名的翻译家、教育家、新法家代表人物。

的培养,早期创办航海实习教育机构练船(实习船)来进行理论和实践学习,培养高级船员。练船上的教学活动虽有良好的效果,但成本高昂,无法推广,却也为后期专门学校的开设提供了一定的借鉴。至此,各类航海科普教育、职业培训、海军航海教育等探索为中国高等航海教育的创办奠定了良好的基础。

三、船政科登报招生,商船学堂终独立

清末,久有设一商船学堂之志的盛宣怀终于在唐文治等人的支持和努力下完成了船政科的创建,开创了中国高等航海教育的先河,并趁热打铁,促成了高等商船学堂的独立。然而好景不长,萌芽状态的高等航海教育很快便又遭遇困境。

(一) 船政科创立始末

1904年1月,清政府颁布中国近代第一个全国范围内推行的系统学制《癸卯学制》,即《奏定学堂章程》,其中从初等教育开始将学制主系列划分为三段七级,共25年。主系列之外还有师范学堂和实业学堂,实业学堂分初等、中等、高等,其中高等实业学堂分农业、工业、商业、商船四类,高等商船学堂设航海、轮机两科,轮机学制五年,航海学制五年半,招收普通中学堂毕业生和18岁以上的同等学历者,对课程设置、实习等内容也做了详细的规定。

图 7-4 盛宣怀

1908年,盛宣怀(见图7-4)出任邮传部右侍郎,成为邮传部核心人物。早在1895年,面对甲午战败的耻辱,他悟出"自强首在储才,储才必先兴学"的道理,并于同年奏准在天津设立近代中国第一所大学——中西大学堂(后改为北洋大学堂),也因此被誉为中国近代高等教育第一人。1896年,盛宣怀于上海设立南洋公学,后因隶属关系调整更名为上海高等实业学堂,这所学校设立之初即与航运界密不可分,因为办学的主要经费来源便是当时国内最大的航运巨头——轮船招商局。"商业振兴,必借航业,航业发达,端赖人才",盛宣怀发现洋务运动中轮船招商局的发展受制于中国航海人才的匮乏,为此他迫切地希望开办一所专门的高等商船学校,以培养中国自己的商船人才。

在航海学科设立的紧要关头,1907年秋,唐文治(见图7-5)被清邮传部奏派为上海高等实业学堂监督。为官期间,他几次出国访问,特别是他通过对欧洲

各国文化教育的考察，深深感到国内教育的落后，从此萌发了教育救国的强烈愿望[12]。《邮传部扎饬筹设专科各办法候唐侍郎到堂后酌核施行》的公函称："……轮帆之学仍须出洋，皆宜从长规划，以期完备。本部现经奏派前农工商部唐侍郎为该堂监督，综理一切事宜……现在唐侍郎不日到堂，一切办法统候酌核施行。"[13]从此公文不难看出，邮传部认为当时航海学科的设立暂不具备条件，而"综理一切事宜"则充分赋予了新任监督唐文治对学科设置、专业发展乃至航海学科的规划等所有事项具有综合筹划和全面负责的权力。1909年4月，邮传部尚书徐世

图 7-5 唐文治

昌①致函唐文治，商议筹办船政科，要求唐文治拟定具体的筹办办法后送邮传部商议审核。由于福建船政学堂在培养军事航海人才，且成效显著，因此，唐文治特意致函福州船政学堂索要学堂章程以及办学资料以做参照。在多方考察、总结经验、借鉴创新后，唐文治提出应先设立轮机和航海两个专业，并将拟定的筹备方案报送邮传部审议。考虑到邮传部的经费问题，为加快商船学校的建设进程，盛宣怀认为最便捷经济的方式是将已有的邮传部部属学校改办为商船学校。

　　1909年夏，邮传部提出在上海高等实业学堂（见图7-6）筹办船科，先添置开班，等到原来的铁路、电机学生毕业后将路电两科迁往唐山，将上海高等实业学堂改为专办船科。这个设想引起了一片反对之声，因为当时的上海高等实业学堂是东南沿海诸省绝无仅有的最高官办学府，其他少量的高等学校系教会学堂，远远不能满足东南沿海诸省广大青年学子深造学习的时代需求。唐文治心系东南沿海青年学子，"每当议裁并之时，鄙人之心摇摇如悬旌，每念及诸生被裁后未知往何处读书，各父兄家属更不知若何忧虑，对于诸生未便宣布，而笔舌力争之余，亦几经下泪"。他与全校教员经过再三考量，提出一条折中的办法，即在不改变学校工学性质的同时，于上海高等实业学堂内增设船政科，待到条件成熟再扩充学生，独立办校。最终，邮传部同意了这个方案，在上海高等实业学堂先开设船政科，开创了中国近代高等航海教育的先河，为挽回航权，改变中国海河船舶尽受洋人控制之局面迈出了第一步。

　　1909年9月7、9、16、18日，上海高等实业学堂在《申报》连续登载了船政科的招生广告，向社会招收二十岁左右，身体强健，视力良好，吃苦耐劳的中学

────────

　　① 徐世昌，1855—1939年，字卜五，号菊人，又号弢斋、东海、涛斋，晚号水竹村人、石门山人、东海居士，直隶（今河北）天津人。早年中举人，后中进士，光绪三十一年（1905年）曾任军机大臣，民国五年（1916年）3月为国务卿，民国七年（1918年）10月，被国会选为民国大总统。

图 7－6　邮传部上海高等实业学堂

毕业生。船政科设立之初，报考条件严格，报考者寥寥无几，由时任上海高等实业学堂监督唐文治亲自遴选了本校中学毕业生、路电专科初年级学生十余人升入船政科。1909 年在船政科开学典礼上，唐文治监督勉励新生：诸生今日来校学习航海，日后个个要到海船上工作做事，看大浪，吹巨风，航海生活是枯燥的、辛苦的！一船生命财产之安危，均操在船长手中，试想所负之责任，又何等重大！同时诸生亦应当记得，商船驶到外国，实即是国家的势力所到达之处，此外还赚外国人的钱，以富裕自己的国家，试想这样的意义，更是何等重大！还有，国家一旦有事，诸生即是海军，故东西洋各国均特别优待商船人才。今朝廷效法外国，亦决定优待你们，愿诸生学成致用，不负朝廷厚望。勉之！勉之！

（二）商船学堂独立建校

1911 年，盛宣怀出任邮传部尚书，开始积极促使船政科分出，单独成立一所商船学校。监督唐文治也亲力亲为，新辟校舍和资源。浙江士绅李厚祐捐出宁波益智中学堂作为商船学校校址。近代实业家张謇慷慨解囊，捐出官款 6 万元及吴淞口渔业公司的地基 100 亩用于办理商船学校。当时吴淞是中国最大都市的"海上门户"。20 世纪初，上海最早的学府多集中在吴淞镇与吴淞炮台湾之间，堪称上海最早的大学城，其中知名学府有中国公学、复旦公学、吴淞商船学校、江苏省立水产学校、同济医工大学、国立政治大学、国立上海医学院……吴淞口"江面宽阔,各国商船络绎往来,地居南北之中,交通至便,毗连浚浦局船澳,建筑船校为天然适当之区"。经过慎重考虑,商船学堂的校址最终选择了张謇所捐献的吴淞口地基。为了尽快实现在吴淞炮台湾创建我国第一所商船学校的夙愿,唐文治还曾"亲往相度地势,命工师绘图,克日兴工,请陆君勤之先生监造"。1911年独立的商船学校定名"邮传部高等商船学堂",并对外招生,中国第一所高等航海学府就此诞生!高等商船学堂由唐文治兼任学堂监督。为加强学堂管理,唐文治特聘留英归国南洋公学毕业生夏孙鹏[①]任驾驶科主任,上海高等实业学堂庶务长庄思缄[②]任庶务长。

《申报》上刊登的招生简章显示,商船学堂学生免收学费及伙食费,招收十八岁以上,中学毕业,能直接听懂英文授课的学生。招考简章中明确高等学堂在校学习时间为两年半,之后需在招商局或外商轮船上实习一年半,总学制四年。毕业后如有意进入海军,可考入海军学堂学习一年。不进入海军的学生,毕业后或被派往日本或西方国家的航海专门学校学习,或派往轮船招商局就职。

除了重视教学、延聘良师,唐文治还将他"崇德、尚实、重文、健身"的理念深入到学生管理中去,不仅参照国外商船学校的办学经验开设专业课程,更重视国文、外语和实践操作,为强壮体魄,还将爬桅杆、习游泳也列为学生的必修课。

1912年,中华民国成立,邮传部高等商船学堂改由国民政府交通部直辖,更名为吴淞商船学校。首任校长为原清末海军提督萨镇冰。萨镇冰就任校长后,曾对学生说,中国航运很不发达,商船人才缺乏,应该花大力气赶上去。他号召学生勤学努力,为国争光。吴淞商船学校一直采取理论与实践并重的教育方针,平日除了严格的理论学习外,十分重视驶帆、操艇、游泳、上船实习等实践项目的训练。其间,萨镇冰校长亲自与海军部商调"保民"舰改装为实习船,供学生使用。

1914年,吴淞商船学校更名为交通部吴淞商船专科学校(见图7-7)。当时中国航运业已具有一定的规模,航业界人士提倡聘用国人担任高级船员。但由于当时高级船员的雇佣权操握在洋人手中,他们竭力排斥国人担任高级船员的职务,致使吴淞商船学校的学生虽毕业但无出路。邮传部高等商船学堂时,邮传部年拨经费三万五千两还未全交即发生了武昌起义,办学经费来源随即中断,辛亥革命后经费仍难以维持运行。1915年交通部吴淞商船专科学校停办,交由海军部接管。

---

① 夏孙鹏,1887—1933年,字应庚,江苏江阴人(今江苏省江阴市),毕业于英国海军学校,后担任吴淞商船学校校长,南京国民政府国民革命军海军总司令部编译委员会主任委员、训练处处长。
② 庄思缄,1866—1932年,字蕴宽,江苏武进人,晚清至民国期间著名的政治活动家、国学大师、佛教界名流居士。

图 7-7　吴淞商船专科学校

第二节　民国高等航海教育的艰辛探索

中国的高等航海教育开办短短六年，便培养出了一批专业素质过硬的高级航海人才，深受各大轮船企业的欢迎，如此明显的收效和庞大的市场需求使得复校成为必然。除吴淞商船专科学校外，东北商船学校、集美高级水产航海学校等航海院校也成立办学，中国的高等航海教育迎来了一段短暂繁荣期。而日军侵华的炮火在各地打响，师生平静的教学环境马上便被打破了。

一、供不应求，吴淞商船学校复校

随着外籍船员的回国参战，中国航运市场又出现了航海人才供不应求的现象，吴淞商船学校虽仅开办了几年，但培养出的人才质量有目共睹，在这种情况下，恢复吴淞商船学校的呼声日益壮大。

（一）复校经过

1925 年 8 月 6 日，北洋政府拟定恢复吴淞商船专科学校，令交通部交通大学(原上海工业专门学校)校长凌鸿勋①兼任吴淞商船学校筹备处主任,在原吴淞商船学校旧址设立交通部商船学校筹备处,统筹复校事宜。吴淞商船学校由之前停办时期转为筹备恢复时期,但因经费问题,迟迟无法复校开学。

这一时期,"交通部吴淞商船学校同学会"开始在中国航运界崭露头角,同学会成员均为吴淞商船学校毕业生,现任各轮船船长、大副、二副等职,包括时任江苏水产学校航海主任、沿海商轮船长徐祖藩,肇兴轮船公司总船主陈干青等,他们为吴淞商船的复校不断奔走。

1928年11月11日,全国交通会议正式通过决议,决定恢复停办了13年之久的吴淞商船专科学校,并定名为交通部吴淞商船学校,复校进入了全面的筹备阶段。1929年9月11日,复校筹备工作结束,由交通部部长王伯群②兼任校长,杨志雄代行校长职务,同日开始修复吴淞校舍。同年10月6日,吴淞商船专科学校正式在修葺一新的吴淞校舍办公,10日正式开课,停办14年的商船学校再获新生。

1929年复校后,学校隶属交通部管辖,定名为"交通部吴淞商船学校"。后依照国民政府法令规定,于1933年9月16日在校名中加入专科二字,学校易名为"交通部吴淞商船专科学校",这是当时国民政府交通部的唯一部属高等院校。

(二) 吴淞商船专科学校的教学日常

这一时期,由于社会形势相对稳定,吴淞商船专科学校的发展迎来了"黄金时代",当时吴淞船校是1949年前我国高等航海教育机构中培养高等航海人才人数最多的机构,证明了吴淞商船专科学校在中国近现代高等航海教育史上的重要地位。

1. 学校的经费及师资

吴淞商船专科学校办学经费的主要来源为中国航商向交通部缴纳船舶吨钞税时另缴的三成附捐,每年共约十余万元。为了保证办学经费来源的稳定与可靠,经过与财政部协商,国民政府交通部专门制订了《交通部征收船校附捐章程》,于1929年11月16日以部令形式公布。该章程具体规定交通部吴淞商船学校在船钞上征收"船校附捐"以充实经费,缴纳额为船舶吨钞税的三成,缴税时向代收关税的银行一并缴纳。银行收到后,在月末连同收据、存根一同汇至交通部核收,交通部收到后作为专款存储,不能移作他用。吴淞商船学校经费按照预

---

① 凌鸿勋,1894—1981年,字竹铭,生于广东广州市(原籍江苏常熟),中国土木工程专家、教育家、铁路史研究专家。

② 王伯群,1885—1944年,贵州兴义人,中国同盟会先驱、中国近代民主革命先驱、政治家和教育家,1924年,在上海创办大夏大学(今华东师范大学),20世纪30年代开始,逐渐淡出政坛,转向教育救国。

算,按月呈请交通部下拨,如果船校附捐不够,由交通部补充。"船校附捐"的经费来源形式相对稳定,总体经费较为充足,交通部出台相关规定,保证了经费的规范性。此时的吴淞商船学校学生需缴纳伙食费、制服费,但免收学杂费和住宿费,从整体来看校方有能力给予学生优厚的待遇。

复校后的吴淞商船专科学校迅速组建了一支高等航海教学师资队伍。按照1933年底的统计,学校共有教职员43人,其中专职与兼职教师19人,其余为管理和行政人员。教职工大多拥有正规的高等教育学历,余者也多拥有师范、高中等学历,更有8人留学海外,拥有密歇根、麻省理工、格拉斯哥等名校学位,教职队伍整体素质较高。

2. 吴淞商船专科学校的学生日常

复校后的吴淞商船专科学校,早期由于入学待遇良好,毕业后就业稳定,因而受到社会的广泛欢迎。1933级驾驶科校友欧椿堃曾回忆道:"母校直属交通部管辖,学校一切经费均由国家支付,所以我们入学学生可免交学费、住宿费及书费,但是第一次入学时,学生仍要交制服费50块大洋及伙食费30块大洋(每月付伙食费6元,预付5个月),总共80块大洋。"1929年,学校首届招生80人,驾驶正科与预科各半。以后招生逐年递增,1931年在校学生有230余人,一般也维持在200名学生以上。

在学生管理上,吴淞商船专科学校要求严格。学校制订颁行的《学生通则》共22章66条,对学生日常生活与学习的各个方面均有涉及并进行严格管理。日常管理方面强调纪律性,学生每日起居都要严格按照作息时间表执行,应常穿制服并须注意整洁,无论在何处遇见职教员时均应当敬礼,学生在外相遇亦应互相敬礼,学生不得吸烟饮酒,以及不得拥有其他不良嗜好,学生组织必须先要经过训育处许可并接受其指导。学校有严格的考试管理制度,因不及格而留级或除名的较多。如驾驶科第一班学生1929年招录时有40多人,到1933年夏毕业时仅剩下24人,三分之一以上被淘汰。严格的学习与管理保证了学生的培养质量,毕业生一度受到各航运公司的欢迎,维护了学校的办学声誉。

早期的高等航海教育机构一直未能设置轮机专科。吴淞商船专科学校复校筹备过程中,各界均认为驾驶和轮机两科在航海中同等重要,主张两科并举,但因当时条件所限,学校复校之初仅设驾驶科,招收正预科各一班[14]。后经学校的努力筹备,同时社会上各轮船公司也急需轮机方面的人才,终于在1930年秋增设了轮机科,招收正预科各一班,学校从此进入了两科并举的新时期。

学校十分注重理论课程的设计,驾驶科开设27门课程,轮机科共开设24门课程。学生的学习任务比较繁重,功课紧张。学校的各门课程满分从50分至100分不等,分别根据不同课程的授课时间以及重要程度来确定。一般而言,各科学习成绩80分以上为甲等,70分以上为乙等,60分以上为丙等,不满60分为不及格。一学年内,各学科及各项实习成绩均列丙等以上者才可以升级;学年总成绩平均不及格并且学习课程满四分之一不及格,应该留级;不及格学科占全部课程四分之一以内的,应该在下学期开学时补考,补考不及格者仍不能够升级;一学期内缺课时间超过三分之一者,做退学处理;实习期间旷缺不到,应延长其毕业期限。毕业分数及格的学生给予毕业证书,并由交通部发给甲级二副或二管轮船员证书,不及格的学生仍要留级肄业。

值得一提的是,此时的吴淞商船专科学校还正式开始了研究班教育。研究班的宗旨为储备人才,并使未就业的毕业生增强学识。研究班学员暂定 15 名,凡是属于 1936 年夏季毕业的学生,经过三个月尚未就业,由指导委员会核准,可以进入研究班,研究班设立时间从 1936 年 7 月至 1937 年 6 月,为期一年,未到期而学员全数就业,研究班可以即时停办。根据指导委员会制订的题目,在选定题目后,研究班学员实施一人一题开展研究,必须坚持研究工作,随时撰写报告,请指导委员会考核。研究班学员在研究期间,每月每名给予津贴三十元,就业时此项津贴随时取消。根据指导委员会的安排,拟定了现代各国航业之状况及其趋势、中国航业之状况及其趋势、今年轮船建造之趋势等 20 个题目供学员选择研究。另外,学员也可以自己拟定题目,不限定研究范围,但必须由指导委员会加以核实认可。

如前所述,吴淞商船专科学校十分注意学生的船上实习,不仅设立了专职教练长负责实习事宜,还规定了 2 年理论、2 年上船的学习模式。按照《交通部吴淞商船学校章程》的规定,驾驶与轮机两科学生,均系在校学习两年,实习两年,才能毕业。驾驶科在学习学校课程完毕之后,必须派在江海轮船随航见习。轮机科学生在学校课程学习完毕之后,必须安排在船上一年和设备完善的机厂见习一年。吴淞商船专科学校复校时,原计划自购轮船作为驾驶科学生实习之用。1931 年夏,驾驶科第一班学生的校课已经按期结束。当时学校正在筹购练习船舶,恰值美国驻沪商务参赞介绍一条合适的美舰,"筹购数年,以费巨未能成议"。但是,当时已经结束理论课程学习的三年级学生急待上船,经过校长杨志雄与轮船招商局、上海航业公会以及各轮船公司沟通,得其帮助,尤其是早期吴淞船校校友大力援手,同年秋季,驾驶科第一班学生陆续上船实习,实习船舶及其所属公司大多为当时的知名公司,如轮船招商局、三北、肇兴、政记等公司,均属当时我国排名前 5 位的轮船公司。

由于 1932 年淞沪抗战爆发,"本校自购练船,未能进行"。1933 年,徐祖藩任吴淞商船专科学校代理校长,继续着手解决实习船问题。考虑到购船款项巨大,短期难以筹措;上一届学生分派到各轮船公司,"分散各船,无专员负责教练,究属未尽妥善",弊病甚多,亦属"一时权益之救济耳"。为此,经过学校与招商局商议,招商局同意以局属"公平"号轮船暂时作为驾驶科三年级学生集中实习之用,并由交通部派遣金月石作为教练长,从同年 3 月 29 日起常驻"公平"轮船专门负责教练事宜。每年假期,学生都被派到招商局"公平"海轮(见图 7-8),由教练长随船指导实习,"实与自购练船无甚差别也"。学业成绩优异的前三名学生,还由校方接洽前往英商太古、恰和轮船公司的船舶进行实习,航行远洋国际航线。1936 年,学校又接到政府拨付的"河安"号轮船一艘,充作学生实习船舶。

图 7-8 　 1937 年驾驶科三年级实习船"公平"海轮

轮机科学生的实习,规定"在校课期内,亦须随时在工厂实地见面",具体安排每周两个半天进行车间实习,内容为车、钳、刨,以及锅炉、蒸汽机、柴油机、电机等试验。为了满足轮机科学生的学习需要,学校于 1930 年 5 月添招轮机科学生之前,即着手申请建造实习工厂,同年 9 月 8 日动工,12 月 22 日实习工厂落成并投入使用,"建造宽大长方形之厂屋一所,继即选购锅炉、马达及一切机场应有机器,逐部装置",厂内设翻砂间、制图间、模型间、锅炉间、马达间、车床间,供学生实习之用。1932 年 1 月 28 日,上海爆发日军进攻淞沪的"一·二八"事变,位于事变中心的吴淞船校校舍工厂被日军轰毁大半,书籍仪器也被掠夺,轮机学生实习困难。同年夏天,轮机科第一班学生需要到校外工厂实习,在 10 月间"派轮机科三年级学生周延瑾等四人分往合兴、求新、耶松、瑞镕等厂实习"。1933 年 9 月,交通部经与海军部协商同意将吴淞商船学校轮机科三年级全班学生在该年秋季派往当时国内最先进的海军部江南造船所实习。此后,轮机科三年级学生就可以"纠集全班在同一处所见习",而不必再进行分散实习了。

二、全面发展,航海教育短暂繁荣

这一时期,以吴淞商船学校复校为标志,整个高等航海教育形成了以吴淞为中心、多点建设、全面发展的良好局面。东北商船学校、招商公学航海专修科、上海税务专门学校海事班、集美高级水产航海学校等均得到了一定程度的发展。

(一) 东北商船学校

东北地区南临渤海、黄海,内有黑龙江、松花江、乌苏里江、鸭绿江和辽河五大水系,航运业较为发达,有着培养高级船员的潜在需求。随着航运业的迅速发展,人才供求的矛盾日益突出。1927年初,东北航局及哈尔滨航业公会开始着手落实建立船校的计划。同年3月,东北三省军务督办张作霖在哈尔滨江北船坞设立东北商船学校(见图7-9),调派东北海军舰队司令部中校参谋王时泽为校长,主持建校工作,而民国著名海军将领沈鸿烈为学校的实际主政者。1927年8月12日,东北商船学校正式开学,东北历史上第一所培养高级航运人才的专门机构由此产生。

图 7-9 东北商船学校[16]

东北商船学校以培养江运人才为宗旨,设有驾驶和轮机科。作为我国有影响的航海学校,东北商船学校从1927年成立到1932年搬迁青岛,存在了四五年的时间,前后共有学生150余人,为我国航海事业和高等航海教育事业培养和储备了一批重要人才。尤其是轮机科的设立,更是填补了旧中国高等航海教育的空白,开创了高等航海教育体系中航海与轮机两科并举的新局面,在中国近现代高等航海教育史上有着十分重要的历史意义[15]。

(二)招商公学航海专修科

1928年,轮船招商局鉴于人才缺乏,决定在招商公学内创设航海专修科,以便培养航海之才,满足招商局所属商船对于高级船员的需求。

招商公学航海专修科于1928年10月3日开学,第一届招收航海科学生50人,第二、三届各招生30和40人,并从第二届开始招收轮机科学生,另外还招收了业务科学生(这也是我国最早的海运管理专业)。学生学业期限为三年半,其中上课两年半,上船实习1年。由于航海专修科办学质量较差,导致学生罢课,少部分学生还退学或者改考他校。因此,1929年11月12日,吴淞商船专科学校奉交通部令,准招商公学航海专业学生暂入本校驾驶正科一年级试读,招商公学航海专修科事实上已经大部分并于吴淞船校[17]。此后招商公学仍继续小规模办学,其毕业生就职于轮船公司者众多,具有一定成效。

(三)上海税务专门学校海事班

1930年2月,设于北京的国立税务专门学校在上海姚主教路(今天平路)200号设立了第一分院,专门开了海事班。1935年,北平税务专门学校内勤班搬至上海,与海事班合并,改为海关总署上海税务专门学校。海事班暨海事专业是税务专门学校的三大专业之一。作为我国第一个有着强烈航海色彩的海事专业,上海税务专门学校海事班为我国航海队伍培养了不少高级人才,如方枕流等。

(四)集美高级水产航海学校

集美高级水产航海学校前身为1920年2月著名爱国华侨陈嘉庚先生创办的集美学校实业部水产科,以"开拓海洋,挽回海权"作为办学宗旨。1925年,水产科改称集美学校高级水产航海部。1927年春,高级水产航海部独立为集美高级水产航海学校,学校组织大纲明确"本校以养成水产航海人才,开拓海洋,挽回海权为宗旨",突出了航运特色。1935年春,改称福建私立集美高级水产航海职业学校[18]。图7-10为集美高级水产航海学校学生会全体摄影。

三、战火四起,商船学校内迁重庆

"九·一八"事变发生后,历史把中华民族推到世界反法西斯战争的最前沿,面对日本法西斯的疯狂侵略,中国人民奋起抵抗,挽救国家于危亡。抗战爆发后,中国高等航海教育的发展受到严重阻挠,甚至一度中断。十四年抗战期间,中国高等航海教育在战火纷飞中虽旗帜飘摇但弦歌不辍,为后来航海教育的重建延续了根脉。

图 7-10　集美高级水产航海学校学生会全体摄影

（一）校舍俱毁，被迫内迁

1931 年 1 月 28 日，上海爆发"一·二八"淞沪抗战，当天早上学校宣告停课，全体学生赴沪暂避，交通部也明令学校暂行停办，学校面临着再次中断的危机。

校长杨志雄认为学校创业艰难，复校不易，努力维持，1931 年 2 月 14 日在上海萨坡赛路仁华里三号设立学校临时办事处。鉴于日军攻淞之日炸毁校长住宅、全部传达室、全部教室，旗楼、礼堂、各教室、教职员宿舍、学生宿舍、办公室、食堂、厨房、浴室、工厂、机件、烟囱、游泳池等均损毁严重，吴淞船校的校舍与实习工厂大半被日军炮火轰毁，学校被迫呈报交通部。1931 年 2 月 20 日，交通部令吴淞船校筹议在沪租屋开学，5 月 23 日租定上海亚尔培路（今陕西南路）亚尔培坊二四、二八、三二、三三、三五、三六等号房屋为临时校舍。全校师生协同一心，暑期未休假，将各班学生停顿数月之缺课完全补足，所以在"一·二八"淞沪抗战中，学校虽受巨大损害，学生学业上却没有耽误。

1933 年 3 月吴淞校舍修竣后，学校自上海市区迁回。1937 年 7 月抗日战争全面爆发，8 月在上海又爆发了八一三淞沪抗战。吴淞作为主战场之一，战事激烈，吴淞商船学校校舍被日军炮火夷为平地，仪器图书也尽遭焚毁，学校再次临时迁居上海市区吉斯菲尔路（今万航渡路）75 号，坚持至 9 月底第二次停办。

随着战争的爆发，受到战事的影响，各地航海教育全部停顿，航海界人士心急如焚。随着战局的渐趋稳定,基于安排吴淞商船学校后撤师生的需要,国民政府还考虑到"以我国江海航运范围之广大,岂能置航运教育于不顾,况且在抗战时航运尤为重要",为使航海教育不致中断,有关当局综合考虑,开始重新构想在内地复办商船学校。

1939年6月,依照国民政府最高国防会议教育专门委员会的决议,决定于重庆恢复商船专科学校,定名为国立重庆商船专科学校。复校的基本思想是网罗造船与驾驶专家,一面招生教授,以造就专门人才,一面研究设计抵抗敌舰之方法。同时,成立重庆商船专科学校筹备委员会,由教育、交通、海军三部筹办,具体由教育部高等教育司长吴俊升等负责筹备事宜。1939年8月复校筹备工作结束,原在上海的吴淞商船学校部分图书和部分仪器,也经滇越铁路和滇缅铁路运到重庆,部分吴淞商船学校的学生同时转入重庆继续学习。

建校之初的重庆商船专科学校一边在西南与东南地区五地设点招考新生,报考者共319人,一边还以函电及转告等方式,通知各地吴淞商船专科学校学生来重庆复学。在此非常时期,重庆商船专科学校仍坚持全国招生,不少沦陷区高中生积极应考,显示出学校强大的感召力与学生的爱国精神。

1939年复校之初,学校择定江北溉澜溪陈姓基地作为校址,校舍落成前,学校暂时租借招商局4 800载重吨、载客761人的"江顺"客轮作为办学地点,以供临时上课及办公使用。1939年11月27日,重庆商船专科学校正式开学,当时暂由教育部高等教育司长吴俊升兼任校长,教务主任为宋建勋,不久改聘宋建勋担任校长一职。1940年2月2日,学校在"江顺"轮举行了盛大的开学典礼,教育部部长陈立,副部长顾毓琇,交通部副部长彭学沛、卢作孚,以及萨镇冰上将等均出席典礼。萨镇冰出席发言,认为前二十八九年,吴淞出来的一百多人,代替了外国人,表现了非常好的成绩。今天的中国,非富国强兵不可,要富国,就非多造商船不可,再三鼓励青年要有冒险精神,极大地激励了复校之初的师生员工。图7-11为在"江顺"轮举行开学典礼的照片。

重庆商船专科学校在"江顺"轮开办后,1940年3月轮船租约期满,新校舍尚未建好。学校若续租招商局"江顺"轮为临时校舍,超过原预算很多,不宜继续租赁。经过考察,江北(今渝北区)人和场段家公馆及附近的黄家祠堂,两处房屋非常宽敞,用为临时校舍比较适宜。学校即于1940年3月租借重庆江北人和场的段家公馆和黄氏宗祠临时办校,1942年秋又再迁至江北溉澜溪新校舍。

办学初期,重庆商船学校得到社会各界的支持。三北轮船公司赠送学校珍贵的画图仪器,民生公司提供造船厂给学校充作实习之用,轮船招商局把自己的商船"江顺"轮提供给学校作为临时办学场所。此外,许多人也纷纷以各种方式资助学校办学,如北京大学原教育系主任吴俊升就以个人名义捐款500元,专门

图7-11 "江顺"轮开学典礼

用于奖励学校学习成绩优秀的贫困学生。但是，就学校整体而言，却面临着办学经费严重不足的困难。鉴于重庆商船专科学校系异地开办，一切需要重新建设，因此学校经费中的建筑设备费用开支庞大。随着战事的紧张，物资短缺，大后方通货膨胀严重，学校财政屡次陷入危机。由于经费短缺而导致的校方窘迫处境直接影响到教职员工和学生的情绪，这种状况直到学校关闭也未得到缓解。

(二) 重庆商船险解散

1943年5月，重庆商船学校学生因学校负责人挪用办学经费出现拖欠学生经费和教师工资的情况，导致群起反对，继而发生在总理纪念周大会上撵走校长的事件。据说事件起因系学校校长宋建勋与训导主任郭恒都是国民党员，但因派系不同而产生矛盾，郭恒为此挑动学生闹事。国民政府教育部不加详查，反而顺势于1943年5月8日勒令学校解散。后在社会各界的强烈反对下，教育部才不得不改变初衷，同年6月下令将学校并入位于重庆的国立交通大学（简称交大）接办。原造船科改为造船工程系，原轮机科改为轮机管理（专修）科，原航海科改为商船驾驶（专修）科。学校原溉澜溪校舍作为交大分校，为交大各系一年级使用。三科（系）均隶属于交大学院，交大继续招收上述三科学生，在1943—1945年期间，共招收商船驾驶、轮机管理以及造船系新生各三届，总计242人。

其实，一所历史悠久的高等航海学校决不会仅仅因为一次学潮而受到当局的遣散或肢解，且在学潮之前国民政府已有停办该校的倡议，细究之下，学校停办应有着更深层次的背景。首先是高等航海教育办学经费的持续紧张；其次是非常时期的高级船员队伍明显过剩；最后是学校本身管理欠佳。生活与教学质量的下降、学校负责人的内讧、学生前途的渺茫等诸多因素叠加，成为学生抗议和学校停办的直接导火索。实际上，随着吴淞商船专科学校内迁学生的陆续毕业,国民党当局觉得其使命亦基本完成,早已有了停办重庆商船专科学校的想法。

第三节　新中国成立前后高等航海教育的转折

吴淞商船在上海复校后,由于国民政府忙于内战,教学工作受到了很大影响,师生只能惶惶度日,艰难维持。而随着中华人民共和国的成立,高等航海教育再次注入了生机,迎来了重大转折。坚持社会主义的办学方向,中国的高等航海教育进入了高速发展时期。

一、再度复校,吴淞商船逆风起舞

抗日战争胜利后,吴淞商船再度在上海复校。而此时的国民党当局却无心关心高等航海教育,正忙着进行内战,吴淞商船学校只能是因陋就简,高等航海教育的发展也窒碍难行。

(一) 重整旗鼓,在沪复校

1945 年 8 月 15 日,中国人民经过浴血奋战,取得了抗日战争的伟大胜利。战后,独立高等航海教育机构的恢复与发展迅即被提上议事日程。

在教育部和交通部的坚持以及社会各界的强烈呼吁下,国民政府遂在 1946 年 2 月决定在上海恢复商船专科学校。1946 年 4 月 5 日,教育部下令定校名为国立吴淞商船专科学校。周均时被聘为校长,1946 年 2 月就任。

周均时就任校长后,即来上海筹备复校。筹备处设在上海乍浦路 439 号,因吴淞的校舍已经全部被毁,所以首要的工作是勘定新校舍。当时上海的房屋奇缺,周均时经过数月奔走,房屋仍无着落,后来得到联合国善后救济总署的协助,租到了东长治路 505 号前英国雷士德工学院作为临时校址。该院占地面积约一万平方米,分四个建筑群,建筑面积近两万平方米,抗日胜利后该院被国民党海军接管,财产损失惨重。经过简单的修理后,校方于 1946 年 8 月 1 日迁入新址办公,当即聘定教授,添派职员,招收新生。同年 10 月初,复校准备工作结束,10 月 14 日,国立吴淞商船专科学校在原雷士德工学院旧址正式开学。雷士德工学院(东长治路 505 号)原有建筑 4 栋,共有 69 间教学与办公用房,还自建了 15 大间学生宿舍,另在东长治路 609 号拥有 24 间学生宿舍,在海宁路和乍浦路各有 9 间教工宿舍,以及一个篮球场。

抗战胜利后,国民党政府一心忙于内战,根本无暇关注高等教育。面临着这一动荡的时局,吴淞商船专科学校师生员工穷于应付,学校自 1946 年 10 月 14 日正式复校开学起,直至 1949 年 6 月 22 日被上海市军管会高教处接管为止,近 3 年时间里的办学条件始终处于简陋就便之中。如前所述,复校之初,学校并无固定场所,为此只好临时租赁雷士德工学院 4 栋楼房建筑办学。直到 1949 年 6 月,校舍和其他用房面积也无大的变化,东长治路 505 号校舍属于临时租赁性质。吴淞炮台湾原有校址近 73 亩,"八·一三"淞沪抗战将所有房屋全部摧毁,当时仍为一片荒地。在此期间,校方曾向政府当局多次吁请,要求解决学校的办学场所问题。但是,国民党政府忙于内战,军费开支浩大,经济又极度恶化,物价飞涨,货币大幅贬值,其政权已呈大厦将倾之势,根本无暇顾及一个吴淞商船学校了。

学校办学经费的严重短缺直接造成实验实习设施的严重不足。根据校方的要求,航海科与轮机科的专业授课均需添置相关的仪器设备。轮机科实习工厂简陋不堪,工具不全,器械无几,铸工厂、锻工厂、模型间都缺失。各系科以及校方多次建议均无效果,1946 年开学后轮机科的工厂实习课程一直无法进行,直到 1947 年 3 月学校购得台虎钳 28 把和钢锉 3 打以后,才有简单的钳工实习。为了继续办学,1948 年春学校在雷士德工学院后面空场地搭建了一幢五间木制板房的小型工厂,暂为实习之需。工厂装有少量的机械设备,但因无钱购置机械附件,只能以配齐附件为条件将工厂租赁出去,学生又无法开展实习。直到 1949 年春,经过多方交涉,才能够在学生上实习课时将工厂暂停以便学生练习。

此外,自复校以来,学校一直没有教学实习用船与战后初期的全国船舶运力激增,甚至有些船舶闲置一边形成了鲜明的反差。直到 1949 年 6 月学校被军管会接收,学校也未能拥有一条自己的实习船舶,结果导致 1949 年"本届航海、轮机科毕业生共 140 人,电讯科毕业生 46 人,照章应予上船实习(航海轮机两科学生实习二年、电讯科学生实习一年),本校以前亦曾呈南京政府教育部转呈行政院指拨适宜练舰,迄无结果。已届实习时期,亟待指拨练舰以便分发",连学生实习都成了问题。

尽管办学的环境很差,缺少必要的教学设施,教学条件与设备相当简陋,但是,有着优良航海教育传统的吴淞商船专科学校,仍然坚持在困境中继续办学,并在可能的条件下,尽量进行规范的教学管理。即使是在内战时期,局势动荡,吴淞商船专科学校仍然拥有一批较强的师资力量。教师队伍中,自校长周均时以下,教务主任、训导主任、总务主任以及航海科主任、轮机科主任等,大都长期担任过商船船长职务,有的还曾留学外国。

(二)解放战争前后的吴淞师生

解放战争中的吴淞师生目睹了国民党内战的种种行径,纷纷行动起来。

1946年，为了开辟党的工作，地下党员王夷白、汪浩、屠文钊等同志遵照积极打入国立大专院校的指示，先后进入商船学校成立支部，传播革命火种，组织群众开展多种形式的斗争。他们培养积极分子，发展地下党组织，积蓄力量，迎接解放，在新中国成立前夕，地下党员已达20人。

当时的吴淞商船教师队伍中，有一些从事高等航海教育几十年的著名教授。例如，校长周均时教授系1912年吴淞船校第一届毕业生，留学德国，毕业于柏林工业大学机械工程系，1927年开始从事教育，先后在京沪等地任教，曾任重庆大学教授、系主任、工学院院长、同济大学校长等职。教务主任金月石教授毕业于交通部吴淞商船专科学校，是中国最早的一批海轮船长之一，曾出任抗战前的吴淞商船专科学校教练长。教务主任郏鼎锡教授毕业于交通部吴淞商船专科学校，曾历任鸣安、宁治、招商、三北、民生等轮船二副、大副和船长等职。代校长曹仲渊教授毕业于海军雷电学校无线电专科和英国马尼可无线电工程学院，曾任大夏大学教授、海军司令部电工专长和通信专长等职，1948年任学校高级无线电训练班主任。总务长姚启钧教授毕业于大同大学理学院，曾任重庆大学、广西大学、交通大学、大同大学教授，系物理学专家。轮机科主任张汝梅教授毕业于交通部吴淞商船专科学校，系美国密歇根大学硕士，曾任工程师、技术主管等职。张令法教授曾任学校轮机科主任、教务主任、招商局总轮机长等职，系轮机学专家。其他如驾驶科郭远振教授精于航海天文及罗经校正，驾驶科冯玉蕃教授精于航海教学，等等。令人动容的是，这些航海教育名家不仅有着深厚的学术积累，春风化雨般的教学精神，还有一些在祖国和民族大义面前坚定信仰，坚持初心，为祖国解放、为新中国航运事业贡献出了巨大的力量甚至宝贵的生命。

校长周均时先生目睹蒋介石撕毁了重庆谈判达成的停战协议，悍然发动内战的行径，坚决站到反独裁、反内战的民主运动行列，利用他在科技文化教育界的地位，不畏强暴，采取各种形式，积极进行活动，并号召文教界有识之士，不可保持缄默，应挺身而出讲话，唤起广大群众觉悟，用各种有效方法打破国民党当局妄想期待美援，做垂死挣扎的迷梦。1949年8月由于不慎走漏消息，周均时不幸被国民党逮捕，囚于重庆中美合作所白公馆，周均时在狱中，刑讯不屈，铁骨铮铮，坚持气节。1949年11月27日夜，周均时被押出牢房，在渣滓洞松林坡惨遭杀害，时年58岁。重庆解放后，周均时遗体经党和人民政府收殓，遵家属意见，葬于重庆市南岸凉风垭，成为著名的红岩英烈之一[19]。

代校长曹仲渊教授在南京海军总司令部电工处任职期间，为地下党提供了大量珍贵的军事情报。1948年，他猎取蒋介石绝密文件"江防计划"，转交上级党组织，发往延安，为渡江战役的胜利做出了突出贡献。

上海解放以后，吴淞商船专科学校学生积极组织人民保安队，担任驻船联络员,投身随军服务团,参加人民解放军,为护厂护校、护船护产、随军服务、保家卫国做出了积极贡献。1949年5月27日,金月石向海内外船员广播呼吁航海界人士和广大海员回归祖国,发展新中国航运事业。同年9月19日,"海辽"轮(见图7-12)船长、校友方枕流率领全体船员起义,在驶往大连港途中升起了五星红旗。1949年9月28日晨,"海辽"轮经过8天9夜的航行,终于出现在大连湾,宣告起义成功。在他的带动下,中央航空和中国航空公司的12架飞机、招商局香港船务局13艘海轮相继起义,为新中国海运、民航事业奠定了基础。

图7-12 "海辽"轮[20]

二、喜迎新中国成立,航海教育破茧新生

在革命先辈们前仆后继的努力下,1949年10月1日,新中国成立了,这为我国高等航海教育的发展打开了新局面。上海航务学院、国立辽海商船学校、厦门大学海洋系航海组等迎来了破茧新生的重要转折。

(一)上海航务学院的成立

1949年10月1日,中华人民共和国成立。新中国的各级人民政府对航海教育工作极为重视,对高等航海人的培养十分关注。1949年5月27日上海解放,6月22日,上海军事管制委员会高教处正式接管吴淞商船专科学校,指定曹仲渊教授担任校务委员会主任委员,代理校务。1950年4月26日,新的校务委员会在学校礼堂举行了就职仪式。校委会主任委员由上海市军管会航运处处长、上海区航务局局长于眉兼任,副主任委员由金月石教授、冈森、曹仲渊教授担任,教授郏鼎锡、姚启均、陈嘉震、王荪和学生何修治、沈永祥、高光诚为委员,冈森兼任秘书长。曾经备受挫折、历尽坎坷、两次毁于炮火、三度停办的吴淞商船专科学校终于获得了新的生机。

接管后的吴淞商船专科学校仍然设有航海、轮机两科。1950年上半年,学校增设无线电信科。这一时期的吴淞商船专科学校一方面取缔民国的训导制度及其在教学计划中列入的有关课程,在所有年级逐步开设社会发展史与新民主主义论等课程(1952年改为新民主主义论与政治经济学等课程);另一方面,明确教学方针系"以造就高级航业技术人才为宗旨,注重学验并重"。学生在校修业期间,凡各种航业专门学科,全为必修课程。学校的教学时间与考试安排等教学计划紧凑且渐趋正规,教师队伍也日趋稳定。在交通部和上海军管会航运处强有力的领导和指导下,吴淞商船专科学校迅速摆脱了内战带来的影响,各方面工作逐渐走上了正轨。

1950年4月间,上海交通大学航业管理系和轮机工程系有10余名学生要求下学期转入吴淞商船专科学校肄业。上述学生的要求,经由吴淞商船专科学校校委会报到华东教育部请示处理意见。同年6月,华东教育部与交通部上海区航务局共同研究后初步认为,交通大学航业管理系和轮机工程系与吴淞商船专科学校航海与轮机两科的专业性质相近,为了集中有限的人力物力搞好高等航海教育,提议将两校相同的海上专业合并,成立一个新的独立航务学院。1950年9月,原国立吴淞商船专科学校、海关总署税务专科学校海事班与国立交通大学航运管理系合并,改校名为国立上海航务学院。1950年10月,改校名为上海航务学院。上海航务学院校园校门如图7-13所示[21]。

图7-13 上海航务学院校门

为了加强师资队伍建设,上海航务学院聘用了一批航海界专家来校任教,同时还注重选拔优秀毕业生留校担任助教工作。著名天文航海专家陈嘉震教授、著名地文航海专家周应聪教授、无线电测向专家曹仲渊教授、著名轮机专家张令法教授、著名航海家黄慕宗教授、中国首任引航员金月石教授等都曾在学院任教。

（二）新中国成立后的其他高等航海教育情况

1949 年前，新中国接收的各类航海学校共有 9 所。除在上海复校的吴淞商船学校外，也开设其他高等航海教育学校。

1. 国立辽海商船专科学校

国立辽海商船学校前身为伪满洲国时期日军控制的高等船员养成所，1945 年"八·一五"抗战胜利后自行解散。抗战胜利后，该所学生强烈要求国民政府续办学校。1946 年 10 月 24 日，国民政府正式决定在葫芦岛原伪满高等船员养成所的旧址设立商船学校，定名为国立葫芦岛商船专科学校，并设立建校筹备处，部分原高等船员养成所未毕业的学生参加了建校的筹备工作，学校于 1947 年 4 月 14 日正式开学。原高等船员养成所有 138 名在读学生，复校后原第七、第八、第九届学生 54 人前来复学。同年 5 月 15 日，学校又改称为国立辽海商船专科学校，分航海、轮机两科及先修班，培养目标为"以养成商船专门人才与海军预备役军官应有之学识"。1948 年辽西战局紧张，学校从葫芦岛迁往天津，同年 10 月再迁北平。1949 年 2 月，北平军管会文教部接管学校，同年 2 月 28 日，北平军管会宣布学校由北平迁往沈阳，由东北行政委员会交通部接管[22]。

2. 福建航海专科学校

1946 年上半年，厦大在全国率先成立了海洋系，系内包括海洋学基础、水产和航海三个教学研究领域，为此在该系内设航海组，培养航海专业人才。1946 年 6 月海洋系开始招生，专业课程均仿照上海航务学院、东北航海学院的新订办法进行，学时与教学进度则按照厦门大学的整体安排进行。在 1952 年秋的院系调整中，厦门大学航海专修科并入集美水产商船专科学校，成立福建航海专科学校。1953 年，福建航海专科学校并入大连海运学院。1958 年，集美水产航海学校的水产、航海分开建校，航海部分改称福建省厦门市私立集美航海学校，1961 年改称福建集美航海学校。1970 年，福建集美航海学校并入厦门大学，筹建海洋系航海专业，1973 年，撤销厦门大学航海专业，复办集美航海学校，1978 年底，经国务院批准，学校改为集美航海专科学校。1989 年 5 月，国家教委批准该校升格为集美航海学院。1994 年 10 月，集美航海学院与集美学村其他 4 所高校合并组建集美大学。

3. 集美高级水产航海学校

抗日战争爆发后，集美学校在艰苦的条件下坚持办学。1938 年改建为福建私立集美联合中学（水产航海科），1939 年更名为福建私立集美职业学校，1941 年再改为私立集美高级水产航海职业学校[23]。1944 年 3 月，集美学校为了培养高级水产航海专才，以适应战后振兴航海事业的需求，曾计划利用本校现有师资和设备条件，加以扩充，增办水产商船专科学校，并以陈嘉庚的名义报省教育厅转呈教育部，但是最终不了了之。战后初期，学校办学经费短缺，学生毕业前也面临实习等多方面困难,学校仍旧坚持办学。从 1946 年至 1949 年,该校培养了一大批高级航海人才,其中担任船长的就有 31 人,为民族轮船航运业做出了重要贡献。

4. 武汉河运学校

1953 年,成立于 1945 年的广东省立潮汕高级商船职业学校迁至湖北武昌,更名为武汉河运学校,1978 年更名为武汉河运专科学校,设有船舶驾驶、轮机管理、水运管理和无线电通信等 4 个系,共有 10 余个专业。1992 年 9 月,武汉河运专科学校与武汉水运工程学院合并,更名为武汉水运工程学院航运学院。1994 年 4 月,武汉水运工程学院更名为武汉交通科技大学。2000 年 5 月 8 日,武汉工业大学、武汉交通科技大学和武汉汽车工业大学合并组建武汉理工大学。

第四节　新中国高等航海教育的新高度

随着专业调整、教学改革等各项措施的实施,高等航海教育始终坚持着正确的办学方向,落实党的教育方针,致力于培养新中国的栋梁之材。面对新形势、新机遇,建设海洋强国、航运强国已成为国家战略,我国的高等航海教育也以"世界一流"为目标不断攀登,为实现中华民族伟大复兴提供了有力人才支撑。

上海航务学院北迁大连后,随着上海国际航运中心的地位凸显,交通部于 1958 年恢复了上海高等航海教育,定名为上海海运学院。此外,东北商船专科学校发展为东北航海学院,福建私立集美水产商船专科学校等多所学校整合形成福建航海专科学校。

一、航海院校的资源整合重组

1952 年春,在全国高等学校院系调整的进程中,交通部根据我国海运事业发展的需要,决定集中国内力量,调整和创办一所以商船航海类专业为主的综合性高等航海院校。1952 年 8 月,根据中央人民政府政务院关于高等学校院系调整的精神,决定将当时最大的两所航海高校——上海航务学院和东北航海学院合并,北迁大连。经过近 2 个月的准备工作,1953 年 3 月 9 日,上海航务学院的师生员工及档案、图书和仪器等抵达大连,搬迁后遗留的校舍物资则统归上海市政府调配。1953 年 3 月 20 日,大连海运学院成立典礼在大连举行。

正当两校合并紧锣密鼓地进行之时,新的归并又在酝酿之中。在 1953 年 2 至 3 月份的全国高等工业学校行政会议期间,中央高教部会同交通部与大连海运学院、福建航专两院校代表协商,初步决定大连海运学院与福建航专两校合并。同年 4 月 27 日,福建航专的创办人陈嘉庚复函同意并校。1953 年秋季,大连海运学院派出学院党组成员任进之等 3 人小组到达集美,具体从事福建航专并往大连的先遣工作。全校师生及教工家属 200 多人,于 1953 年 11 月 6 日启程,16 日抵达大连,23 日恢复开课,福建航专北迁并校结束,大连海运学院的"三校合一"正式完成。

二、上海高等航海教育的恢复

新中国成立以后,国民经济经过 3 年的恢复,社会主义经济建设起步,经过第一个五年计划的建设,工农业得到高速发展,航运业也随之得到发展。为适应社会主义经济建设和航运事业发展对专门人才的需求,1958 年中华人民共和国交通部决定在我国的现代航运中心,即具有航海高等教育传统和基础的上海恢复高等航海教育,并委托交通部上海海运管理局和交通部上海船舶修造厂负责筹建。

根据交通部的指示,上海海运局和上海船厂于 1958 年 9 月向交通部请示,拟于 1959 年在上海恢复高等航海教育,定名上海海运学院,并附设一所中等技术学校,培养船舶、船厂高级和中级技术人员,包括海洋船舶驾驶员,轮机员和造船工程人员。1959 年 9 月 27 日交通部批复上海海运局及上海船厂,同意"于 1959 年在上海筹建上海海运学院及附属中等技术学校一所,培养高、中等航海及船舶修造技术力量的意见",并同意"高等学校设海船驾驶、轮机、电航、船体修造、船机修造、船舶焊接、船舶电气装备等 7 个专业,发展规模为 3 000 人;附属中专除电航改为电讯外,所设专业同高等学校,发展规模为 400 人"。筹建学院的工作由上海海运局及上海船舶修造厂共同负责,由上海海运局领导,为保证建校工作及时完成,应即组织建校机构,在上海海运局领导下进行工作,并着手做好计划任务书报部。同月在上海海运局党委领导下,成立了建校委员会,上海海运局副局长蒲济生兼任建校委员会主任委员,上海船厂副厂长隋方千兼任副主任委员,委员由孙敏等 11 人组成。建校委员会下设建校办公室,由上海海运局业余大学副校长方少三负责,具体筹划建校的一切事宜。11 月 8 日,交通部海河运输总局批复同意上海海运局 10 月 25 日报部的上海海运学院建校计划任务书,并要求从速组织建校。12 月根据交通部的通知和大连海运学院的支持,调该院副教务长,原上海航务学院校务委员、副教务长、船海系主任陈嘉震教授,以及陆子芬教授、刘百庸副教授等海运教育专家回沪参加上海海运学院的筹建和教学工作,并先后从大连海运学院调许锡琪、唐颂三、何洁贞、施端履、江德藩、张永龄、王泳韵、卢启兴、王林积和刘宝巨等数十位教师和干部来上海海运学院参加教学和基建工作。

筹建上海海运学院的工作得到中共上海市委和市政府的同意和大力支持。根据上海市委的决定,1959 年 2 月 5 日上海市浦东县东昌中学移交上海海运学院,作为附属中学和中专部。同年 3 月 10 日上海市城市建设局函复上海海运局,选定上海浦东民生路以西、源深路以东、浦东大道以南、范围约 400 亩(1 亩≈667 平方米)土地作为上海海运学院建校之用地。

交通部于 1959 年 4 月任命徐健为上海海运学院第一任副院长,5 月 20 日颁发海院校印,决定正式成立上海海运学院。1959 年 7 月 1 日上海海运学院成立,启用部颁印鉴,首届新生 83 人(海洋船舶驾驶专业 1 个班 30 人,轮机管理专业 2 个班 53 人)于 9 月 1 日开学。1959 年 9 月 23 日上海海运局党委决定陈嘉震任海院副教务长兼航海系主任,陈智元调任学院办公室副主任,俞颢生调任海院航海系副主任。

上海海运学院筹建初期,院部设在上海广东路 20 号上海海运局 5 楼。1959 年 7 月 1 日学院正式成立后,院部迁至上海中山东一路 23 号 13 楼办公,同时商用中山东一路桂林大楼的两层楼面修葺后供学生暂住及上课。新校舍基建第一项工程教学大楼于 1959 年 10 月 25 日破土动工,首期 26 796 平方米的教学大楼、食堂和厨房、家属宿舍、学生宿舍 4 项教学和生活用房土建工作分别于 1960 年第三、第四季度先后竣工交付使用,校址在上海市浦东大道 1550 号(民生路口)。

随着学院初创阶段的完成,经交通部和中共上海市委的批准,从 1961 年 9 月起上海海运学院体制独立,脱离上海海运局,由交通部直接领导,党委隶属中共上海市委领导。1962 年 4 月 18 日经上海市委同意,任命陈琪为海院体制独立后的第一任党委书记,至此,完成了上海海运学院的筹建任务。图 7-14 为上海海运学院校门口照片[21]。

(a)   (b)

图 7-14   上海海运学院

三、中国高等航海教育现状

随着我国航运业的发展,航海教育规模不断扩大,已建立了由博士、硕士、本科、专科以及职业技术教育等组成的完备教育体系[24]。2020 年,全国设置航海技术专业的本科院校有 20 所,国家 211 工程大学 2 所,专科院校有 41 所;设置轮机工程专业的本科院校有 29 所,国家 985、211 工程大学 6 所,专科院校有 41 所;设置有轮机工程硕士点的高校有 18 所,设置有轮机工程博士点的高校有 9 所。

  航海专业是一门综合性很强的应用型学科,理论与实践的结合是其主要的特征。航海实践教学是培养学生航海工作能力的最好助推器。实验室操作、航海实习等实践教学环节为学生掌握航海理论和航海技能,毕业后能尽快独立承担航海工作打下坚实基础。为提高学生的实践能力,我国航海院校引入了教学实习船、航海模拟器、教学模拟船等先进设备,用于航海类学生的教学工作。

参考文献

[1] 彭厚文.上海早期的外商证券市场[J].历史档案,2000(03):97-102.

[2] 李小莉.近代中日航权得失的原因探析及比较(1840—1910 年)[D].太原:山西大学,2009.

[3] 王杰,李宝民,邢繁辉.中国高等航海教育史略 1909—1953[M].大连:大连海事大学出版社,2009.

[4] 黄鹤群.张謇开创中国近代世博会事业的实践[J].南通大学学报(社会科学版),2006(03):110-118.

[5] 刘昶.晚清江南慈善人物群体研究[D].苏州:苏州大学,2009.

[6] 冯志杰.中国近代科技出版史研究[M].北京:中国三峡出版社,2008.

[7] 李洁.晚清时期"旅游英语"课程发展史研究[J].新课程研究,2019(29):39-41.

[8] 刘学瑞.洋务派的科学技术观研究[D].新乡:河南师范大学,2010.

[9] 易萍.清末上海广方言馆及其数学教育[D].天津:天津师范大学,2002.

[10] 傅美林.论洋务思潮发生与发展的历史阶段性[J].忻州师范学院学报,2004,20(01):3-7.

[11] 洪瑜.从福建船政看文化现代化[J].长江大学学报(社会科学版),2013,36(06):171-173.

[12] 武翠红,党宁.弃官从教舍名利　乐育英才分国忧——记上海交通大学首任校长唐文治先生[J].教育与职业,2009(04):98-100.

[13] 茆萌.唐文治年谱新编[D].苏州:苏州大学,2013.

[14] 于潇,王凌超.吴淞商船专科学校的系科演变与课程特点[J].宁波大学学报(教育科学版),2019,41(06):33-40.

[15] 秦安.清末民初黑龙江教学变革研究[D].哈尔滨:哈尔滨师范大学,2017.

[16] 许民强,泽源.大连海事大学校友口述实录[M].大连:大连海事大学出版社,2019.

[17] 史春林.轮船招商局与中国近代航海教育[J].交通高教研究,2004(05):40-43.

[18] 陈福香.民国时期集美水产航海职业教育(1920—1949)[D].厦门:厦门大学,2008.

[19] 陈云阁.爱学术　更爱革命真理:周均时烈士传略[J].团结,2007(04):50-52.

[20] 郑复龙."海辽"轮起义始末[J].炎黄春秋,2018(03):80-87.

[21] 上海市地方志编纂委员会.上海市级专志.上海海事大学志[M].上海：华东师范大学出版社,2019.

[22] 洪声振.大连海事大学航海类专业教学计划资料汇编(1909—1949)[J].航海教育研究,2014(02):112-118.

[23] 陈呈.抗战时期集美学校内迁办学研究[J].集美大学学报(哲社版),2017,20(02):45-52.

[24] 滕云浩,瞿群臻.我国航海教育的历史现状和发展方向演进[J].物流工程与管理,2014(1):206-208.

第八章

航海视野，海洋认知范式的转变

古代中国把海看成是陆地的边界,在边界之外是想象中的神仙世界。近代受到海洋国家力量的冲击,中国人对海洋的认知发生了巨大改变。海洋不再是天然屏障,而是通往世界权力和财富的通道。经过漫长的历史过程和付出沉重的代价之后,中国人重新审视以陆地为核心的观念,重新看待中国同时拥有广袤陆地和漫长海岸线的地缘现实,重新从海陆统筹的角度确立中国的海洋观。在这个转变的背后既是中国社会发展的结果,也是所处世界环境变化的结果。本章将介绍我国海洋观念转变的维度、古代和现代对海洋观念的认知以及当代海洋观念的重塑。

第一节　观念转变的维度

中国古代的历史王朝基本都是陆权大国,秦、汉、隋、唐、元、明、清等统一王朝,主要是以其强大的陆权获得在东亚甚至在世界上的影响力。这些王朝虽然在不同的历史时期拥有过强大的海上力量,但基本上是陆权大国[1]。与此同时,海洋也逐渐成为中国大版图内的一部分。随后航海带来的商贸活动促使中国和外国之间产生了经贸往来和文化交流,中国对海洋的认识有了更深层次的转变。在地理大发现之后,世界借由海洋连成了一个整体,中国也在随后被卷入世界体系中。从漫长的历史来看,这一系列的内外变化促使中国海洋观念发生了巨大的转变。因而在论述中国海洋观念转变的历程之前,有必要先论述观察中国海洋观念发生转变的维度。

一、地缘及相关理论

地理环境和生存条件是塑造人类文明性格的重要因素。任何一个国家都离不开切合实际地缘空间的发展,都需要从空间的角度思考生存和发展。从地理空间的角度看,按照所处的地理位置可将国家分为三种类型:内陆国家、海洋国家与同时有海陆疆界的国家。内陆国家指四面均与陆地接壤而完全没有海岸线的国家;海洋国家主要领土包括一个或一个以上的岛屿或岛屿部分;海陆疆界交接地带的国家指的是处于大陆但同时拥有海岸线的国家,亦称陆海复合型国家。基于对上述国家地理空间和国际关系的认知,形成了三种基本的地缘政治理论。

（一）海权理论

海权理论由来已久，最早的海权思想的提出可以追溯到古希腊时期。早在公元前 5 世纪，希腊人和波斯人就已经认识到了拥有一支强大的海军对于决定战争走向的重要性。自地理大发现以来，海洋成为连接世界的通道，谁掌握了世界的海上咽喉要道，谁就影响了世界各国的经济和安全命脉。"当海洋不只是一个国家的边境，或者只是环绕一个国家，而且还把一个国家分隔成两部分或者更多部分，控制海洋就不仅是一种欲望，而是一种攸关国家存亡的大事了[2]"。

美国对海权论的形成与发展起到了至关重要的作用。马汉是第一个把海权思想上升到系统化、理论化高度的战略家和历史学家。在海权论的奠基之作《海权对历史的影响》之中，他探讨了海权的构成要素、海军作战的原则、英法两国一百多年的海上争战史。不仅美国在海权论的指导下建立了以强大海军为核心的海上力量，英国、德国、日本等国也受到了其海权论思想的影响。马汉特别强调海权对于大国地位的重要性，他认为"海权的历史乃是关于国家之间的竞争、相互间的敌意以及那种频繁地在战争过程中达到顶峰暴力的一种叙述。海上力量的历史在很大程度上就是一部军事史。在其广阔的画卷中蕴涵着使得一个濒临海洋或借助海洋的民族成为伟大民族的秘密和根据"。美国学者莫德尔斯基和汤普森认为：16 世纪以来约 100 年的周期内都会出现一个海上霸权国，其存在对维持国际秩序起到了决定性作用，如 16 世纪的葡萄牙、17 世纪的荷兰、18 世纪和 19 世纪的英国、20 世纪的美国。葡萄牙、荷兰、英国和美国这四个霸权国家均具有海权国家的属性。长久以来，西方主流理论在对历史观察的基础上认为海权是构成世界大国尤其是霸权国家的必要条件[3]。

（二）陆权理论

在 1904 年英国皇家地理学会的伦敦大会上，英国学者麦金德宣读他的论文《历史的地理枢纽》，文中他对世界的地缘认知进行了重新阐释。世界由三个主要部分组成：一是涵盖地球 3/4 面积的海洋，二是欧洲、亚洲、非洲组成的"世界岛"，三是美洲、澳洲、日本与英伦列岛等岛屿。以麦金德为主要代表的陆权论者认为：首先，欧洲通过海权掌握了优势，但是欧亚大陆上的传统陆权国家势力仍是不可忽视的；其次，陆权国家坐落在海上力量所不能及的大陆腹地深处，有条件不受海权国家力量的影响。人类历史随着世界权力结构的转变将从海权迈入陆权时代，陆权的争夺将成为强国称霸世界的关键。

在历史上海岛海洋强权与大陆陆地强权交战多次，互有输赢。当一个大陆强权在陆地不受其他挑战，并且拥有足够资源以建造舰队时，就足以击败海岛海洋强权。反之，海岛海洋强权就能胜过陆地强权。在欧亚大陆中心和北方有一块九百万平方英里的区域，没有通海的水路，却适合陆地交通，这是陆权理论中的"心脏地带"。航海者只能接触到"心脏地带"东方和南方的几块新月形边缘区域。一战期间,德国几乎成功征服东欧与"心脏地带"的事实让麦金德对陆权更为警惕,他在战后的新著中提出其著名的战略进程:谁统治了东欧,谁就能支配"心脏地带";谁支配欧亚大陆的心脏,谁就能控制欧亚大陆所在的世界岛;谁控制世界岛,谁就能称霸全世界。

(三)海陆争霸边缘地带理论

陆地和海洋交界处的边缘地带是从地理看国家权力变化的第三种视角。陆权论和海权论都有各自的限制,陆权论所指称的"心脏地带"因为雨量少、人口少、天气冷、沙漠多而不易开发;海权论所指向的海洋国家,因其缺少广阔的腹地作为支撑,发展纵深有限。荷兰裔美国战略学家斯皮克曼,从地缘上看到海洋和陆地交接的边缘地带的重要性,在海上势力与陆上势力冲突时,这片区域能够成为一片巨大的缓冲地带。他将麦金德的地缘战略进程改写成:谁统治边缘地带,谁就能统治欧亚大陆;谁统治欧亚大陆,谁就能控制世界的命运。边缘地带不仅是海陆强权冲突的缓冲地带,更是海陆势力消长的交锋区域。

斯皮克曼边缘地带理论为西方国家发起对欧亚大陆上两个社会主义国家的遏制提供了理论基础。在第二次世界大战期间,他就曾建议美国不要摧毁德国和日本,而只需撤换当时的政权,因为,往后若有其他强国企图在欧亚大陆称霸时,边缘地带两端的德、日将可发挥重要的制衡。战后美国国务卿约翰·福斯特·杜勒斯和国务院官员乔治·凯南还有其他遏制政策的发起者都从斯皮克曼处借鉴了许多理念。

从地缘特征上看,中国既是处于太平洋边缘的国家,又是处于亚洲的陆地国家,具有上述所说的边缘地带有内接陆地、外接海洋的地缘优势。但同时,第二次世界大战以来,亚太边缘地带呈现以美、日为代表的海洋国家与以苏联为代表的陆地国家之间的战略对峙关系。后冷战时代,这一地区仍延续着海洋与大陆势力争霸的格局。

二、海洋与国家秩序

由于国家依靠海洋不断发展,国与国之间围绕着海洋利益关系态势发生改变,国际社会对于国家海洋关系的原则、规范和行为进行调整,由此形成的一整套演变就是我们所看到的与海相关的国际秩序[4]。

现代国际秩序是以海洋体系为基础的。莫德尔斯和汤普森在研究1494—1993年的世界政治中的海权变化后,提出了世界领导者均是强大的海权国家这一基本命题。通过研究海权与历史长周期之间的关系,他们认为:在现代世界体系中,世界领导者都是海上强国;世界领导者地位的变化与海权能力密切相关,因而世界领导者对海上霸权和海洋秩序有双重追求。海洋秩序是海上权力分配的产物。

直到 15 世纪以前,人们眼中的世界依然是几块孤立分布的陆地。15 世纪西欧等国家的探险活动使得人类的视野由航海开始突破大洋的阻隔,并且利用航海技术的支持,通过海洋的便利,将世界联系在一起。与此同时,西方世界将其社会政治和经济影响推行到世界各地,逐步形成了世界的政治、经济、安全秩序。虽然由西方航海带来的国际秩序经历了多次变化,但西方在国际秩序中的主导地位始终是存在的,这个历史过程持续影响到今天。

(一)大航海之前的欧亚大陆秩序

在近代海洋具备全球影响力之前,从历史、人口、土地等资源的规模和商业、文化交流的深度来看,只有亚、欧、北非形成了一个具有内在联系和延续性的大陆体系。14 世纪,欧洲围绕大陆城镇形成一个整体性的贸易和交流网络。在欧亚大通道上穿梭的,不仅是商品和物质,还有更为广阔的人种、宗教、文化的迁移和影响。

大航海以前的亚欧大陆大致可以分为以下几个主要核心区域:以中国为核心的东亚,以马六甲为核心的东南亚,以印度为核心的亚洲阿拉伯地区,以及以地中海、北海、波罗的海为中心的欧洲,这些区域共同组成世界贸易和交流网络。中国在其中扮演了重要的角色。到汉唐时期,迁往中国的各民族人数极多,达到了空前的程度。根据德国地理学家李希霍芬在中国境内的地理考察结果,公元前 114 年至公元 127 年,中国与中亚、印度之间的贸易通道被公认为是中国与中亚和欧洲的贸易往来、文化交流的主要线路。这条被命名为丝绸之路的交流通道是中国在近代海洋社会形成之前,在国际交流中重要影响的证明。在陆地上形成影响力的同时,中国在近代世界体系形成之前的海上也拥有举足轻重的影响力,郑和七下西洋的壮举就是近代以前规模最为宏大的远洋航行。

到 14、15 世纪,航海领域的科学技术出现了巨大的革新。三桅、四桅、五桅结合三角帆船和横帆可以逆风航行,有铰链的尾舵取代了传统的掌舵桨,中国的指南针传去欧洲提升了航海线路的精准性,绘图法的发展也提供了更完备的远洋航海图。技术革命和商业需求催生了寻求开放东方航路的海上探险运动,在这场前所未有的航海大冒险中,葡萄牙、西班牙成为首批推动力量。

(二)殖民时代的海上秩序

地理大发现既是一部航海史,也是一部西班牙、葡萄牙、荷兰、英国等海洋强国的海上争霸史。1492 年哥伦布在西班牙的支持下抵达西印度群岛,揭开了发现新大陆的序幕。接着 1497 年达·伽马绕过非洲好望角抵达印度。1519 年麦哲伦探索经大西洋、太平洋而到达亚洲的路线,完成了人类历史上第一次环球航行。人类历史由此开始借海洋为通道进行重组,初期的主要形式是军事斗争,接着伴随法令的颁布、条约的签订构筑起以霸权控制和划分海洋势力范围为主要内容的世界海洋秩序。

新航路的开辟使西方文明扩展至全世界,同时帝国主义、殖民主义与自由贸易也开始出现。欧洲这个时期的国土扩张及快速发展奠定了其超过亚洲繁荣的基础。新航路的发现对世界各大洲在数百年后的发展也产生了久远的影响。葡萄牙和西班牙首先成为海上竞争的对手。1479 年 9 月葡萄牙国王签订了《阿尔卡苏瓦什条约》,开创了殖民帝国瓜分世界的先河。在海外领地和势力范围问题上纠缠不清的西班牙和葡萄牙最终于 1494 年在托尔德西利亚正式签订了瓜分世界的条约——《托尔德西利亚条约》。按照该条约规定,葡萄牙和西班牙在佛得角群岛往西 370 里格①处,从北极到南极重新画出一条子午线,将欧洲以外的世界一分为二,该线以西归属西班牙王国,以东归属葡萄牙王国。

16 世纪后期,英国通过宗教改革激发了民族活力,积极进行海外扩张,与西班牙发生利益冲突。1588 年,西班牙派遣“无敌舰队”气势汹汹打上门去,妄图依靠强大的海军力量将英国扼杀于摇篮之中。英国海军以弱胜强,打败西班牙,第一次以欧洲强国地位出现在世界舞台上。此后两国为争夺海上主导权反复较量,双方元气大伤。荷兰乘机崛起,成为海上霸主,垄断了全球贸易的一半。1651 年,英国的《航海条例》规定进入英国的货物必须由英国商船或货物产地商船运输,以后英国多次修改并颁布航海条例,直到 19 世纪中期,英国成为世界海洋霸主[5]。

进入 19 世纪,美国海上力量迅速成长,开始向太平洋扩展。1853 年美国舰队抵达日本,1898 年美国通过发动与西班牙的战争,将菲律宾群岛等纳入美国的势力范围。第一次世界大战之后,美、英、日、法、意等五国在华盛顿达成海军军备协议,象征着英国海上势力由此结束,美国取得与英国对等的制海权。第二次世界大战结束后,美国彻底取代英国成为海上霸主。

(三) 战后海上的国际秩序

我们今天生活的世界主要是由第二次世界大战结束后的力量格局形成的。传统殖民时代的争霸、战争等在第二次世界大战结束后面临许多变化。战后民族国家的独立极大地冲击了殖民时代的海上秩序。零和博弈与竞争不再是海上秩序的核心,新的海洋秩序给世界带来了很多变化和挑战。

17 世纪荷兰法学家格劳秀斯提出“海洋自由论”,该“自由论”因符合新兴资

---

① 一种长度单位,是陆地及海洋的古老的测量单位,1 里格约为 3.18 海里。

本主义的利益,有利于海洋强国将遍布世界的殖民地财富掠夺运送回国而被广泛接受,逐步演变成国际海洋法最早也是最重要的一项制度——公海自由。18世纪以来海洋强国之间力量此消彼长,他们分割世界海洋势力范围,掌控世界主要海上航行通道,在此基础上逐渐形成了一系列海洋法规则。第二次世界大战后,联合国为推动新的海洋法规召开了一系列会议。从1958年开始到1982年历经几十年的谈判,国际海洋法公约生效,殖民时代以来的以海洋强国为基础构建的传统海洋秩序正在被全新的当代海洋秩序所替代。

21世纪既是海洋的世纪,也是大变局来临的世纪。在国际政治格局和力量对比发生深刻变化的同时,海洋的重要性也在不断提升。国际海洋秩序正在由美国主导、盟国参与的霸权格局向多强格局转变,由传统力量塑造向规则和力量共同作用转变。在这样的背景下,中国重新审视对海洋的认识,改变传统海洋安全的思维是极为必要的。

在现代航海与通信技术的推动下,海洋不再是屏障,而是四通八达的通道;不再是单纯地理空间而是权力消长的场域。在现代国家力量的作用下,海洋不仅是权力的场所,也是实力和规则共同作用下的结果。我们把观察中国航海以及随后的海洋秩序的历史过程放在这样的大背景和维度下,更有助于厘清今天中国建设海洋强国的历史底色。

第二节　古代的朴素认知

在先秦时期,由于社会生产条件的限制,先民对海洋的主要认知是把海洋作为天然屏障。随着航海技术的发展,对海外探险的扩大,人们逐渐打破了对海洋的刻板认识,建立了与海洋国家的政治交往。从汉唐到明清,海上丝绸之路在其中扮演了重要的角色。

一、海洋的边界管理[6]

中国古代的地理空间主要在陆地上,大海作为自然屏障,海岸线成为自然的疆界,《诗经》中记录为"于疆于理,至于海表"。由于技术条件和认知条件所限,先人航海活动的范围通常也只在陆地周边,大海被视为世界边际,海洋对于大多数先民而言都是超验的世界。

(一) 大海不是世界的尽头

中国传统典籍《山海经》《尚书》等对先人前往海洋的行为多有记述,流传最广的是关于"方士"的记载。方士多数是号称能炼制丹药秘法的人,居于燕齐地带的人多为海上方士,除了炼制丹药外,还懂得一些航海知识。上层方士都具备亲自出海远航寻仙问药的能力,《史记》中记载不少方士亲自出海远航,留在海外仙山求仙得仙。值得注意的是,在这些记述中,出现了最早关于日本和朝鲜半岛,以及前往的航线的描述,同时也开始将九州之外的海域根据不同方位划分为北海、东海、南海等。沿海国家,诸如齐国、燕国等把海外幻想成神仙世界,并且传说中前往海外的人士迈入仙道,此后越来越多的人前往海外寻仙问道,这是先秦时期先人对海洋最初的认识。

到秦朝,人们已经知晓海不再是世界的尽头,在海洋中还存在已知或者未知的岛屿等,《史记·秦始皇本纪》中记载秦始皇对海外"三神山"的寻探。秦始皇东游至琅琊(今山东青岛一带)时,臣民上书,声称海中有三座神山:蓬莱、方丈、瀛洲,是神仙居住的地方,因而求赐童男童女三千人一同入海寻仙。根据司马迁的记述,早在秦之前,燕国和齐国就有人探访过三神山,后来有学者考证,所谓三神山或指日本三岛。史书中记载的秦始皇寻三神山的典故出现在秦始皇第一次巡海时,做了 12 年皇帝的秦始皇 4 次巡视辖区中的海洋地带。史书中多以秦始皇巡海是为了求得海上仙药进行记述,增加了很多神话色彩。但从客观上看,海疆巡视活动折射出秦朝对于海洋边界的认知。

(二)海疆纳入中国版图

秦朝完成六国统一后,将沿海地区纳入自己的版图,使大一统中国的版图中正式包含了沿海地区。秦始皇多次巡视北方港口,以琅琊为代表的滨海地带既是秦朝重要的交通往来航线,又是能提供渔盐商利的港口。《史记·货殖列传》中记载这些港口所在的地带,有鱼、盐、枣、栗等丰饶物产,还有宜种桑麻的沃土千里。当地善于经营的商人,譬如大商人刀间凭借渔盐之力能"起富数千万"。

秦朝初创了统一王朝对于海疆的政治管理,秦始皇的四次巡海从政治上看是为了稳固滨海地带的燕、齐、越旧地。作为与秦朝都城相距较远的海滨地域,这三地几乎都是最后被兼并的诸侯国。特别是山东滨海地带的齐国是秦统一天下时最后的抗击国。秦统一后,一方面修筑长城以抵御北方边患,另一方面巡海加强政治管理,防备海疆生患。在史书中记载,秦朝初并天下,有不服者,于是秦皇亲巡,登泰山、览东极。秦始皇的巡视将沿海地带的经济之利和交通条件纳入边防的军事基地,扩大了秦朝经济根基。在秦始皇时期,将陆地边疆和海洋边疆都纳入管理的视野中。此后在行政管理上,秦始皇巡海是统一中国长治久安政策的一部分。

汉代在民族大一统巩固的基础上,继续务实地实行对海疆的管理和经略。古代以海为边界的观念彻底发生了改变,日本不再是海外神山而成为现实交往对象,海洋从想象中的神域变成了落地的现实。与秦朝相似的是,汉代的沿海地区依然是王政视野下的多事之地。位于中原地区的中央政权对鞭长莫及的沿海地带管辖力不从心。在东南沿海方向,汉初出现了三个割据政权,分别占据了今天的浙江、广东、福建等地带。挑起七王之乱的吴楚两国便位于东南沿海。吴楚两国联合其余被削减的五国以清君侧的名义起乱,自封为皇帝与汉朝对抗。东北沿海方向面临着辽河以西邻邦的威胁。汉武帝时期,卫满朝鲜不仅拒绝向西汉朝贡,并且阻碍邻近小国向西汉朝贡。面对沿海地区南北两个方向的政权隐患,西汉开启了军事征服,并将政权对沿海地带的统治进一步扩大。

在东南海疆方向,汉武帝令战舰从浙江会稽出发奇袭闽越,并趁机收取了东瓯,从此将江浙、岭南等地直接纳入中央政府。在东北海疆方向,汉武帝时期设立了4个郡,进一步拓展了中国在东北方向的版图,将黑龙江、乌苏里江等流域纳入中国疆域,将朝鲜半岛南部的高句丽等国纳入汉朝的影响范围。

汉武帝在位54年间曾七次巡海,史书上多记载是因为汉武帝喜好求仙问神,然而事实上,"天子非展义不巡守"是从先秦时期就遵守的制度,古天子巡视通常蕴藏有深厚的政治意味。汉武帝的七次巡海不仅仅是为了求得神仙道方,也是为了实现政治目的。《汉书》中描述汉武帝巡海时曾邀请许多外国客商随行,让他们看到沿海各仓府仓集的丰富物资,见识汉朝强大,以强大的航海能力对海外施加政治影响才是汉武帝巡海的政治意图。自巡海之后,南洋诸国皆来献宝求见,日本列岛上的倭人百余国"以岁时来献"。汉武帝实现的海疆版图扩大源于西汉时期渐强的水师和造船技艺的提升,同时也与西汉的社会经济发展联系在一起。汉代海上航路增加,汉武帝晚年形成了从辽宁丹东到广西北仑河口的国内南北沿海大通道,同时还与朝鲜、日本、印度和斯里兰卡建立了国际航线,说明从汉代起已经超越对仙岛的想象,开始将海外邦国纳入管理视野。

(三)对台湾进行管理

《三国志》里描写了三国的吴国主公孙权派兵将前往东海的历史。孙权上位后的第二年,派将军卫温、诸葛直两人带领一万士卒远渡大海,希望能找到传说中秦始皇求蓬莱仙山和不死药的地方。卫温远渡不仅开发了大陆通向台湾的海上路线,还带回了数千名当地的原住民,之后东吴与夷洲的往来越来越密切。东吴的《临海水土志》、宋代的《太平御览》里都详细记载了台湾人的生活习俗,这些关于台湾的文字记录也是台湾和大陆之间关系的历史证明。

此后隋朝也多次发兵前往台湾和琉球,《台湾通史》中把隋朝将军陈棱称为台湾的开山之祖,郑成功后来也将陈棱奉为"祖师"。隋炀帝对台湾的用兵没有达到他所期望的结果,但台湾和中原的联系由此逐渐紧密,为后来正式治理和管辖台湾打下了政治基础。1993年由中华人民共和国国务院台湾事务办公室、国务院新闻办公室所提出的《台湾问题与中国的统一》白皮书中采用"台湾古称夷洲"的说法,并有以下说明:台湾自古即属于中国。

二、海上丝绸之路的沿革

伴随着航海知识日益丰富,唐宋时期海洋意象已全然没有了秦汉时期神仙世界的影子,海洋世界变得更为清晰而实际。海洋不再是隔绝世界的屏障,也可以是获取财富的通道。

"丝绸之路"是德国地貌学家、地质学家李希霍芬提出的,指中西陆上通道。此后,又衍生出"海上丝绸之路"的概念,指古代中国与外国交通贸易和文化交往的海上通道,亦称"海上陶瓷之路"和"海上香料之路"。

古代中国海上丝绸之路的发展过程大致可分为五个历史阶段:海上丝绸之路的形成期——秦汉;海上丝绸之路的发展期——魏晋;海上丝绸之路的繁盛期——隋唐;海上丝绸之路的鼎盛期——宋元;海上丝绸之路由盛及衰——明清。

(一) 海上丝路与东亚

海上丝绸之路由"东海航线"和"南海航线"两大干线组成。东海航线从中国通向朝鲜半岛及日本列岛,南海航线从中国通向东南亚及印度洋地区。这两大航线构成了一个四通八达的海上交通网络,并在变幻莫测的世界历史进程中不断延伸、拓展。其中,南海航线为主线,东海航线占据次要地位。

海上丝绸之路不仅直接影响了它所经过的地区,而且还影响到更广远的区域。例如,海上丝绸之路南海航线到达印度洋西部沿海后,通过埃及等地而将其影响力辐射到了地中海地区。人们通过海上丝绸之路所进行的活动内容也非常广博,包括远洋船只的打造、海上航线的拓展、航海技术的演进、外贸港口的兴建、远洋货物的贩运、对外贸易的管理、外来侨民的流动、官方使节的往来、音乐艺术的传播、异域物种的扩散,等等。特别值得关注的是,海上丝绸之路还是佛教、伊斯兰教、基督教、印度教、摩尼教等宗教进入中国的重要渠道[7]。

海上丝绸之路开辟后,在隋唐以前,它只是陆上丝绸之路的一种补充形式。但到隋唐时期,由于西域战火不断,陆上丝绸之路被战争阻断,代之而兴的便是海上丝绸之路。到唐代,伴随着我国造船、航海技术的发展,我国通往东南亚、马六甲海峡、印度洋、红海,及至非洲大陆的航路纷纷开通与延伸,海上丝绸之路终于替代了陆上丝绸之路,成为我国对外交往的主要通道。依托唐和阿拉伯帝国(中国人称其为"大食")这两个强盛的国家,海上丝绸之路进入了全面发展时期。根据《新唐书·地理志》记载,唐时,我国东南沿海有一条通往东南亚、印度洋北部诸国、红海沿岸、东北非和波斯湾诸国的海上航路,称为"广州通海夷道",这便是我国海上丝绸之路的最早叫法。当时通过这条通道往外输出的商品主要有丝绸、瓷器、茶叶和铜铁器四大宗；往回输入的主要是香料、花草等一些供宫廷赏玩的奇珍异宝。这种状况一直延续到宋元时期[8]。唐代著名地理学家贾耽曾详细描述过这条著名的全球最长航线，这一记载如今留存于《新唐书·地理志》中。在贾耽笔下，这条航线全长 1.4 万公里，商船从广州起航，向南至珠江口的屯门港，然后折向西南方，过海南岛东北角附近的七洲洋，经越南东南部海面，越过马来半岛湄公河口，再通过新加坡海峡到苏门答腊岛，向东南行驶往爪哇，西出马六甲海峡，横越印度洋抵达斯里兰卡和印度半岛的南端，再从西印度洋至波斯湾的奥巴拉港和巴士拉港。如果换乘小船，沿着幼发拉底河航行一段时间，就可以到达阿拉伯帝国的首都，即今天的巴格达了。

隋唐时期，在中日双方民众的共同努力下，又陆续出现了横渡黄海及东海的多条海上航线。通过东海航线，不仅中国的商品被源源不断地输往日本及朝鲜半岛，中国文化也被大规模地传播到这些国家。史传公元 7 世纪，日本天武天皇的孙子长屋王非常羡慕唐朝发达的文化和佛教，制造了 1 000 领袈裟，派人送给唐朝的僧人们，这些袈裟上绣着四句话，即"山川异域，风月同天，寄诸佛子，共结来缘"。四句话被高僧鉴真看到了，于是他对日本产生了浓厚的兴趣。此后在日本遣唐使的邀请下，鉴真在十一年内先后尝试六次东渡，终于成功抵达日本。在日本的 10 年生活中，鉴真按扬州大明寺格局，在奈良建立了著名的唐招提寺，广泛地传播先进的中华文明，为增强中日睦邻友好贡献了毕生的精力。中国文化对日本及朝鲜半岛的伦理道德、政治制度、文学艺术、生活习惯、社会风俗等方面产生了全方位的影响，而且这种影响一直延续至今。

（二）宋元的海上力量

宋朝建立后，为了增加财税收入，采取了比较开放的政策，鼓励发展海外贸易。只剩下半壁江山的南宋，更是重视海外贸易，从而客观上促使海上丝绸之路在宋朝兴旺。与此同时，宋代的造船技术和航海技术明显提高，指南针广泛应用于航海，中国商船的远航能力大为加强。南宋政府于公元 1219 年下令以丝绸、瓷器交换外国的舶来品。这样，中国丝绸和瓷器向外传播的数量日益增多，范围更加扩大。宋朝有三大对外贸易主港，分别为广州、宁波、泉州，连接北边的日本、朝鲜半岛和西边的阿拉伯世界，以及南边的南海诸国。宋朝与东南沿海国家绝大多数时间保持着友好关系，"元丰市舶条"标志着中国古代外贸管理制度又一个发展阶段的开始，私人海上贸易在政府鼓励下得到极大发展。泉州设立的市舶司正式开港后（1087 年），宋代海上丝绸之路的持续发展大大增加了朝廷和港市的财政收入，一定程度上促进了经济发展和城市化生活，也为中外文化交流提供了便利条件。

13 世纪初，蒙古快速崛起，并在半个多世纪中征服了从太平洋西岸到黑海沿岸的辽阔土地。忽必烈建立元朝后,其他地区的蒙古贵族虽然也建立起各自的汗国,但都奉元朝为宗主。由于元朝与其他地区的蒙古汗国之间存在密切的联系,东西方之间的陆上交通空前发达。元朝在经济上采用重商主义政策,鼓励海外贸易,同中国贸易的国家和地区已扩大到亚、非、欧、美各大洲,并制订了中国历史上第一个系统性较强的外贸管理法则。宋元时期的海上丝绸之路比唐朝更加繁荣。中国船只频繁出入印度洋,最远到达非洲东海岸,海上丝绸之路发展进入鼎盛阶段。

(三)明清的丝路式微

明朝郑和七下西洋是海上丝绸之路上的壮举,对后来西方航海家达·伽马开辟欧洲到印度的地方航线,以及对麦哲伦的环球航行都具有先导作用。但遗憾的是,明朝实行"海禁"政策,完全禁止民间商人出海贸易,同时严格限制海外国家与中国的交往,不许外国商人来华经商,仅仅允许十几个国家以"朝贡"的名义与中国进行官方往来,削弱了民间贸易的活力。郑和下西洋之后,中国帆船迅速从印度洋退出。到了15世纪末,中国船舶已从苏门答腊岛以西消失,仅仅活动于马六甲以东海域。这些政策导致了海外贸易的急剧衰落,海上丝绸之路失去了昔日的繁华。

正当中国人因为政府的海禁政策而从印度洋上不断退缩的时候,欧洲人却乘势而起。到了16世纪初,葡萄牙人开辟了从大西洋自西而东进入亚洲的新航线,西班牙人开辟了从大西洋绕过南美洲自东而西进入亚洲的新航线。葡萄牙人与西班牙人所开辟的新航线,最终都与早已存在于亚洲海域的海上丝绸之路相连接,从而将海上丝绸之路从区域性的海上航线延伸为全球性的交通网络。西欧商人的海上扩张改变了传统海上丝绸之路以和平贸易为基调的特性,商业活动常常伴随着战争硝烟和武装抢劫。海上丝绸之路本以中国文明为核心而展开,其兴盛的动力主要来自中国,但欧洲人东来之后,很快就取代了中国人在海上丝绸之路中的主导地位。

清代从顺治十二年(1655年)至康熙二十三年(1684年)之间,曾实行过一段时间的海禁和迁海,除此以外,其余二百多年间,基本上是实行开海政策的,因而在船舶建造、船队规模、运载能力、航行技术等方面,都超过了历代的水平。不过在衰老的封建制度的束缚下,中国航海事业和当时世界航海事业发展的规模和水平相比,差距越来越大[9]。1800年之后,一方面清朝日益腐败没落,另一方面以英国为首的西方列强来袭,中国与西方之间的力量平衡被打破。鸦片战争后,一支又一支西方列强的舰队沿着海上航线而来,对中国发动了多次侵略战争。环球海上航线的性质自鸦片战争起发生了根本性变化,成为西方列强远侵中国的炮舰之路。从航海技术上来讲,鸦片战争之前,穿梭于海上丝绸之路的船舶虽然式样各异,种类繁多,但都是木帆船,1840 年以后,则逐渐进入了蒸汽轮船时代。鸦片战争标志着中国海上丝绸之路的彻底衰落。中国海权丧失,沦为西方列强的半殖民地,沿海口岸被迫开放,成为西方倾销商品的市场。这种状况一直延续了整个民国时期,直至新中国成立前夕[7]。

第三节　现代的海洋认知

一、海权观念的引入

中国有着海陆兼具的地缘条件,由于传统经济结构、文化特征等多重原因,古代中国社会多有重陆轻海的观念。尽管沿海地区与大陆腹地有着几乎一样的悠久历史,中国航海事业在某些历史时段中还优于欧洲,但海洋在中国社会中仍然居于次要地位。海洋问题真正成为涉及中国危亡的紧迫问题源于晚清时期,在西方列强的冲击下,中国传统的天下观发生了改变,从海上来的列强冲击迫使中国做出反应。

(一) 清末的海陆双重危机

中国历史上的多数时期,封建王朝始终面临西北少数民族的入侵威胁,因而历代王朝一向对于西北方向的安全存有戒惧。但历史上,宋朝和明朝也曾用心经营海防,足见陆海兼具的地缘对中国来说既有战略优势,也有安全隐患。

海陆兼具的地缘到清朝末年带来了巨大的变化。一方面清朝在西北边疆面临巨大安全压力;另一方面 1840 年以来到 19 世纪 70 年代,中国经历的两次战败,即内陆的同治回乱和海上的日本入侵台湾。西北和东南的双重危机使得晚清面临西北内陆和东南沿海的双重压力。1865 年,浩罕汗国军官阿古柏在新疆南部建立了自己的政权,俄国于 1871 年以"代收代守"为理由侵占伊犁。清朝传统士大夫认为,俄国已经将伊犁视为自己的领土,并冀以之为跳板扩张到整个新疆,清朝的西北边疆面临巨大威胁。几乎同时,清朝在东南海面上也面临巨大危机。明治维新后,日本以"征服邻国"作为其战略,1872 年日本政府改置琉球藩。1874 年,台湾原住民杀死漂流到台湾的琉球船民,后日本借机以"生番无主"用兵于台湾。日本登陆台湾引起清廷的抗议,但清廷顾及海军羸弱,决定不与日本开战,经英美等国斡旋签订《中日北京专约》,赔款给日本 50 万两白银以换取日本撤军。

左宗棠奉命扫除西北内乱,至同治十二年,已平定陕西、甘肃的内乱,准备向新疆进军。李鸿章奏请停止用兵新疆,将经费用于海防以抵御日本。由此清王朝开启了长达十年的陆地防卫和海上防卫的大讨论。发生在 19 世纪 70 年代中期的海防与塞防之争是清政府内部面对新的海洋和陆地同时发生边疆危机的应对。这既是中国自身安全防卫的大命题，同时也是国际关系变革大背景下中国应对国际局势变化的大命题。自从地理大发现之后，全球化体系从本质上看是海洋性的。欧洲人的远航改变了世界，也改变了中国的处境。中国第一次在历史上不得不重新审视海陆兼具的地缘意味着什么，也不得不重新在世界海洋浪潮下重新定位对海洋的认知。

（二）西方海权理论的传入及其影响

大航海以来海权势力和国家的发展紧密地联系在一起。马汉海权理论的问世把过去西方海上殖民国家的历史经验上升成为战略理论。马汉把生产、海运、殖民地和市场看似互不相关的三件事融合在了一起，提炼出控制海上主要航线等于控制大量商业利益的通用法则，并直言不讳地提出，自有史以来，海权都是统治世界的决定性因素。大航海以来，西方国家正是通过航海、殖民地开拓、战争、贸易、货币与金融体系建立了全球秩序。马汉的理论在海洋国家风靡一时，日本发展和壮大国家海上力量，并最终在甲午海战中击败中国，在日俄战争中击败俄国成为东亚海上霸主。

从 1840 年起，开眼看世界的中国人就开始寻找富国强兵之道，海洋对于国家的意义也进入中国人的视野，洋务运动期间，近代海军的打造就是一项证明。但此时清朝上下还大多囿于中国传统海权观而产生以海为防的思想。直到甲午战败之后，震惊于海军覆没的中国人对海洋认识进行了深刻反思，并改变了对崛起于海岛的日本的蔑视态度。从清末的海陆双重危机，到甲午中日战争中海上舰队的一败涂地，海上力量的逼近促使近代中国人对海洋的认识发生巨变。风靡西方世界的马汉"海权论"知识也开始由日本传入中国，引起了广泛的反响和讨论。近代以来留日学生人数日渐增多，日本又是海权理论最盛行的国家之一，旅日学者和学生在日本获得了更丰富的海权理论知识，并见识了日本海洋强国的历程，又深切地感受到中国落后的危机，因此大量海权著述被翻译并传入国内。

海权理论传入国内后因适应国情民意的需要，迅速成为社会的热门话题。梁启超胞弟梁启勋在 1903 年发表《论太平洋海权及中国前途》一文中大声疾呼"以争海权为第一义"。随后晚清的《亚东时报》、中国留日学生创办的《海军》杂志等都陆续翻译了部分马汉学说。海权成为朝野热议的问题，但海权理论并没有成为一个完整的学说，而是零碎地经多途径传入国内。近代中国人在这个基础上结合中国的实际问题对中国的海权问题进行了反思。1928 年近代中国第一部海权理论《海上权力论》问世，这是从马海海权理论传入以来，中国人在各种碎片化的海权认知基础上形成的整体反思结果。

到抗日战争时期,对海权的反思又一次被提上日程。日本凭借强悍的海上力量在陆地上侵略中国的同时,在海上也频频得手。日本海军在中国海岸线上横冲直撞,并且在南下战略的指引下将南海岛礁等纳入势力范围。加上自甲午战争后原本就已经被夺走的台湾及其澎湖列岛,日本在全面侵华战争期间从东海到南海,给中国海上安全造成了极大的冲击,同时法国也在南海占领了部分岛屿,这一切都更加凸显了海权的重要性。因而抗战期间,民国《海军》杂志将此前未完成的海权论全部翻译完成,并且还重点介绍了马汉海权理论中关于海军战略的部分。近现代中国海军羸弱,海上面临的对手强劲,这一切都进一步增加了中国人对强大海洋能力的向往。

二、海权战略的发展

自从西方经典海权理论提出海权对于国家的战略要义以来,海权在相当长的时间内成为国家兴衰的代名词。在中国近代历史上,不乏提出加强海防建设、提高海洋防御能力的有识之士。但当考察中国近代海防历史以及海上力量的建设时会发现,他们对于海洋的理解多数仅局限在防御功能上。而对比同时期的海洋强国,加强海权是以保护海上商贸和海外殖民地利益为目标,以提高本国海上实力为核心,以试图掌控大西洋和太平洋制海权为核心的综合战略。

第一次世界大战结束后,太平洋及远东成为世界视线焦点。太平洋问题的重心之一是中国问题,掌握太平洋海权也就是掌握了通往中国的门户,太平洋的海权之争事关中国权益。海权问题不仅与中国主权独立的内政问题相连,也与中国独立之后面对国际局势的外交问题相连。

(一) 将海权问题上升为国家战略问题

早在民国成立之初,孙中山就对海权问题非常重视。他将我国当时在太平洋上面临的海疆危机与世界海权争夺明确联系在一起,认为太平洋问题即世界海权问题,并将海权问题上升到与中国生死存亡休戚相关的战略高度,呼吁国民予以重视,今后的太平洋问题实则关乎我中华民族之生存,中华国家之命运。孙中山在中国近代史上首次将海权建设提升到国家战略的高度。

民国初建,孙中山将海权问题纳入国家战略中进行综合考量。不仅希望在中国建立起强大海军以捍卫海权,还将支撑国家海权的港口航运、涉海经济、海岛开发等问题共同融合在他对国家的整体规划中。在《实业计划》中强调要发展利用海洋资源,以海兴国,对于海洋实业的发展提出了一个由点及线到面的规划。首先要建立全国的港口体系,按照地位及用途的不同,建立由北到南的北方、东方、南方 3 个世界级大港(计划中的北方大港位于大沽口与秦皇岛两地中途,青河、滦河两口之间;南方和东方大港分别为广州和上海);营口、福州等 4 个二等港；宁波、海口等 9 个三等港；秦皇岛、龙口等 15 个渔业港。这样可以联合中国全海岸线，平均每百英里海岸线拥有一港，从而形成一个功能互补的港口群，形成黄海、东海、南海与太平洋、大西洋乃至印度洋的港航联动，从而带动整个国家海洋经济的发展。孙中山还设想将琼州建设为独立的行政区，将之建成集海军基地和深水港口为一体的现代化综合体。

孙中山强调海权要与陆权一样成为国家战略并重的方向。第一次世界大战一结束，孙中山看到日本在太平洋的野心。如果日本来侵，日本的大战船如巡洋舰、潜水艇、驱逐舰等战斗力极强，而中国却没有更大战斗力的船可以抵抗。日本如果用这种战舰来和我们打仗，随时便可以破我们的国防。而且我们沿海各险要地方，又没有很大的炮台可以巩固国防。因此孙中山在捍卫海权的宣传中常常以日本为中国未来的第一假想敌，从国家战略的高度向人们敲响警钟。针对中国为陆海复合型国家的特点，孙中山强调中国未来的生存与发展应是"海权与陆权并重，不偏于海，亦不偏于陆，而以大陆雄伟之精神，与海国超迈之意识，左右逢源，相得益彰"[10]。

（二）民国海洋观的社会普及

中华民国成立以后，晚清以来持续的海权危机并未得到缓解。不但近岸渔权继续受到侵犯，水道的航行、测量等权利也长期被帝国主义列强把持。更严重的是，东沙、西沙、南沙等南部海疆亦日益面临被强占的危险。内有现实危机，外有海权理论的启蒙，国内各界对海权问题均高度关注，形成了全社会普遍关注海权的基本局面，海权不再是庙堂之高的事项。

首先全面认识海权对中国的意义。历经从清末到民国几十年的海上纷争，在对海权重要性肯定的基础上，民国扩大了对于海洋权利范畴的认知。对海权的理解从单纯的海军和防卫，拓展到航运、贸易、防卫及因需要而派生出的管理、导航、测量等权利。20 世纪 30 年代以后，民国政府逐步收回了航道引水权、海道测量权等海洋权利，同时开展航道整治，从沿海到沿江维护航标设施，以实际行动表明海洋观念的改变。

其次重新认识南海诸岛的主权归属和价值。过去海岛特别是远离大陆的小海岛，不论是在庙堂还是在江湖民间，都没有给予足够的重视。民国时期发生法国侵占南海九小岛案，有报纸刊文，提出岛礁价值不大可以"放弃"等主张。到20 世纪 40 年代末，社会整体对于南海岛礁的看法已大为改观。在 1948 年一篇介绍南海诸岛位置及资源的文章中，作者提出南海诸岛的地缘政治重要性，南海在航道上非常重要，是日本、法国、菲律宾人都试图独占的海上枢纽。在东沙岛案、九小岛事件以及日常海权的介绍和报道中，社会报刊都不断重申和普及南海诸岛的历史渊源、地理环境、经济及战略价值。到民国后期，南海诸岛的主权归属、价值等都已得到民众公认。

历经了晚清以来的海陆夹击危机,亲历了海权国家在太平洋上的争夺,普及了海权理论,到民国时期海权的重要性已经成为社会共识。中国要发展必须面向海洋,海防缺失则中国无防,海洋是强国富国的桥梁等思想已经深入人心。尽管抗战期间中国海军力量薄弱,海权几乎丧失殆尽,但整体对于海权重要性的认知,对中国海陆兼备地缘的认知却有了飞跃性的突破。

第四节　当代海洋观重塑

一、突破海上旧秩序

(一) 海防为我国今后主要的国防前线

新中国成立后,不仅遭遇外部海上安全危机,还面临着海军建设的问题。在外部,美国为了确保其在亚太的战略地位,与日、韩、菲等国家建立太平洋海岛防御圈,试图通过对东亚大陆外边缘地带的掌控遏制中国,封锁中国的海上贸易,切断中国和世界往来的海上路线,使得中国失去许多和其他国家经济往来的机会,中国的海洋安全受到严重威胁,海洋权益获取受到阻碍。在内部,国民党残余势力不断对我国东南沿海地区进行袭扰,使得中国海外资源输入的通道受到了干扰和破坏。如何打破来自海上的封锁和袭扰,维护国防安全和海洋权益,是新中国迫切需要解决的问题。

新中国成立前夕,毛泽东在中国人民政治协商会议第一届全体会议上向世界庄严宣告,不允许任何帝国主义者再来侵略我们的国土。1949 年 1 月 8 日中央政治局会议通过的《目前形势和党在 1949 年的任务》中明确指出:1949 年及 1950 年,我们应当争取组成一支能够使用的海军以保卫沿海沿江[11]。针对我国位于太平洋西岸的重要战略地位和帝国主义侵略中国的历史教训,毛泽东一再告诫说,过去帝国主义侵略我国大都是从海上来的,现在太平洋还不太平,我们应该有一支强大的海军。这支海军要能保卫我们的海防,有效地防御帝国主义的可能侵略[12]。1951 年 10 月经毛泽东批准,中华人民共和国中央人民政府革命军事委员会发布《关于海军领导关系的决定的命令》,明确规定,海防为我国今后主要的国防前线。

从中华人民共和国成立之日起,我国海洋方向的斗争形势就一直十分严峻复杂。严峻复杂的斗争形势迫使我们不得不加强海军建设,以使我们有足够的力量打破敌对势力的包围和封锁。我国海域邻接的越南等中小国家,它们无一不与我国存在着海洋权益之争,无一不在加强和发展海上武装力量。它们或侵占我岛屿,或瓜分我海域,或掠夺我海上资源,严重侵犯了我们国家和民族的根本利益,使我国的神圣主权和民族尊严都受到了极大损害。这日益严峻复杂的海洋斗争形势使毛泽东深刻地认识到现在太平洋还不太平[13]。为了肃清海匪的骚扰,保障海道运输的安全,为了准备力量于适当时机收复台湾,最后统一全部国土,为了准备力量反对帝国主义从海上来的侵略,新中国成立后一个长时期内的目标就是有计划地、逐步地建设一支强大的海军。这既为巩固新中国的海防,也为新中国航海事业的发展构筑基础保障。

(二) 确立新中国领海的宽度

领海是从领海基线或者群岛水域以外向海洋延伸 3～12 海里的海域。现代主权国家设立领海主要基于以下三点因素:安全需要;为在沿岸港湾外检查并管制停泊和进出的船舶,以符合其商业、财政或政治目的;必须拥有其沿岸海域内的资源,以维持其居民的生活需要。在历史上,领海宽度曾是一个长期争论的问题。荷兰国际法学家格劳秀斯等学者力主以当时的"岸炮射程"做为控制海域的范围。由于 18 世纪大炮射程平均不超过 3 海里,一些国家便规定其领海宽度为 3 海里。至 1945 年后,此惯例逐渐被改为 12 海里甚至 200 海里。最终由 1982 年联合国《海洋法公约》确定为 12 海里。可以说,领海划界是近代意义国家概念基础上的产物。

在中国的传统认知里,海上只有疆域的概念。疆域泛指一大片区域,没有具体到划线划界。进入近代以来,对海洋的忽视和对现代国家的现代性理解不足,中国对领海界线的认识有很大残缺。譬如在晚清政府与西方订约等交涉中,对于中国领海(领水)的边界一直模糊不清,多以边疆、江面、关口等指代边界。这种不精准,到了 20 世纪逐渐演化成为外国侵犯中国领海的借口。1907 年中葡澳门领海权之争,1908 年中日二辰丸事件,1916 年中日山东渔界事件,1920 年中俄庙街航道事件等,都涉及中国领海界线问题。在这些争端中,列国一方面利用中国海界不明的弱点,强行划归领海,侵夺中国海权。另一方面,通过条约体系,在制度和人事上侵入中国的管辖领海,在中国的海关、缉私等方面介入控制,导致中国领海面临"无界又无权"的危机[14]。

第一次世界大战期间,北京政府成立了中国历史上第一个海界委员会,以维护海权为宗旨,专门研讨现代中国的海上界限问题。但由于民国海上力量的衰弱,并且民国初年国内面临连年内战,国内南北海岸线不曾统一,海军机构得到的拨款有限,部分海军甚至沦为军阀劫掠的工具。在这样的大背景下,海界问题涉及的技术勘测和国内统一以及国际政治等问题均无法得到解决。海洋划界问题涉及多个层面:从技术层面看,至少涉及航道测量的现代技术;从管理层面上,需要海军部、外交部、农林部等多部门配合;从政治层面看,需要强有力的统一国家政治作为保障。整个民国时期贯穿的国内政治不统一,国家财力疲弱等情况决定了海界问题无法得到解决。尽管 1931 年南京国民政府时期,时任海关总长的梅乐和重新将海洋划界提上日程,并且在 1934 年颁布了民国领海界线宽度,但在国际上也没有足够的能力完全抵抗外国力量在海上的进一步侵蚀,因而海界成为历史遗留问题。

1949 年新中国成立后,我国高度重视领海主权,废除了近代不平等条约,在开发、利用、管理领海等方面进入了一个新的历史阶段,颁布了一系列涉及领海问题的规章制度,但在领海问题上的空白给了外国舰船可乘之机。不论是在渔业上还是军政上,以美国为代表的船舰在没有公布领海界线的新中国海洋范围内随意来去。维护国家海洋主权形势紧迫,刻不容缓。1958 年 8 月,毛泽东召集刘泽荣、周鲠生和倪徵燠等三位国际法学界权威到北戴河见面,听取他们关于涉及领海宽度和领海法律制度等问题的汇报。经过讨论,中央最终采纳了专家意见,决定根据我国实际情况,废止国民政府颁布过的 3 海里领海制,采用新的 12 海里领海制。1958 年 9 月 4 日,我国正式颁布《中华人民共和国关于领海的声明》。自此,我国有了法定的领海宽度。随后,新中国参与了联合国主导的国际海洋法公约会议,并正式签署了《联合国海洋法公约》。

二、引领新型海洋观

近代以来,在西方政治价值观的主导下,世界多国展开了复杂而又惨烈的政治博弈与争斗,催生了以霸权主义为特征的海洋政治秩序。以制海权、海军至上主义、海上霸权为核心的西方海权论长期主导着国际海洋政治的进程,国际海洋政治的演变史就变成了西方国家横行海洋、争夺海洋霸权的历史,催生了以霸权主义为核心的国际海洋政治秩序[15]。

西方海权理论自问世以来影响了世界近 500 年,过去的数百年间,海上的话语主要是围绕西方中心主义、海上霸权、对抗控制性思维来进行,但我们现在面临的世界和西方海权理论的时代相比发生了巨大变化。2018 年,习近平总书记在 APEC 会议上指出,当今世界,发展和变革风起云涌。新科技革命和产业变革深入发展,全球治理体系深刻重塑,国际格局加速演变[16]。在这样一个时代里,更需要强调海洋对于人类社会连成整体中的相通性和开放性,打破零和博弈的海权思维,形成新的海洋认知范式。在全新的海洋认知范式下,行动成了构建海洋命运共同体的关键。

(一) 21 世纪海上丝绸之路推动海洋命运共同体

当前,以海洋为载体和纽带的市场、技术、信息、文化等合作日益紧密。中国提出共建 21 世纪海上丝绸之路倡议,就是希望促进海上互联互通和各领域务实合作,引领蓝色经济发展,推动海洋文化交融,共同增进海洋福祉。

2013年10月,中国国家主席习近平在访问印度尼西亚时提出了建设"21世纪海上丝绸之路"的构想。21世纪海上丝绸之路的构想源于古代海上丝绸之路。学术界对"海上丝绸之路"的界定没有定论,在其起止时间、起点终点、航线走向等问题上争论激烈。但也有一个基本共识,即认为丝绸之路从来就不是一条固定的有形道路,它代表的是一种精神和文化,是一种海纳百川、对外开放、相互借鉴、互通有无、相互促进、共同发展的精神和文化。

我国有18 000公里的海岸线,在这漫长的海岸线上分布着87个港口,这些港口形成了环渤海地区港口群、长江三角洲地区港口群、东南沿海港口群、珠江三角洲港口群、西南沿海港口群等五个港口群,与长三角、京津地区、珠江地区三个经济带紧紧连在一起,这三个经济带几乎囊括了全国的机械制造、微电子、计算机、新材料、现代加工业等高新技术产业;高铁、公路、航空、航运形成了密集的综合运输网络,实现了联合协作、优势互补、共同发展的全新格局。五大港口群的合理布局为"海上丝绸之路经济带"的建设奠定了基础,其中,上海港作为世界一流大港,居我国大陆海岸线的中部,扼长江入海口,地处长江东西运输通道与海上南北运输通道的交汇点,是我国沿海的主要枢纽港,是我国对外开放、参与国际经济大循环的重要口岸。

我国与21世纪海上丝绸之路沿线有关国家在港口建设方面开展了广泛合作,参与了包括斯里兰卡科伦坡港口城、巴基斯坦的瓜达尔港、斯里兰卡的汉班托塔港、希腊比雷埃夫斯港、孟加拉吉大港、吉布提港等在内的诸多建设项目。其中,瓜达尔港、汉班托塔港、吉大港都是印度洋沿岸非常重要的港口,在21世纪海上丝绸之路建设中具有战略意义,如瓜达尔港建成后,通过铁路、公路就可以直达新疆地区,油气资源不必再通过马六甲海峡输送,直接缩短路程5 000多公里,既减少了运输成本,又大大降低了海上运输的风险。而我国在位于红海出入口的吉布提港的港口建设,尤其是后勤保障基地的建设,为中国军队执行亚丁湾、索马里海域护航、维和以及人道主义救援等任务提供了有力支持。比雷埃夫斯港位于希腊西南部,是希腊第一大港口,从"一带一路"的视域来看,比雷埃夫斯港位于欧洲南线,地处中国到欧洲距离最短的海运航线的枢纽位置,是距离苏伊士运河最近的地中海主要海港,通过铁路、公路与海运可以进一步辐射到中欧、东欧超过三亿的消费者。自中国企业中远海运集团2008年接手运营管理以来,比雷埃夫斯港集装箱吞吐量已从2010年的88万标准箱增加到2018年的490万标准箱,成为全球发展最快的集装箱港口之一,并有望成为地中海沿岸第一大港。比雷埃夫斯港项目是中希合作双赢的成功典范,具有重大的经济效益与政治意义,并将在欧亚互联互通领域产生巨大的辐射效应。

构建中国—东南亚命运共同体是21世纪海上丝绸之路的首要战略目标。但21世纪海上丝绸之路的内容远不止经贸合作和扩展经济带。人文交流,尤其是东南亚华人的参与是 21 世纪海上丝绸之路的关键因素之一。

(二) 护航海洋命运共同体

海上航线安全是构建海洋命运共同体的基础,和平时期和战争时期的海上航线安全有着不同的定义。在和平时期,海上航线安全威胁主要来自非传统安全,海盗就是其中一个重要的因素。伴随着人类航海活动的开展,海上贸易兴起的同时海盗也随之产生。海盗在航海历史上没有停止过,但当代航海活动中索马里海岸线上的亚丁湾一段的海盗问题愈演愈烈。亚丁湾位于印度洋与红海之间,附近是索马里和也门等国家,是从印度洋通过红海和苏伊士运河进入地中海及大西洋的海上咽喉,也是中国 21 世纪海上丝绸之路的关键节点之一。

自 1991 年西亚德政权倒台后,索马里一直处于军阀武装割据的无政府状态,内战不断。加上自然灾害导致经济萧条,海盗成为当地的"金领"职业,索马里海盗垂涎亚丁湾及附近海域的货运,袭击航经的船只并挟持船员,再向相关政府勒索巨额赎金,对国际航运、海上贸易和海上安全构成严重威胁,而当地混乱的社会局势也为海盗提供了生存空间。索马里沿海及亚丁湾海域海盗活动频繁,2008 年发生海盗劫持事件数十起,即使是联合国运输食品的船舶也不能幸免。该海域被国际海事组织列为世界上最危险的海域。由于持续内战和长期混乱等原因,在索马里地区,越来越多人铤而走险走上当海盗的道路。根据国际海事局(IMB)判断,索马里海盗已经具有高度的职业化特征,并且形成海盗团队的网络体系。作为国际航运的交通要道,在 2010 年前后亚丁湾每年通航货船约为 2 万艘,海盗问题已经成为严重的海上非传统安全威胁。中国作为负责任的海洋国家,在维护海上公域安全领域上承担应有责任。

2008 年 12 月 20 日,中国国防部发言人胡昌明正式宣布,中国海军南海舰队将派出包括 2 艘驱逐舰和 1 艘补给舰在内的联合舰队,于 2008 年 12 月 26 日从三亚启航,前往索马里海域护航。截至 2018 年,中国海军安全护送 1 198 批 6 600 余艘次中外船舶,让亚丁湾、索马里沿海这个世界上"最危险海域"重新成为"黄金航道"。

在亚丁湾护航展示了中国负责任大国的形象。护航行动中,中国海军护航官兵与各国海军密切合作,严格遵守国际法有关规定和联合国有关决议,并积极为外国商船提供应急救援。在中国海军安全护送的船舶中,一半以上是外国船舶。护航期间,中国海军护航编队还执行了马航失联航班搜救、为马尔代夫提供淡水等紧急任务,用实际行动为构建海洋命运共同体做出了重要贡献。

21 世纪是海洋的世纪,历史的经验告诉我们,向海则兴、背海则衰。十八大以来,习近平总书记科学研判我国海洋事业发展形势,围绕建设海洋强国发表了一系列重要讲话,做出一系列重大部署,形成逻辑严密、系统完整的海洋强国建设思想,为我们在新时代发展海洋事业、建设海洋强国提供了思想指南和行动纲领。

纵观中国历史,在航海技术的推动下,深受海洋秩序影响的中国,在海洋认知范式上有过几次重大的转变。

先秦时期,囿于造船技术和航海能力,航海活动受到自然条件的限制较多,因而对海洋的认识大多从想象出发。譬如认为海洋是世界的尽头分界线,"海者,晦也",认为大海等同于幽暗,望洋只有兴叹。随着航海技术和造船能力的进步,对于海洋的探索进一步加深,大海不再是幽暗不明的,也不再是神仙居住的世外桃源,而是可以提供社会发展所需的盐、渔等一系列资源的场所。中国对于海洋的认知,从充满想象的抽象认知转为了具象认知,这是中国古代对于海洋认知的第一个突破。

随着中国航海活动进一步拓展,以海航为基础发生的海洋贸易、海外关系、海洋文化等内容不断丰富,海洋观念也发生了变化。汉唐时期的海上丝绸之路、宋代发达的海上贸易及先进的造船技术、元代的海外征服、明代前所未有的远航,构筑了中华文明对海洋的实践框架。众所周知,尽管在中华文明的历史中海洋扮演着重要角色,但以农耕为主体的文明始终占据着支配地位。丰富的航海活动并非中国历史记录的主流,航海的存在是为了维护陆地王权统治。海洋是大陆的附属,这是中国古代历史中对海洋认知的第二个突破,这个阶段持续了相当长的历史时期。

王朝时期中国的观念是"天下",出自《诗经》的"普天之下,莫非王土"理念代表着王权天下的观念。以中国为中心是天下观的核心,中国即代表王土。"王道荡荡,没有边疆,道之所在,即为国界",行王道治理天下,建立大一统国家就是王朝的最高理想。天下观的另一个核心是华和夷的区别。宋朝的石介论述:天在上,地在下,居天地中者曰中国,居天地之偏者曰四夷。华人是远远看不上夷人的,早在唐朝时在广州就出台了条例防止华和夷住在一起。在传统中国的认知里,华有治理的权力,夷只有朝贡的义务,但是到清代末期,一切都改变了。以鸦片战争为代表的对外战争的失败不仅唤醒了中国人的忧患意识,也给传统的天下观带来了强有力的冲击。因为从广义上看,鸦片战争的失败意味着中国的陆地传统被西方世界的海洋传统击败,也是在此基础之上,中国的海洋观念开始向近代转型和变迁,中国开始深切的反思,海陆兼有的中国究竟该如何看待海洋,这是中国海洋认知范式的第三次突破。

西方海权理论的传入深远地影响了中国看待海洋的范式。西方式的海上殖民霸权让中国在世界浪潮的裹挟中确立了现代海防观念,并建立起了适应现代世界的海上主权范围。但中国发展的道路与西方不同,不会重复西方借助海洋向他国索取的老路。中国提出和谐、共通、互利、互享的命运共同之路,至此完成了中国海洋认知范式的第四次突破。

（三）结束语

海洋是人类生命的摇篮，世界通过海洋紧密联结，又通过海洋繁荣发展。随着航海活动的增多，其内涵也不断丰富，航海的历史逐渐成为集文明交流、商贸往来、科技发展等于一体的全球史缩影。大航海时代以来，西方主要国家通过海上航道、凭借海军力量和商贸优势进行海外扩展，从而在全球范围内确立起"西风东渐"的整体性优势地位，并影响至今。过去400多年的人类发展历程充分证明，全球性大国大多是具备强大海洋能力的国家。联合国文件声明，21世纪是海洋的世纪，海洋在国家发展中的地位不言而喻。

中国航海的历史源远流长，中华民族是世界上最早开发利用海洋的民族之一。无论是造船技术、航行能力还是军事实力、商贸往来，中国曾长期在海洋事务上保持领先地位。与此同时，海上交流亦在中国历史文化的形成过程中扮演了重要的角色，中国的文明也通过宽阔的洋面传向四海。中国在地理上是海陆兼备的大国，既有陆地国家的传统，也拥有海洋国家的地利。近代以来中国因忽视海洋地缘、海防缺失、海权不彰造成的历史苦果，至今历历在目。

今天的中国既是海洋大国，也是航运大国和造船大国。根据《2021年中国航海日公告》，中国拥有数百万平方公里管辖海域面积，18 000公里大陆海岸线，11 000多个海岛，14 000公里海岛岸线，水上运输、船舶建造、渔业产量、船员数量等指标稳居世界前列，海运航线和服务网络遍布全球。党的十八大做出了建设海洋强国的重大部署，党的十九大明确提出要加快建设海洋强国。海洋事业是中国特色社会主义事业的重要组成部分，海洋事业建设不断取得新成就对推动经济持续健康发展，对维护国家主权、安全、发展利益，对实现全面建成小康社会进而实现中华民族伟大复兴都具有重大而深远的意义。

21世纪，海洋仍然是人类活动、国家关系呈现的重要空间。站在新时代建设海洋强国的历史节点上，重温中华民族的航海文明传统，坚定对建设强大海洋国家的信心和信念，比任何时候都更为重要和迫切。

中国航海的历史是很大的课题，本书仅选取了中国航海的八个精彩截面呈现中国航海事业的兴衰起伏：从传统习俗中衍生的航海文化到融合家国情怀的航海精神，从指南针、船尾舵、水密隔舱的技术创新到今天的远洋巨轮，从郑和下西洋的壮举到21世纪海上丝绸之路，从古代助航保障到现代海图搜救，从古代海事职官到当代国际航海组织，从寸板航行的航海人到当代的航海家，从清末航海教育的艰辛到今天航海高等教育的兴盛，从海国图志的朴素海权思维到海洋命运共同体的新型海洋观，航海事业始终是中华民族历史发展最好的见证者之一。因篇幅所限，本书所述内容未能涵盖中国航海历史的全貌，但也能从航海的角度管窥中国海洋文明古代的兴盛、近代的衰落、当代的复兴,从历史的角度阐释当今中国建设海洋强国的文明底气和文化自信。

"观今宜鉴古,无古不成今。"习近平总书记在布鲁日欧洲学院演讲时说:"历史是现实的根源,任何一个国家的今天都来自昨天。只有了解一个国家从哪里来,才能弄懂这个国家今天怎么会是这样而不是那样,也才能搞清楚这个国家未来会往哪里去和不会往哪里去。"牢记历史,传承中国航海在过去的大国角色;面向未来,开创中国航海在全球的新时代。这既是组织者编纂本书的用意,也是本书的价值目标所向。

参考文献

[1] 叶自成. 陆权发展与大国兴衰[M]. 北京:新星出版社,2007.

[2] 阿尔弗雷德·赛耶·马汉. 海权论:海权对历史的影响[M]. 冬初阳译,吉林:时代文艺出版社,2014.

[3] 刘中民. 关于海权与大国崛起问题的若干思考[J]. 世界经济与政治,2007(12):7.

[4] 鱼宏亮. 超越与重构:亚欧大陆和海洋秩序的变迁[J]. 南京大学学报,2017,54(02),76 - 92.

[5] 张海文. 地缘政治与全球海洋秩序[J]. 世界知识,2021(01):14 - 16.

[6] 张炜,方堃. 中国海疆通史[M]. 郑州:中州古籍出版社,2003.

[7] 龚缨晏. 全球史视野下的海上丝绸之路[N]. 光明日报,2013 - 10 - 10(11).

[8] 《千年之约:"一带一路"连通中国与世界》编写组. 千年之约:"一带一路"连通中国与世界[M]. 北京:新华出版社.2017.

[9] 彭德清. 中国航海史(古代航海史)[M]. 北京:人民交通出版社,1988.

[10] 章示平. 中国海权[M]. 北京:人民日报出版社,1998.

[11] 毛泽东. 毛泽东军事文集(第5卷)[M]. 北京:军事科学出版社,中央文献出版社,1993:474.

[12] 杨国宇. 当代中国海军[M]. 北京:中国社会科学出版社,1987:683,688.

[13] 温勇,张永敏. 论毛泽东海防战略思想[G/OL]. (2018 - 01 - 15)(2021 - 07 - 28) http://www.dswxyjy.org.cn/n1/2019/0228/c423718 - 30948528.html.

[14] 陆烨. 海界委员会与民初海权意识[J]. 史林,2014(06):140 - 151.

[15] 孙西峰. 人类命运共同体:海洋政治发展的新型价值引领[N]. 中国社会科学报,2018 - 12 - 12(9).

[16] 习近平. 把握时代机遇 共谋亚太繁荣.[N]. 人民日报,2018 - 11 - 19(02).